Sekundarstufe II

Biosphäre
▶ Ökologie

Biosphäre
Sekundarstufe II, Ökologie

Autorinnen und Autoren:
Anke Brennecke, Langerwehe; Prof. Dr. Jorge Groß, Bamberg;
Prof. Dr. Hansjörg Küster, Hannover; Raimund Leibold, Nittel;
Dr. Karl-Wilhelm Leienbach, Münster; André Linnert, Siegen;
Martin Post, Arnsberg; Anette Schuck, Freiburg im Breisgau

Redaktion:
Ina Albrecht, Heike Antvogel, Antje Schregel

Designberatung:
Katharina Wolff-Steininger, Ellen Meister

**Layoutkonzept, Umschlaggestaltung,
Layout und technische Umsetzung:**
SOFAROBOTNIK GbR, Augsburg & München

Grafik:
Karin Mall, Berlin;
Tom Menzel, Klingburg;
Heike Möller, Rödental

Titelbild:
Pantherchamäleon *(Furcifer pardalis)*
istockphoto / Ameng Wu

www.cornelsen.de

1. Auflage, 1. Druck 2012

Alle Drucke dieser Auflage sind inhaltlich unverändert und
können im Unterricht nebeneinander verwendet werden.

© 2012 Cornelsen Verlag, Berlin

Das Werk und seine Teile sind urheberrechtlich geschützt.
Jede Nutzung in anderen als den gesetzlich zugelassenen Fällen
bedarf der vorherigen schriftlichen Einwilligung des Verlages.
Hinweis zu den §§ 46, 52 a UrhG: Weder das Werk noch seine
Teile dürfen ohne eine solche Einwilligung eingescannt
und in ein Netzwerk eingestellt oder sonst öffentlich zugäng-
lich gemacht werden.
Dies gilt auch für Intranets von Schulen und sonstigen
Bildungseinrichtungen.

Druck:
Stürtz GmbH, Würzburg

ISBN 978-3-06-420052-4

 Inhalt gedruckt auf säurefreiem Papier aus
nachhaltiger Forstwirtschaft.

INHALTSVERZEICHNIS

Biologische Prinzipien – Basiskonzepte 6

Einführung in die Ökologie 8

Abiotische Umweltfaktoren 10

1 Umweltfaktor Temperatur

Tiere und Temperatur 12

Pflanzen und Temperatur 18

2 Umweltfaktor Licht

Der Einfluss von Licht auf Tiere und Pflanzen 22

3 Umweltfaktor Wasser

Tiere und Wasser 26

IM BLICKPUNKT PHYSIK UND CHEMIE
Eigenschaften des Wassers 29

Pflanzen und Wasser 32

4 Umweltfaktoren wirken zusammen

Wirkungsgefüge der Umweltfaktoren 36

STECKBRIEF Justus VON LIEBIG 37

KLAUSURTRAINER 40

GRUNDWISSEN 42

Biotische Umweltfaktoren 44

1 Beziehungen zwischen Lebewesen einer Art

Wachstum von Populationen 46

Intraspezifische Beziehungen 50

2 Beziehungen zwischen Lebewesen verschiedener Arten

Interspezifische Konkurrenz 54

Die ökologische Nische 58

Räuber-Beute-Beziehungen 62

Tarnung, Warnung, Mimese, Mimikry 66
IM BLICKPUNKT EVOLUTION Koevolution 68

Symbiose und Parasitismus 70
IM BLICKPUNKT EVOLUTION
Endosymbiontentheorie 72

KLAUSURTRAINER 76

GRUNDWISSEN 78

Aufbau und Merkmale von Ökosystemen — 80

1 Stoffwechselphysiologische Grundlagen

Fotosynthese 82
IM BLICKPUNKT CHEMIE Chromatografie 84

Fotosynthese im Zellstoffwechsel 90

2 Trophieebenen

Nahrungsbeziehungen 92
Energieumwandlungen 96

3 Stoffkreisläufe

Stoffkreisläufe im Ökosystem 100

4 Dynamik und Stabilität von Ökosystemen

Formen und Ursachen von Entwicklung 104
Stabilität und Regulation 108
KLAUSURTRAINER 112
GRUNDWISSEN 114

Ausgewählte Ökosysteme — 116

1 Ökosystem Wald

Vom Wald zum Forst 118
STECKBRIEF Hans Carl VON CARLOWITZ 120
IM BLICKPUNKT GEOGRAFIE Wälder der Erde 122

Ökologie des Waldes 124
IM BLICKPUNKT UMWELT Waldschäden 130
PRAKTIKUM Untersuchung eines Waldökosystems 132

2 Ökosystem See

Der See im Jahresverlauf 136
Nahrungsbeziehungen und Stoffkreisläufe 140
PRAKTIKUM Untersuchung eines stehenden Gewässers 146
IM BLICKPUNKT FORSCHUNG Meeresbiologie 150

3 Ökosystem Fließgewässer

Fließgewässer 152
PRAKTIKUM Untersuchung eines Fließgewässers 156

4 Ökosystem aus Menschenhand

Ökosystem Siedlung 162
KLAUSURTRAINER 166
GRUNDWISSEN 168

Mensch und Umwelt 170

1 Weltbevölkerung

Bevölkerungswachstum und Nutzung der natürlichen Ressourcen **172**
STECKBRIEF Dennis MEADOWS 173
STECKBRIEF Mathis WACKERNAGEL 176

2 Nachhaltige Nutzung der Ressourcen

Boden **178**
IM BLICKPUNKT UMWELT
Pflanzenschutz in der Landwirtschaft 180

Wasser **184**
IM BLICKPUNKT TECHNIK Wasserreinigung 186

Luft **188**
IM BLICKPUNKT CHEMIE Ozon 190

Globale Klimaveränderungen **192**

3 Naturschutz

Naturschutz – eine soziale Bewegung **196**
KLAUSURTRAINER 198
GRUNDWISSEN 200

Register **202**
Bildquellenregister **208**

BIOLOGISCHES PRINZIP

01 Waldkiefer *(Pinus sylvestris)*

Basiskonzept Stoff- und Energieumwandlung

Waldkiefern sind wie alle Lebewesen auf eine ständige Stoff- und Energiezufuhr angewiesen. Sie betreiben Fotosynthese, in deren Verlauf die absorbierte Lichtenergie in chemisch gebundene Energie umgewandelt wird. Die Energie ist dann in Form von chemischen Bindungen in organischen Molekülen wie Glukose oder Stärke fixiert. Diese Fotosyntheseprodukte können von den Pflanzen selbst oder von anderen Lebewesen für den Stoffwechsel genutzt werden.

In pflanzlichen Zellen sind die Prozesse der Fotosynthese unmittelbar mit denen des Kohlenstoff-, Fett- und Proteinstoffwechsels verknüpft. Weiterhin wird aus den Monosacchariden, die im Verlauf der Fotosynthese entstehen, Saccharose hergestellt, die in Wurzeln oder Samen zu Stärke umgewandelt und gespeichert wird. Ein Produkt des Baustoffwechsels ist Cellulose, die Hauptbestandteil pflanzlicher Zellwände ist. Die beschriebenen Prozesse sind ein Beispiel für das **Basiskonzept Stoff- und Energieumwandlung.**

BIOLOGISCHES PRINZIP

02 Windflüchter

03 Zweig der Waldkiefer mit Nadeln

Basiskonzept Variabilität und Angepasstheit

Waldkiefern gehören zu den am weitesten verbreiteten europäischen Nadelbäumen. Im Hochgebirge und an Küsten sind Kiefern mit einer einseitig abgeflachten Krone häufig. Diese Wuchsform ist die Folge von ständigem Wind- und Sturmeinfluss. Man bezeichnet sie daher auch als Windflüchter. In Gebieten, in denen viel und vor allem nasser Schnee fällt, haben die Kiefern meistens eine schlanke Krone. Breite Kronen sind dagegen selten, da ihre Äste unter der Schneelast schnell brechen. Die Wuchsform der Kiefer verändert sich also je nach Standort. Solche Veränderungen von Merkmalen, die zur Vielfalt führt, bezeichnet man als Variabilität.

Die Nadeln der Waldkiefer weisen eine geringe Oberfläche auf und sind von einer dicken Kutikula umgeben. Diese morphologischen Angepasstheiten schützen die Pflanze vor übermäßigem Wasserverlust an trockenen Standorten. Eine weitere Besonderheit ist das Pfahlwurzelsystem, mit dem die Waldkiefer auch in tiefer liegende Grundwasserschichten vordringen kann. Waldkiefern sind Überlebenskünstler, die an ein Wachstum auf mineralstoffarmen und trockenen Böden angepasst sind.

Die unterschiedlichen Wuchsformen einerseits und die morphologischen Angepasstheiten der Waldkiefern andererseits sind Beispiele für die zwei Aspekte des **Basiskonzeptes Variabilität und Angepasstheit.**

BIOLOGISCHES PRINZIP

Basiskonzept Struktur und Funktion

Waldkiefern werden vom Wind bestäubt. Ihre Samenanlagen liegen frei auf den Fruchtschuppen der weiblichen Zapfenblüten. In eineinhalb bis zwei Jahren wachsen diese zu grünen, nach unten hängenden Zapfen heran, die mit Erreichen der endgültigen Größe verholzen. Bei Trockenheit spreizen sich die Zapfenschuppen und die geflügelten Samen fallen heraus. Diese gleiten in einem Drehflug langsam zu Boden und werden dabei vom Wind verdriftet. Die Zapfen hingegen fallen als Ganzes zu Boden. Der Bau der Zapfen und Samen passt gut zu der speziellen Form der Samenverbreitung. Sie sind ein Beispiel für das **Basiskonzept Struktur und Funktion.**

04 Waldkiefer: **A** Zapfen, **B** Samen

BIOLOGISCHES PRINZIP

Basiskonzept Steuerung und Regelung

Im Querschnitt einer Kiefernnadel erkennt man eingesenkte Spaltöffnungen, über die der Gasaustauch mit der Umgebung und die Abgabe von Wasserdampf stattfinden. Jede Spaltöffnung ist von zwei bohnenförmigen Schließzellen umschlossen, die ihre Form osmotisch verändern können. Diffundieren Wassermoleküle in die Zellen, so wölben sie sich nach außen und der Spalt öffnet sich. Umgekehrt schließt er sich wieder, wenn Wassermoleküle aus den Zellen hinausdiffundieren. Die Bewegung der Spaltöffnungen wird über eine Veränderung der Konzentration von Kalium-Ionen in den Schließzellen aktiv gesteuert. Sie ist ein Beispiel für das **Basiskonzept Steuerung und Regelung.**

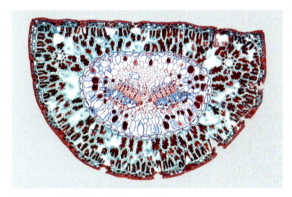

05 Querschnitt einer Kiefernnadel

BIOLOGISCHES PRINZIP

Basiskonzept Information und Kommunikation

In vielen Kiefernwäldern auf mineralstoffarmen, sandigen Böden wächst der Kiefernsteinpilz. Die Hyphen dieses Pilzes umschließen die Wurzeln der Kiefer wie ein feines Netz und dringen teilweise auch in sie ein. Dabei ergänzen sie die Funktion von Wurzelhaaren, über die der Baum Wasser und Mineralstoffe aufnehmen kann. Der Pilz erhält hingegen Fotosyntheseprodukte wie Saccharose. Zudem schützt er die feinen Wurzeln der Kiefer vor Krankheitserregern und Austrocknung. Der lateinische Name des Pilzes Boletus pinophilus verweist auf die wechselseitige Beziehung mit der Waldkiefer (Pinus sylvestris), deren Basis eine Kommunikation zwischen den Zellen der beteiligten Lebewesen ist. Diese ist ein Beispiel für das **Basiskonzept Information und Kommunikation.**

06 Kiefernsteinpilz *(Boletus pinophilus)*

EINFÜHRUNG IN DIE ÖKOLOGIE

01 Hirsch am Waldrand

Einführung

Ein Hirsch steht am Rand des Waldes, in dem er sich tagsüber versteckt hat. Außerhalb des Waldes findet er mehr Futter. Nach unserer Vorstellung nutzt er also zwei Lebensräume: Wald und Grünland. Um Lebensräume zu beschreiben, grenzen wir sie gegeneinander ab. Aber für Lebewesen sind diese Grenzen durchlässig.

DEFINITION · Ökologie ist die Lehre von den Beziehungen der Lebewesen zu ihrer Umwelt. Das Wort ist aus dem griechischen „oikos" für Haus und „logos" für Gesetzmäßigkeit zusammengesetzt. Ökologie ist keine Weltanschauung, sondern eine biologische Wissenschaft. Wer sich mit ihr befasst, will vielleicht den Regenwald und farbenfrohe Korallenriffe untersuchen. Aber Ökologie lässt sich ebenso an einem See oder auf dem Schulhof betreiben.

Erstes Thema dieses Buches sind die Beziehungen einzelner Lebewesen zu ihrer Umwelt, also die **Autökologie.** Anschließend geht es um die **Synökologie,** also um die Beziehungen zwischen Lebewesen ganzer Ökosysteme und deren zahlreiche Wechselbeziehungen, auch unter dem Einfluss des Menschen.

ART UND INDIVIDUUM · Pflanzen und Tiere werden *Arten* mit klar definierten Eigenschaften und ökologischen Ansprüchen zugeordnet. Dennoch unterscheiden sich alle Lebewesen, die bei geschlechtlicher Vermehrung entstanden sind. Jedes *Individuum* hat eine einmalige biologische Konstitution und verhält sich ein wenig anders als seine Artgenossen. Immer wieder treten neue Individuen auf, die zwar den gleichen Arten zugeordnet werden, aber geringfügig andere Eigenschaften haben.

ARTENKENNTNIS ALS GRUNDLAGE · Um sich mit Ökologie befassen zu können, muss man Tier- und Pflanzenarten kennen. Wichtig ist nicht nur die Identifizierung von Arten, sondern auch das Wissen über ihr ökologisches Verhalten: Jede Tierart hat eine andere Nahrung oder ist zu unterschiedlichen Zeiten aktiv. Manche Pflanzenarten wachsen am Seeufer, andere auf trockenem Untergrund. Wer mit Tier- und Pflanzenarten sowie ihren Eigenschaften vertraut ist, kann viel über deren Umgebung aussagen: Man kann über das Vorkommen bestimmter Arten den Standort beurteilen.

DAS ÖKOSYSTEM · Lebewesen, die an einem Ort zusammen existieren, bezeichnet man als Lebensgemeinschaft oder **Biozönose**, den gemeinsamen Ort als Lebensraum oder **Biotop**. Biotop und Biozönose bilden *Ökosysteme:* Wald, See oder Meer. Man unterscheidet abiotische Umweltfaktoren wie Klima, Wasser und Boden sowie biotische wie Nahrungsbeziehungen und Konkurrenz. Alle Ökosysteme zusammen bilden die *Biosphäre,* den belebten Teil unserer Erde.

ENERGETISCHE GRUNDLAGEN · Lebewesen können nur dann gedeihen, wenn bei chemischen Umwandlungen Kohlenhydrate aufgebaut werden. Dazu wird Energie benötigt. Der wichtigste Prozess, bei dem Kohlenhydrate entstehen, ist die *Fotosynthese.* Sie läuft in grünen Pflanzenteilen ab. Ein Teil der Kohlenhydrate wird zum Aufbau anderer organischer Substanzen verwendet, ein anderer bei der Zellatmung wieder abgebaut. Dabei wird Energie bereitgestellt, die zum Aufbau neuer organischer Substanz verwendet wird. Pflanzen, die auf diese Weise Biomasse aufbauen, bezeichnet man als **autotroph**.

Ein Baum produziert viele Jahre lang Kohlenhydrate und Sauerstoff. Aus einfachen Kohlenstoffverbindungen entsteht Biomasse. In allen Ökosystemen lässt sich eine nicht umkehrbare, also irreversible Verwandlung von Energie feststellen. Die Lichtenergie, die bei der Fotosynthese genutzt wird, wird letztendlich in Wärme umgewandelt. Biomasse aus Pflanzen wird von Tieren gefressen. Sie bauen daraus körpereigene Substanzen auf. Lebewesen, die Biomasse aufnehmen und umbauen, bezeichnet man als **heterotroph**.

Bei der Atmung und der Verbrennung entsteht Kohlenstoffdioxid, und es bleibt Asche zurück, in der Mineralstoffe enthalten sind. Sie gelangen nur selten wieder an den Ort, an dem sie der Baum dem Boden entnommen hatte. Oft werden Mineralstoffe vom Wind verweht, vom Wasser verlagert oder von Tieren an einen anderen Ort transportiert.

Im Laufe der Zeit leben immer wieder neue Individuen in den Ökosystemen. Die Ökosysteme verändern sich langsam, aber stetig. Man muss wissen, dass es diese Veränderungen

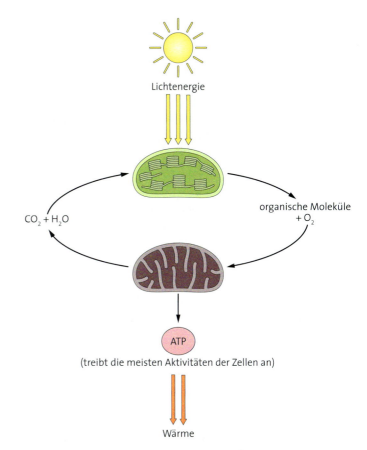

02 Umwandlung von Energie im denkbar einfachsten Ökosystem

prinzipiell gibt. Sonst versteht man nicht, wie es unablässig zu Vorgängen der Evolution kommen kann: Neue Formen des Lebens entstehen innerhalb von Ökosystemen.

ERSTE QUINTESSENZEN · Es gibt kein „ökologisches Gleichgewicht": Die Lebewesen und ihre Beziehungen zur belebten und unbelebten Umwelt verändern sich unablässig, wenn auch meistens sehr langsam.

Es gibt auch keine „ökologische Harmonie". Viele Menschen sehnen sich danach, aber aus naturwissenschaftlicher Sicht kann man nicht davon ausgehen. Wissenschaftliche Ökologie hat daher auch nichts mit einem Qualitätsbegriff zu tun. Ökologie spielt zum Beispiel nicht nur beim Anbau von „ökologischen Lebensmitteln" eine Rolle, sondern auch bei jeder anderen Form von Landwirtschaft. Was heißt das für das Leben allgemein? Zu dieser Frage liefert die Ökologie wichtige Antworten.

Abiotische Umweltfaktoren

1   **Umweltfaktor Temperatur** …………………………………………… **12**

2   **Umweltfaktor Licht** ……………………………………………………… **22**

3   **Umweltfaktor Wasser** ………………………………………………… **26**

4   **Umweltfaktoren wirken zusammen** …………………………… **36**

In diesem Kapitel beschäftigen Sie sich mit

- dem Einfluss der Umgebungstemperatur auf die Lebensprozesse und die Verbreitung von Pflanzen und Tieren;
- verschiedenen Mechanismen zur Regulation der Körpertemperatur bei Tieren;
- dem Einfluss des Lichtes auf die Stoffwechselaktivität, den Lebenszyklus und die Verbreitung von Pflanzen und Tieren;
- der Angepasstheit verschiedener Pflanzen- und Tierarten an die jeweilige Wasserverfügbarkeit am Standort;
- dem Vorkommen von Pflanzen und Tieren in Abhängigkeit vom Zusammenspiel abiotischer Faktoren;
- „extremen" Lebensräumen und ihren Bewohnern;
- der Möglichkeit, von dem Vorkommen bestimmter Lebewesen auf die Intensität bestimmter abiotischer Umweltfaktoren am Standort zu schließen.

Das Landkärtchen *Araschnia levana* bildet in einem Jahr zwei Generationen, die sich in ihrem Aussehen und ihrer Toleranz gegenüber Umweltfaktoren voneinander unterscheiden.

ABIOTISCHE UMWELTFAKTOREN
UMWELTFAKTOR TEMPERATUR

01 „Badetag" bei den Rotgesichtsmakaken

Tiere und Temperatur

Im Norden der japanischen Insel Honshu liegt mehrere Monate im Jahr meterhoch Schnee. Eine Gruppe der hier lebenden Rotgesichtsmakaken hat im Laufe der Zeit eine außergewöhnliche Möglichkeit gefunden, in der kalten Jahreszeit zu überleben: Sie verbringen viele Stunden der kalten Wintertage in dem 35 bis 40 Grad Celsius heißen Wasser der Thermalquellen von Yukanaka, wo sie sich aufwärmen, ausruhen oder soziale Fellpflege betreiben. Wie lässt sich dieses Verhalten erklären?

TEMPERATUR UND STOFFWECHSEL · Alle Lebensvorgänge sind an temperaturabhängige physikalisch-chemische Prozesse gebunden. Eine Temperaturerhöhung um zehn Grad Celsius steigert dabei die Stoffwechselleistung um das Zwei- bis Dreifache. Ein Absenken der Temperatur auf null Grad Celsius führt dagegen zu einer Verlangsamung der Stoffwechselprozesse. Diesen Zusammenhang bezeichnet man als *Reaktionsgeschwindigkeits-Temperatur-Regel* oder **RGT-Regel.** Aufgrund der chemischen Zusammensetzung der Lebewesen ergibt sich jedoch ein begrenzter Temperaturbereich, in dem Stoffwechselprozesse ablaufen können. So kommt es bei hohen Temperaturen zu einer Denaturierung der Proteine. Sie verlieren ihre räumliche Struktur und damit ihre Funktion im Stoffwechsel. Sinkt die Temperatur unter null Grad, so gefriert das Wasser in den Zellen und es kommt zu irreversiblen Gewebeschäden. Lebewesen können die Ausprägung einzelner Umweltfaktoren mehr oder weniger gut ertragen: Sie besitzen eine unterschiedliche **Toleranz** gegenüber einzelnen Umweltfaktoren wie beispielsweise der Temperatur.

Tiere können bei ungünstigen Bedingungen solche Bereiche ihres Lebensraumes aufsuchen, in denen die jeweiligen Faktoren günstiger sind. So halten sich beispielsweise die meisten Marienkäfer in einem Temperaturgradienten bei Werten zwischen 15 und 21 Grad Celsius auf. Der Intensitätsbereich eines Umweltfaktors, bei dem die Individuen einer Art besonders gut gedeihen, wird als **physiologisches Optimum** bezeichnet. Je stärker die Intensität des Faktors vom Optimum abweicht, umso mehr wird die Lebensaktivität eingeschränkt. So kann zum Beispiel das Wachstum vermindert oder die Nachkommenschaft verringert sein.

In der grafischen Darstellung ergeben sich entsprechende **Toleranzkurven,** die meistens den typischen Verlauf einer Optimumskurve zeigen. Die Grenzwerte stellen das **Minimum** beziehungsweise **Maximum** dar, die von einem Lebe-

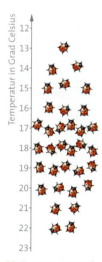

02 Temperaturorgel

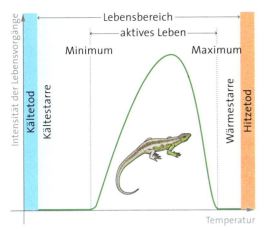

03 Temperaturtoleranzkurve von Poikilothermen

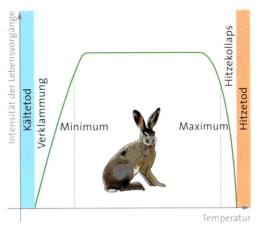

04 Temperaturtoleranzkurve von Homoiothermen

wesen gerade noch ertragen werden. Ein Über- oder Unterschreiten der jeweiligen Temperaturwerte schwächt den Organismus und führt schließlich zum Tod. Die Spanne zwischen Maximum und Minimum entspricht dem **Toleranzbereich.** Dieser Toleranzbereich kann enger oder weiter sein. Ein Beispiel sind Bachforellen, die ihre optimalen Lebensbedingungen bei einer Wassertemperatur zwischen 14 und 17 Grad Celsius haben. Im Gegensatz dazu zeigen Karpfen einen Toleranzbereich von 15 bis 32 Grad Celsius. Tierarten wie die Bachforelle, die nur geringfügige Temperaturschwankungen in ihrem Lebensraum tolerieren, werden als **stenotherm** bezeichnet. **Eurytherme** Arten wie die Karpfen ertragen hingegen auch größere Temperaturschwankungen in ihrem Lebensraum.

POIKILOTHERME TIERE · In den kühlen Morgenstunden eines Sommertages suchen Zauneidechsen immer wieder sonnige Plätze auf. Dort liegen sie fast regungslos, während die Sonnenstrahlen den Körper der Eidechsen langsam aufwärmen. Erreicht die Körpertemperatur etwa 35 Grad Celsius, so entfalten die Tiere schließlich ihre volle Aktivität. Steigt die Körpertemperatur jedoch weiter an, ziehen sich die Eidechsen in den Schatten zurück. Tiere wie die Zauneidechse, deren Körpertemperatur passiv der Umgebungstemperatur folgt, heißen wechselwarm oder **poikilotherm.** Zu den poikilothermen Tieren zählen alle Wirbellosen sowie Fische, Amphibien und Reptilien. Diese Tiere steuern tagsüber ihre Körpertemperatur durch ihr Verhalten, indem sie beispielsweise sonnige beziehungsweise schattige Bereiche aufsuchen. Überschreiten die Außentemperaturen jedoch die unteren beziehungsweise oberen Toleranzbereiche, so fallen poikilotherme Tiere in eine **Kältestarre** beziehungsweise **Wärmestarre.** Somit hängt auch die Aktivität dieser Tiere unmittelbar von der Umgebungstemperatur ab.

HOMOIOTHERME TIERE · Vögel und Säugetiere sind in der Lage, ihre Körpertemperatur weitgehend unabhängig von der Außentemperatur in einem physiologisch optimalen Bereich von etwa 36 bis 40 Grad Celsius zu halten. Sie werden daher als gleichwarm oder **homoiotherm** bezeichnet. Auf sinkende Umgebungstemperaturen reagieren gleichwarme Tiere mit einer Erhöhung der Stoffwechselrate, das heißt, es wird mehr chemisch gebundene Energie in Wärme umgewandelt. Zudem verfügen homoiotherme Tiere über eine Reihe von Regulationsmechanismen, die ihre Körpertemperatur weitgehend konstant halten. So wirken bei zu hohen Temperaturen bestimmte Kühlmechanismen wie zum Beispiel das Schwitzen oder Hecheln oder das aktive Aufsuchen von Schatten. Bei niedrigen Temperaturen hilft hingegen ein gut isolierendes Fell oder Federkleid und eine Speckschicht, die zudem als Energiespeicher dient.

1 ⌋ Erklären Sie, weshalb Homoiotherme im Gegensatz zu Poikilothermen auch in Lebensräumen mit einem weiten Temperaturspektrum aktiv leben können!

griech. homoio = gleichartig

griech. stenos = eng
griech. eurys = breit
griech. thermos = warm

griech. poikilos = abweichend

ABIOTISCHE UMWELTFAKTOREN
UMWELTFAKTOR TEMPERATUR

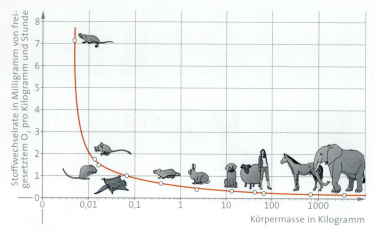

05 Energieumsatz verschiedener Säugetiere

kleiner Quotient ist günstig

O = 6 cm²
v = 1 cm³

O = 24 cm²
v = 8 cm³

O = 96 cm²
v = 64 cm³

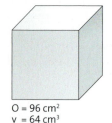

06 Zusammenhang zwischen Volumen und Oberfläche

NUTZEN UND KOSTEN DER TEMPERATURREGULATION · Poikilotherme Tiere nehmen Wärmeenergie über ihre gesamte Körperoberfläche auf. Dabei ist das Verhältnis zwischen Körperoberfläche und Körpervolumen ausschlaggebend für die Aufrechterhaltung der Körpertemperatur. Somit ergibt sich also eine Obergrenze in der Körpergröße poikilothermer Tiere. Dies ist auch der Grund, weshalb das Verbreitungsgebiet größerer Poikilothermer wie Alligatoren und Anakondas im Wesentlichen auf die Tropen und Subtropen begrenzt ist.

Weiterhin haben wechselwarme Tiere eine relativ niedrige Stoffwechselrate, die weitgehend von der Umgebungstemperatur bestimmt wird. Sie benötigen daher zur Aufrechterhaltung des Wärmehaushaltes nur wenig Energie. Aus diesem Grund können einige poikilotherme Tierarten auch Lebensräume mit sehr eingeschränkten Nahrungs- und Wasserressourcen besiedeln.

Homoiotherme Tiere können ihre Körpertemperatur und damit auch die Intensität der Lebensvorgänge weitgehend unabhängig von der Außentemperatur konstant halten. Hierdurch können sie länger im Bereich ihrer höchsten Aktivität bleiben und sind leistungsfähiger bei der Nahrungssuche sowie bei der Flucht vor Räubern.

Homoiothermie verursacht jedoch hohe Energiekosten, denn je weiter die Umgebungstemperatur vom Wert der Körpertemperatur entfernt ist, umso höher ist der Energiebedarf. Vögel und Säuger müssen daher viel Nahrung aufnehmen. Nur ein geringfügiger Anteil der darin enthaltenen Energie wird in Wachstumsprozesse investiert, während der Großteil zur Erzeugung von Körperwärme beziehungsweise der Kühlung dient.

Auch bei Säugetieren und Vögeln hängt der Energiebedarf in erster Linie von dem Verhältnis zwischen Körpergröße und -oberfläche ab. Da bei ihnen jedoch die Körperwärme dem Stoffwechsel entstammt, stellt sich das Problem der Körpergröße anders dar: Je kleiner ein Organismus ist, desto größer wird seine relative Oberfläche, über die Wärme verloren geht. Kleinere homoiotherme Tiere wie zum Beispiel Spitzmäuse müssen daher täglich eine Nahrungsmenge aufnehmen, die etwa ihrem Eigengewicht entspricht. Nur so können sie den Wärmeverlust durch die hohe Stoffwechselaktivität ausgleichen. Spitzmäuse verbringen daher den größten Teil des Tages mit Futtersuche und Fressen. Weiterhin müssen kleine Tiere zur Erhaltung ihrer Körpertemperatur den Winter über aktiv bleiben und Nahrung aufnehmen.

ANGEPASSTHEIT AN DIE JAHRESZEITEN · Wenn im Spätherbst die Außentemperaturen sinken, fallen poikilotherme Tiere in eine **Winterstarre**, die sie nicht aktiv unterbrechen können. Bei Homoiothermen beobachtet man dagegen andere Strategien, die kalte Jahreszeit zu überstehen. So schützt ein isolierendes Winterfell oder Federkleid winteraktive Tiere vor Wärmeverlusten. Eichhörnchen, Dachse und Braunbären setzen zudem den Nahrungsbedarf im Winter durch lange Schlafphasen herab, die von seltenen Aktivitätsphasen unterbrochen werden. Sie halten **Winterruhe.** Beim echten **Winterschlaf** sinkt die Körpertemperatur stark, die Atmung und die Kreislaufaktivität werden reduziert, der Energiebedarf wird minimiert. Im Gegensatz zu den Poikilothermen wird die Körpertemperatur auch im Winterschlaf weiterhin reguliert und bei zu niedrigen Außentemperaturen aktiv erhöht. Typische Winterschläfer sind vor allem Insektenfresser, zum Beispiel Fledermäuse, oder Nagetiere, zum Beispiel der Siebenschläfer. Sie finden im Winter keine oder nur sehr wenig Nahrung.

TIERGEOGRAFISCHE REGELN · Wüstenfüchse wie der Fennek erreichen nur eine durchschnittliche Körpergröße von etwa 65 Zentimetern, Polarfüchse hingegen bis zu 90 Zentimetern. Diese und andere Beobachtungen führten den Physiologen BERGMANN zu der Hypothese, dass homoiotherme Tiere, die in kalten Gebieten leben, in der Regel größer sind als nah verwandte Arten aus wärmeren Gebieten. Dies lässt sich mit der Feststellung erklären, dass bei einer Vergrößerung des Körpers die Oberfläche weniger stark zunimmt als das Volumen. Mit verringerter relativer Körperoberfläche nimmt somit auch der Wärmeverlust ab. Verallgemeinernd wird dieser Zusammenhang als **BERGMANNsche Regel** bezeichnet. Als Beispiel dienen Tiere mit großer geografischer Verbreitung, zum Beispiel verschiedene Pinguinarten. Der Adéliepinguin, der seinen Lebensraum mit dem Königspinguin teilt, zeigt jedoch mit einer Körpergröße von etwa 70 Zentimetern, dass der passive Wärmeverlust nicht allein für das Vorkommen einer Art ausschlaggebend ist. Auch das Nahrungsangebot im Lebensraum spielt eine entscheidende Rolle: Adéliepinguine gleichen den Wärmeverlust mit der Aufnahme energiereicher Nahrung aus.

Innerhalb der Verwandtschaftsreihe der Arten Fennek (Wüste), Rotfuchs (gemäßigte Breiten) und Polarfuchs (Tundra) nimmt die Länge der Ohren und Beine ab. Auch Körperanhänge tragen zu einer Vergrößerung der Körperoberfläche bei. Kleine Ohren und Beine reduzieren dagegen den Wärmeverlust und stellen somit eine besondere Angepasstheit der Tiere in kalten Zonen der Erde dar. Im Gegensatz dazu haben Tiere heißer Regionen besonders große Ohren, die eine Abgabe überschüssiger Wärme ermöglichen. In kalten Regionen ist die relative Länge der Körperanhänge bei homoiothermen Lebewesen geringer als bei verwandten Arten in wärmeren Gebieten. Verallgemeinernd bezeichnet man dies als **ALLENsche Regel.** Das Beispiel Fennek zeigt jedoch auch, dass die Außentemperatur nicht allein ausschlaggebend ist. Fenneks sind nachtaktiv, das heißt, sie gehen nur in den kühlen Nachtstunden auf Nahrungssuche. Die großen Ohren erhöhen die Sinnesleistung der Tiere bei der Jagd und tragen so auch zum Schutz vor Feinden bei.

07 Tiergeografische Regeln

2 Begründen Sie, weshalb die BERGMANNsche Regel nicht auf Poikilotherme zutreffen kann!

ABIOTISCHE UMWELTFAKTOREN
UMWELTFAKTOR TEMPERATUR

AN DEN GRENZEN DES LEBENS · Grundsätzlich kann es Leben nur in einem abgegrenzten Temperaturbereich geben. Dies ist darauf zurückzuführen, dass bei niedrigen Temperaturen die Stoffwechselaktivität eingeschränkt ist, während hohe Temperaturen zu einer Denaturierung von Enzymen und anderen Proteinen führt. Dennoch ertragen Kaiserpinguine in der Antarktis Temperaturen bis minus 60 Grad Celsius, während einige Archaebakterien bei plus 105 Grad Celsius leben. Die Besiedlung von Lebensräumen mit extremen Temperaturen ist durch eine Vielzahl verschiedener morphologischer und physiologischer Angepasstheiten möglich. So besitzen viele homoiotherme Tiere der kaltgemäßigten und arktischen Zone ein **dichtes Fell** oder **Federn** und zusätzliche **Fettschichten,** die sie vor übermäßigem Wärmeverlust schützen. Letzteres gilt auch für arktische Schweinswale. In den Vorder- und Schwanzflossen der Tiere verzweigen sich die Arterien und Venen stark und bilden so ein eng vernetztes Kapillarnetz, das auch als **Rete mirabile** bezeichnet wird. Über dieses Wundernetz findet ein Wärmeaustausch zwischen arteriellem und venösem Blut nach dem **Gegenstromprinzip** statt. Dabei gibt das warme arterielle Blut, das in die Flossen gelangt, seine Wärme an das kalte Blut ab, das zurück in den Körper fließt. Dieses Prinzip, das einen übermäßigen Wärmeverlust verhindert, zeigt sich auch in einer ähnlichen Anordnung der Gefäße in den Extremitäten des arktischen Wolfes oder den Füßen von Pinguinen. Auch das Gehirn ostafrikanischer Spießböcke wird von einem Rete mirabile umschlossen. Unter Ausnutzung des Gegenstromprinzips wird so das lebenswichtige Organ – trotz der hohen Umgebungstemperaturen – relativ kühl gehalten.

Einige poikilotherme Tiere nutzen ebenfalls das Gegenstromprinzip zur Regulation ihres Wärmehaushaltes. Thunfische haben zum Beispiel ähnliche Kapillarnetze in bestimmten Abschnitten ihrer Flossen. Hier erhöht der Wärmeaustausch zwischen dem warmen venösen und dem kalten arteriellen Blut die Muskelkraft und damit die Leistungsfähigkeit der Tiere auch bei niedrigen Wassertemperaturen.

Nur wenige Poikilotherme überleben in den polaren Regionen der Erde. Ein besonders faszinierendes Beispiel ist der Antarktische Eisfisch: Salzhaltiges Meerwasser gefriert bei minus 1,8 Grad Celsius, das Blut der Fische jedoch bereits bei minus 0,8 Grad Celsius. Die Temperatur des Wassers befindet sich also oftmals unterhalb des Gefrierpunkts des Fischblutes. Wie überleben diese Tiere dennoch? Das Blut und die Gewebeflüssigkeit der Eisfische enthalten Substanzen, die dem Gefrieren entgegenwirken. Es handelt sich dabei um Polypeptide, die – ähnlich wie ein „Frostschutzmittel" – den Gefrierpunkt des Wassers herabsetzen, ohne dass lebenswichtige Strukturen zerstört werden. Umgebungstemperaturen von bis zu minus 1,8 Grad Celsius überleben Arktische Eisfische daher ohne Problem. Ähnliche Strategien findet man auch bei einzelnen Amphibien- und Insektenarten kalter Klimaregionen.

lat. rete mirabile = Wundernetz

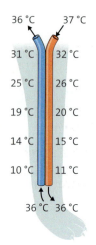

08 Gegenstromprinzip am Beispiel des Arktischen Wolfes

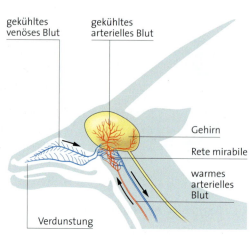

09 Ostafrikanischer Spießbock mit Rete mirabile

10 Antarktischer Eisfisch

MATERIAL

VERSUCH A ▸ Modellversuch zur BERGMANNschen Regel

Versuchsmaterial:
- 2 verschieden große Rundkolben
- 2 passende Stopfen
- Alufolie
- Thermometer
- Watte
- Kordel oder Gummibänder
- Stative mit Klemmen und Muffen
- Wasserkocher
- Wasser

A1 Entwickeln Sie mit den Materialien einen Modellversuch zur BERGMANNschen Regel! Begründen Sie Ihre Planung! Überlegen Sie auch, welche Messmethode Sie einsetzen möchten und wie häufig beziehungsweise wie lange Sie messen möchten!

A2 Führen Sie den von Ihnen entwickelten Versuch durch und notieren Sie die Messdaten!

A3 Stellen Sie die Messwerte grafisch dar!

A4 Deuten Sie die Ergebnisse Ihres Versuches und stellen Sie Bezüge zu den realen Verhältnissen dar!

A5 Erklären Sie, weshalb kleine Säuger und Vögel in Polargebieten kaum vertreten sind!

VERSUCH B ▸ Modellversuch zur ALLENschen Regel

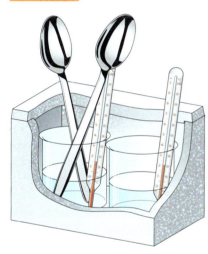

Versuchsmaterial:
- zwei Filmdöschen oder kleine Bechergläser
- zwei Edelstahllöffel oder Spatel
- zwei Thermometer
- eine Styroporbox

B1 Führen Sie den Versuch wie abgebildet durch und notieren Sie die Wassertemperaturen zu Beginn, nach zwei, fünf, zehn und fünfzehn Minuten!

B2 Übertragen Sie die Messwerte in ein Koordinatensystem!

B3 Werten Sie die Ergebnisse aus und erläutern Sie an mindestens einem Beispiel die zugrunde liegenden ökologischen Sachverhalte!

B4 Beurteilen Sie die Übertragbarkeit des Modellversuches auf die realen Verhältnisse!

Material C ▸ Embryonalentwicklung der Schildwanze

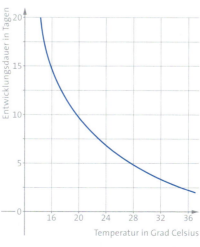

C1 Beschreiben Sie die Versuchsergebnisse!

C2 Erklären Sie den Kurvenverlauf unter Einbezug der zugrunde liegenden Stoffwechselprozesse!

C3 Entscheiden Sie begründet, ob die RGT-Regel auf die vorliegende Untersuchung angewendet werden kann!

ABIOTISCHE UMWELTFAKTOREN
UMWELTFAKTOR TEMPERATUR

01 Großes Alpenglöckchen

Pflanzen und Temperatur

Weit oben in den Alpen erwacht der Frühling. Mit den steigenden Temperaturen erwacht auch das Leben. Einige Frühblüher, wie das Große Alpenglöckchen, können noch im Schnee austreiben. Wie ist dies trotz der niedrigen Außentemperaturen möglich?

EINFLUSS AUF LEBENSVORGÄNGE · Alle Stoffwechselprozesse sowie Wachstumsvorgänge der Pflanzen sind in hohem Maße von der Temperatur abhängig. Die Temperaturen im Lebensraum haben also unmittelbar Einfluss auf Fotosynthese und Zellatmung. Dabei steigt die Fotosyntheserate mit zunehmender Temperatur anfänglich schneller an als die Zellatmungsrate. Die Fotosysntheserate erreicht schließlich ein Maximum, das in erster Linie durch die Temperaturabhängigkeit der Aktivität des Enzyms Ribulose-1,5-bisphosphat-carboxylase, kurz **Rubisco**, bestimmt wird. Dieses Enzym katalysiert die Bindung von Kohlenstoffdioxid im Calvin-Zyklus. Der Optimumsbereich dieses Enzyms liegt zwischen 15 und 25 Grad Celsius. Bei höheren Temperaturen nimmt die Fotosyntheserate wieder ab. Die Zellatmungsrate hingegen steigt zunächst bis zu einem kritischen Wert von etwa 60 Grad Celsius weiter an, fällt dann jedoch bis auf null ab.

Die Differenz zwischen der Kohlenstoffdioxidaufnahme bei der Fotosynthese und der Abgabe bei der Zellatmung entspricht der sogenannten **Nettofotosyntheserate.** Eine grafische Darstellung der Temperaturabhängigkeit dieser Nettofotosynthese ergibt eine Toleranzkurve, die den typischen Verlauf einer Optimumskurve zeigt. Minimum und Maximum geben dabei die Werte an, bei denen kein Kohlenstoffdioxid mehr gebunden werden kann. Der Optimumsbereich zeigt den Temperaturabschnitt mit der höchsten Nettofotosynthese an.

Grundsätzlich ist zu beachten, dass nicht die Umgebungstemperatur, sondern vielmehr die Blatttemperatur ausschlaggebend für die Nettofotosyntheserate ist. Pflanzen nutzen nur einen geringfügigen Anteil der Lichtenergie, die sie absorbieren. Die restliche Energie erwärmt die Blätter, wobei die Blatttemperatur an sonnigen Tagen die Außentemperatur übersteigen kann.

PHYSIOLOGISCHE ANGEPASSTHEIT · Im Gegensatz zu Tieren sind Pflanzen standortgebunden. Sie können ihrer Umwelt und den dort herrschenden abiotischen Faktoren daher nicht ausweichen. Vergleicht man die Fotosyntheserate verschiedener Landpflanzen, so lassen sich große Unterschiede hinsichtlich der

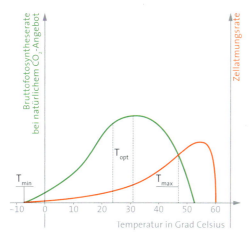

02 Temperaturabhängigkeit von Fotosynthese und Zellatmung

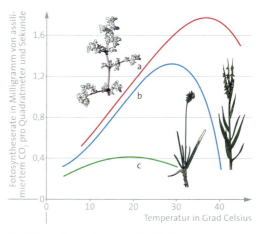

03 Fotosyntheseraten in Abhängigkeit von der Temperatur: **a** Tridestomia (C_4-Pflanze), **b** Blaugras (C_3-Pflanze), **c** Salz-Schildgras (C_4-Pflanze)

Temperaturoptima feststellen: Eine Pflanzenart wie das Große Alpenglöckchen, die Standorte mit niedrigen Jahresmitteltemperaturen besiedelt, weist auch ein niedriges Temperaturoptimum auf. Dies liegt für die beschriebene Art bei Werten von 15 bis 18 Grad Celsius. Umgekehrt zeigen Kakteen als Bewohner heißer und trockener Lebensräume einen Optimumsbereich zwischen 30 und 45 Grad Celsius. Es besteht also ein Zusammenhang zwischen dem Optimumsbereich einer Art und den Umgebungstemperaturen am Standort.

Besonders deutliche Unterschiede im Hinblick auf das Temperaturoptimum gibt es bei C_3- und C_4-Pflanzen: Die meisten heimischen Pflanzen zählen zu den **C_3-Pflanzen**. Sie stehen für den „Grundtypus" der Fotosynthese, wobei das Produkt der Kohlenstoffdioxidfixierung ein Molekül mit drei C-Atomen ist. Zu den **C_4-Pflanzen** zählen vor allem Arten, die wärmere und trockenere Standorte besiedeln. Bekannte C_4-Pflanzen sind Hirse, Mais und Zuckerrohr. Alle C_4-Pflanzen besitzen Enzyme mit einer hohen Bindungskraft gegenüber Kohlenstoffdioxid. Sie können daher auch bei geringerer Öffnungsweite der Stomata noch ausreichend Kohlenstoffdioxid binden. Bei höheren Umgebungstemperaturen weisen sie daher eine höhere Nettofotosyntheserate auf als C_3-Pflanzen. Sehr starke Hitze führt bei allen Lebewesen zur irreversiblen Denaturierung von Proteinen und damit zu tödlichen Schädigungen. Pflanzen müssen daher über besondere Angepasstheiten verfügen, die sie vor Überhitzung schützen. Einen entsprechenden Kühleffekt erreichen Landpflanzen vor allem durch die Verdunstung von Wasser, das sie bei der **Transpiration** abgeben. Da bei hohen Temperaturen das Wasserangebot jedoch limitiert ist, erfolgt die Transpiration häufig nur eingeschränkt.

Andere Pflanzenarten hingegen sind auf hohe Temperaturen angewiesen, wie sie zum Beispiel infolge von Feuer entstehen können. So keimen die Samen mancher südafrikanischer Proteen-Arten erst, wenn die Samen einem Buschfeuer ausgesetzt waren. Die Pflanzen selbst sind durch eine dicke Borke feuerresistent.

Frost kann ebenfalls zu irreversiblen Gewebeschäden führen. Pflanzenarten, die Lebensräume mit jahreszeitlich bedingten extremen Kälteperioden besiedeln, lagern daher Saccharose, Glukose oder Glycerin im Gewebe ein. Diese Verbindungen wirken wie ein „Frostschutzmittel", wodurch der Gefrierpunkt des Zellwassers erniedrigt und somit die Bildung von Eiskristallen im Gewebe verhindert wird. Auch die Blüten vieler Winter- oder Frühblüher wie Primeln weisen derartige Substanzen auf, die jedoch erst mit Blühbeginn in den Zellen angereichert werden.

04 Protea-Blüte

1 Vergleichen Sie die Toleranzkurven von C_3- und C_4-Pflanzen und erklären Sie die Unterschiede!

ABIOTISCHE UMWELTFAKTOREN
UMWELTFAKTOR TEMPERATUR

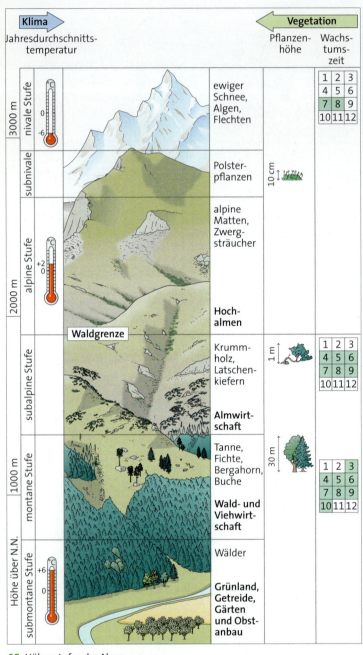

05 Höhenstufen der Alpen

griech. phainómai = mir erscheint

griech. logos = Lehre

JAHRESZEITLICHE ANGEPASSTHEIT · In den meisten Lebensräumen der Erde unterliegt die Temperatur jahreszeitlichen Schwankungen. Diese bedingen in charakteristischer Weise Blüte, Fruchtreife, Laubverfärbung und Laubfall der Pflanzenarten im jeweiligen Lebensraum. Die Entwicklung der Pflanzen spiegelt somit den jahreszeitlichen Temperaturgang wieder und kann als Indikator für das jeweilige Regionalklima ausgewertet werden. Über die Jahrzehnte entstanden so *phänologische Karten* oder *Kalender,* die vor allem in der Land- und Forstwirtschaft die saisonal bedingten Arbeiten steuern. So beginnt in heimischen Regionen der *phänologische Frühling* mit der Apfelblüte, während der Spätherbst vor allem durch die Laubverfärbung und den Laubwurf gekennzeichnet ist. Im Winter sind die meisten Laubbäume blattlos und es herrscht eine Vegetationsruhe.

VERBREITUNG · Untersucht man die Vegetation in verschiedenen Lebensräumen der Erde, so lassen sich verschiedene Zonen unterscheiden. Diese verlaufen nahezu parallel zu den Breitengraden und entsprechen ungefähr den *Klimazonen.* Innerhalb dieser Zonen herrschen bestimmte Pflanzengesellschaften vor, wie zum Beispiel die der tropischen Regenwälder oder der sommergrünen Laubwälder in den gemäßigten Zonen. Das Vorkommen der Arten wird dabei hauptsächlich durch die Temperatur bedingt.

HÖHENZONIERUNG · Während sich die verschiedenen Vegetationszonen nahezu gürtelförmig über die Oberfläche der Erde erstrecken, lassen sich in den Hochgebirgen auch in der Vertikalen verschiedene **Höhenzonen** oder **Höhenstufen** unterscheiden. Innerhalb dieser Stufen nimmt die Durchschnittstemperatur etwa 0,5 Grad Celsius pro 100 Meter Höhe ab. Aufgrund des Zusammenspiels der genannten abiotischen Faktoren verkürzt sich die Vegetationszeit mit zunehmender Höhe. Die verschiedenen Höhenstufen sind durch charakteristische Pflanzengemeinschaften gekennzeichnet, deren Vertreter spezifische Angepasstheiten aufweisen. Dabei markiert die natürliche Waldgrenze die Höhe, ab der die Umgebungstemperaturen für ein ausreichendes Wachstum von Bäumen nicht mehr ausreicht.

2 Informieren Sie sich über die Höhenstufen in den Anden und vergleichen Sie diese mit denen der Alpen!

3 Erklären Sie, weshalb die Sträucher der alpinen Stufe oftmals sehr klein sind und dicht am Boden wachsen!

MATERIAL

VERSUCH A ▸ Wachstum von Weizensprossen

Versuchsmaterial
Samenkörner, zum Beispiel Radieschen oder Weizen, Kunststoffschalen, Watte oder Zellstoff, Thermometer

A1 Entwickeln Sie mit den Materialien einen Versuch zur Untersuchung der Temperaturabhängigkeit der Keimung! Begründen Sie Ihre Planung!

A2 Führen Sie den von Ihnen entwickelten Versuch durch und notieren Sie die Messdaten!

A3 Erstellen Sie ein vollständiges Versuchsprotokoll einschließlich grafischer Darstellung der Messwerte!

A4 Erklären Sie die Ergebnisse!

Material B ▸ Atmungstätigkeit von Kartoffelblättern

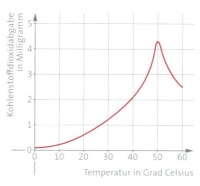

B1 Beschreiben Sie die Versuchsergebnisse!

B2 Deuten Sie die dargestellten Ergebnisse mithilfe der zugrunde liegenden Stoffwechselprozesse!

Material C ▸ Apfelblüte als Umweltindikator

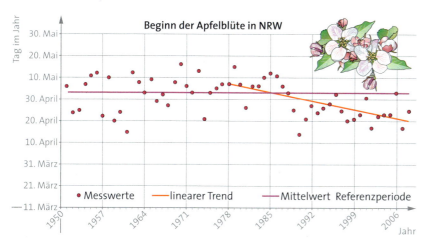

C1 Beschreiben Sie die Grafik!

C2 Werten Sie die Grafik aus!

C3 Diskutieren Sie, inwieweit Wissenschaftler die Apfelblüte als „Fingerabdruck" für den fortschreitenden Klimawandel nutzen könnten!

C4 Erklären Sie, weshalb phänologische Beobachtungen trotz modernster Methoden weiterhin wichtig für die Klimaforschung sind!

ABIOTISCHE UMWELTFAKTOREN
UMWELTFAKTOR LICHT

01 Sonnenblumenfeld

Der Einfluss von Licht auf Tiere und Pflanzen

Goldgelb strahlen die Blüten der Sonnenblumen im Licht der Sommersonne. Dabei fällt auf, dass die Pflanzen sich alle in eine Richtung orientieren – offenbar immer dem Sonnenlicht entgegen. Und so lautet der französische Name der Sonnenblume auch „tournesol", was so viel bedeutet wie „die sich zu der Sonne dreht". Aber ist dies wirklich so und wenn ja, welche Faktoren spielen dabei eine Rolle?

LICHT ALS ENERGIEQUELLE · Die Sonne ist trotz ihrer großen Entfernung die wichtigste Energiequelle für das Klima und das Leben auf der Erde. Die von ihr ausgehende Strahlung erreicht die Erde und durchdringt die obere Atmosphäre, wodurch die Solarstrahlung zur Globalstrahlung wird. Sonnenlicht ist elektromagnetische Strahlung. Das Spektrum dieser elektromagnetischen Strahlung umfasst das sichtbare Licht mit Wellenlängen zwischen 400 und 760 Nanometern. Hinzu kommen das unsichtbare ultraviolette Licht und die infrarote Wärmestrahlung.

Licht, das auf ein Objekt wie zum Beispiel ein Blatt trifft, kann reflektiert, absorbiert oder durchgelassen werden. Energetisch wirksam ist jedoch nur absorbiertes Licht. Die Absorption von Strahlung zu Beginn der Fotosynthese erfolgt mithilfe von Pigmenten wie Chlorophyll oder Carotin in einem Wellenlängenbereich von 380 bis 710 Nanometern. Diesen Bereich bezeichnet man daher auch als **fotosynthetisch aktive Strahlung**. Im Verlauf der Fotosynthese wird die absorbierte Lichtenergie in chemisch gebundene Energie umgewandelt. Sie ist dann in organischen Molekülen wie Glukose oder Stärke fixiert und steht so allen Lebewesen für die weiteren Lebensprozesse zur Verfügung. Licht ist somit ein entscheidender abiotischer Faktor für das Leben auf der Erde.

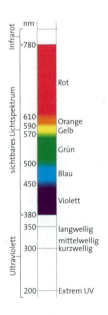

02 Spektrum elektromagnetischer Strahlung

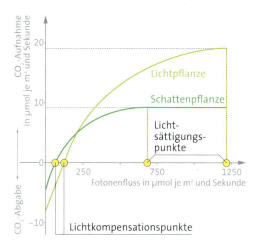

03 Einfluss verschiedener Lichtintensitäten auf die Fotosyntheseleistung bei Licht- und Schattenpflanzen

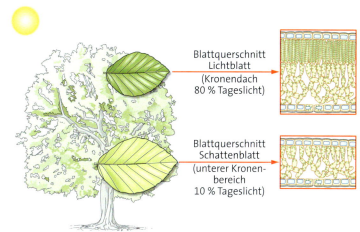

04 Blattquerschnitte einer Rotbuche

EINFLUSS VON LICHT AUF PFLANZEN

Das Vorkommen einer Pflanzenart wird im Wesentlichen durch die Intensität der Sonneneinstrahlung am Standort bedingt. So ist der Boden in einem Laubwald im Frühjahr noch dicht mit einer Vielzahl von Pflanzen besiedelt. Mit dem Blattaustrieb gelangt jedoch immer weniger Licht in die tieferen Schichten. In dichten Mischwäldern sind dies beispielsweise nur etwa zwei Prozent der Lichtintensität, die auf die oberen Blätter fällt. Viele krautige Pflanzen, die an höhere Strahlungsintensitäten angepasst sind, können unter diesen Bedingungen nicht mehr existieren. Arten wie der Waldsauerklee und der Aronstab erreichen jedoch auch bei wenig Licht eine positive Fotosynthesebilanz und werden daher als **Schattenpflanzen** bezeichnet. Rotklee oder die Waldkiefer gedeihen hingegen nur an Standorten mit hoher Lichtintensität und werden daher als **Lichtpflanzen** bezeichnet. Betrachtet man ihre Fotosyntheseaktivität in Abhängigkeit von der Lichtintensität, so erkennt man, dass sie einen höheren Lichtkompensationspunkt als Schattenpflanzen haben.

Licht- und Schattenpflanzen zeigen eine Reihe physiologischer und morphologischer Angepasstheiten. So hat der Wurmfarn als typische Schattenpflanze oft große und dünne Blätter mit einschichtigem Palisadengewebe und lockerem Schwammgewebe. Dieser Blattaufbau ist charakteristisch für Pflanzen an lichtarmen Standorten und entspricht dem eines **Schattenblattes**. Die Blätter des Rotklees entsprechen dagegen dem Aufbau eines **Lichtblattes**. Beide Blatttypen findet man auch in der Krone dicht belaubter Bäume wie der Rotbuche. Hier herrschen ebenfalls unterschiedliche Lichtverhältnisse, die zur Ausbildung verschiedener Blattformen führen.

Licht beeinflusst nicht nur die Gestalt vieler Pflanzenarten, vielmehr ermöglicht es auch die Orientierung in Raum und Zeit und steuert Wachstums- und Entwicklungsprozesse. So richten sich die Blätter und Knospen der Sonnenblume nach der Sonne aus. In diesem Fall handelt es sich um eine Reaktion, die als **Fototropismus** bezeichnet wird. Ungleiche Belichtung führt dabei zu einer erhöhten Konzentration des Wachstumshormons *Auxin* in den Zellen auf der lichtabgewandten Seite. Infolgedessen wachsen diese Zellen schneller in die Länge und richten so Blätter und Knospen zum Licht aus.

griech. phos = Licht

griech. trepein = wenden

1. Erklären Sie den Einfluss verschiedener Lichtintensitäten auf die Fotosyntheseleistung von Licht- und Schattenpflanzen anhand der Abbildung 03!

2. Beschreiben und erklären Sie den unterschiedlichen Aufbau von Sonnen- und Schattenblättern am Beispiel der Rotbuche!

ABIOTISCHE UMWELTFAKTOREN
UMWELTFAKTOR LICHT

Gartenrotschwanz

Rotkehlchen

Amsel

Zaunkönig

Kuckuck

Kohlmeise

Zilpzalp

Buchfink

Haussperling

Star

05 Vogeluhr

EINFLUSS VON LICHT AUF TIERE · Einzelne Singvogelarten wie der Gartenrotschwanz oder das Rotkehlchen beginnen zu unterschiedlichen Zeitpunkten in den frühen Morgenstunden mit ihrem Gesang. Der genaue Zeitpunkt hängt dabei von der jeweils vorhandenen Lichtintensität ab. Da der Sonnenaufgang wiederum von der Jahreszeit und dem geografischen Ort abhängig ist, ergibt sich für verschiedene Gebiete auch eine andere Taktung der sogenannten *Vogeluhr*. Sie ist das Ergebnis aus dem Zusammenspiel verschiedener physiologischer Faktoren wie Körpertemperatur und Hormonausschüttung. Diese werden jedoch durch die Tageslänge oder **Fotoperiode** beeinflusst. Fotoperiodische Aktivitäten wie zum Beispiel der Vogelgesang werden ausgelöst, wenn der Anteil der hellen Stunden eines Tages eine bestimmte Schwelle unter- oder überschreitet. Diese **kritische Tageslänge** ist genetisch festgelegt und weitgehend artspezifisch. Die Kontrolle tages- oder jahreszeitlicher Aktivitäten durch den täglichen Licht- und Dunkelwechsel wird auch als **Fotoperiodismus** bezeichnet. Ein anderes Beispiel dafür ist die Entwicklung des Landkärtchens, einem in Mittel- und Osteuropa beheimateten Tagfalter. Hier steuert die Dauer der Fotoperiode während der Larvenentwicklung das spätere Farbmuster der Falter. So ergibt sich ein von den Jahreszeiten abhängiges unterschiedliches Aussehen der Falter, was als **Saisondimorphismus** bezeichnet wird.

Auch beim Menschen sind die wichtigsten Körperfunktionen wie Körpertemperatur, Hormonausschüttung oder der Schlaf-Wach-Rhythmus von der Tageslänge abhängig. Dabei unterliegen diese Prozesse einem regelmäßigen Rhythmus mit einer Periodizität von etwa 24 Stunden. Dieser **circadiane Rhythmus** ist genetisch gesteuert und benötigt das Sonnenlicht als Taktgeber für die *innere Uhr*. Ihre Funktion wird durch das Hormon **Melatonin**, das in der Zirbeldrüse oder Epiphyse des Gehirns produziert wird, geregelt. Bei Dunkelheit schüttet die Epiphyse mehr Melatonin aus als bei Helligkeit: Wir werden müde. Nachtaktive Tiere wie Fledermäuse hingegen werden aktiv. Licht, das über das Auge wahrgenommen wird, wirkt dabei als Informationsträger.

Wie intensiv die inneren Zyklen menschliche Aktivitätsmuster steuern, wird besonders dann deutlich, wenn durch äußere Einflüsse der Rhythmus aus dem Takt gerät. Ein Beispiel dafür ist der sogenannte *Jetlag*. Dieses Symptom umfasst körperliche und auch psychische Beschwerden, die als Folge von Flugreisen in andere Zeitzonen auftreten.

3 Erläutern Sie die Rolle des Hormons Melatonin für die Regelung der inneren Uhr!

4 Erklären Sie, warum der Übergang in die Nachtarbeit oftmals mit körperlichen und physischen Beschwerden verbunden ist!

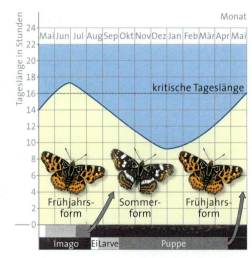
06 Saisondimorphismus beim Landkärtchen

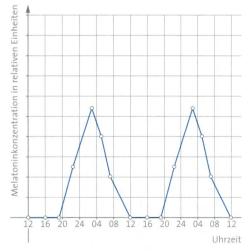
07 Melatoninkonzentration im Tagesverlauf

MATERIAL

Material A ▸ Fotoperiodismus bei Pflanzen

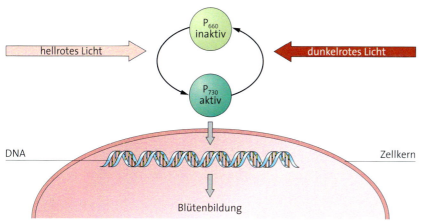

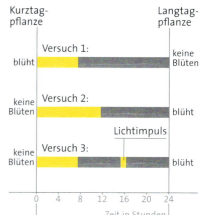

Bei vielen Pflanzenarten hängt die Blütenbildung vom Verhältnis der Nacht- zur Tageslänge ab. Hierbei kann man zwischen *Kurztag-* und *Langtagpflanzen* unterscheiden. Die fotoperiodische Steuerung der Blütenbildung erfolgt über das Pigment *Phytochrom*, das leicht zwischen zwei ineinander überführbare Strukturformen P_{660} (inaktiv) und P_{730} (aktiv) wechselt. Die Qualität des Lichtes bestimmt dabei, welche Form gerade vorliegt.

A1 Beschreiben Sie anhand der Versuche 1 und 2 die Wirkung von Hell- und Dunkelphasen auf Lang- und Kurztagpflanzen!

A2 Bewerten Sie auf der Basis des Versuches die Aussage: „Die Blütenbildung wird bei Pflanzen mit Fotoperiodismus durch die Länge der Dunkelperiode gesteuert."!

A3 Erklären Sie, weshalb Gärtner Langtagpflanzen, die im Winter blühen sollen, kurzzeitig einen Lichtimpuls geben, statt sie durchgehend zu beleuchten!

A4 Erläutern Sie die Steuerung der Blütenbildung durch das Pigment Phytochrom, wenn das Störlicht nur hellrot oder nur dunkelrot ist!

VERSUCH B ▸ Orientierung durch Licht bei Daphnien

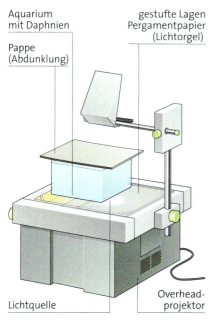

Versuchsmaterialien:
- Wasserprobe mit Daphnien
- kleines Glasbecken
- Pergamentpapier
- Pappe zur Abdunklung

Versuchsdurchführung:
Stellen Sie den Versuch wie in der Abbildung dargestellt zusammen. Die Lichtorgel erhalten sie dabei durch das Aufeinanderlegen unterschiedlich vieler Schichten Pergamentpapier auf einer durchsichtigen Folie. Diese Folie legen Sie zu Beginn des Versuches auf den Overheadprojektor.

B1 Schätzen Sie die Anzahl der Daphnien in den Bereichen unterschiedlicher Lichtintensität und stellen Sie die Ergebnisse grafisch dar!

B2 Deuten Sie die Reaktion der Daphnien in der Lichtorgel und ziehen Sie Schlüsse daraus hinsichtlich der biologischen Bedeutung der Reaktion!

B3 Planen Sie ein Experiment zur Untersuchung des Einflusses verschiedener Lichtqualitäten auf das Verhalten der Daphnien. Führen Sie das Experiment durch und werten Sie es aus!

ABIOTISCHE UMWELTFAKTOREN
UMWELTFAKTOR WASSER

01 Tiere am Wasserloch

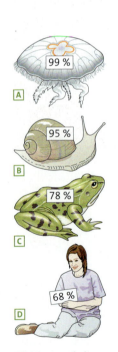

02 Wassergehalt verschiedener Lebewesen:
A Quallen,
B Landschnecken,
C Frösche,
D Mensch

Tiere und Wasser

An einem der wenigen Wasserlöcher in der afrikanischen Savanne stehen Antilopen, Zebras und Giraffen zusammen und stillen ihren Durst. Ein kurzer Moment der Ruhe im Verlauf eines der weltweit größten Naturereignisse: Mit Beginn der Trockenzeit sind jedes Jahr etwa 1,2 Millionen Gnus unterwegs, gefolgt von etwa 400 000 Thompson-Gazellen und rund 250 000 Zebras. Angetrieben von Durst und Hunger ziehen die Grasfresser von der Serengeti-Steppe im Süden zu den Savannen im Norden und zurück, immer dem Wasser hinterher. Welche Bedeutung hat Wasser für die Tiere?

VERFÜGBARKEIT VON WASSER · Der Wassergehalt lebender tierischer oder pflanzlicher Zellen liegt zwischen 75 und 95 Prozent. Im Organismus ist das Wasser sowohl Reaktionspartner als auch Medium für biochemische Reaktionen. Gleichzeitig dient es auch als Medium für die Ausscheidung von Abfallprodukten, der Exkretion, und die Abgabe von überschüssiger Wärme durch Verdunstung beim Schwitzen. Einen Nettowasserverlust überlebt ein Lebewesen nicht dauerhaft. So führt ein Verlust von etwa zehn Prozent beim Menschen bereits zu motorischen Ausfällen und Sprachstörungen, innerhalb von drei bis vier Tagen kommt es zum Tod durch Austrocknung. Jeder Verlust muss also durch erneute Aufnahme von Wasser ausgeglichen werden. Dieser Ausgleich erfolgt vor allem durch Trinken oder die Aufnahme wasserhaltiger Nahrung sowie durch das während der Zellatmung entstehende Oxidationswasser.

LANDTIERE · Zahlreiche Fossilien aus dem Devon belegen die Entwicklung der ersten Landwirbeltiere vor etwa 400 bis 350 Millionen Jahren. Der Übergang vom Wasser- zum Landleben war jedoch nur möglich infolge entsprechender Angepasstheiten in Bau und Funktion. Diese wirken dem Problem des Wasserverlustes durch die Exkretion, Atmung sowie Verdunstung über die Körperoberfläche entgegen.
Eine wesentliche **anatomische Angepasstheit** im Sinne eines Verdunstungsschutzes ist zum Beispiel die Ausbildung einer wachshaltigen Kutikula über dem Chitinpanzer vieler Insekten und Spinnentiere. Die Körperoberfläche dieser wirbellosen Tiere ist daher für Wasser nahezu undurchlässig. Bei Wirbeltieren findet man hingegen oftmals eine ausgeprägte Hornhaut mit Schuppen, Federn oder Haaren, die ebenfalls dem Problem des Austrocknens entgegenwirkt.

Im Gegensatz dazu bietet die dünne Haut von Amphibien nur einen geringen Verdunstungsschutz. Sie besitzen jedoch charakteristische Schleimdrüsen, die die Haut feucht halten. Amphibien trinken nicht, vielmehr decken sie ihren Wasserbedarf über ihre Haut. Frösche, insbesondere Kröten, die sich vorübergehend vom Wasser entfernen oder Trockenzeiten überstehen müssen, haben zudem große Harnblasen, in denen sie Wasser speichern können. Landlebende Tiere zeigen eine Reihe von **physiologischen Angepasstheiten,** die den Wasserverlust bei der Exkretion reduzieren. Eine Maßnahme ist die Rückresorption von Wasser aus Kot und Urin auf der Grundlage des Gegenstromprinzips. Der Mensch produziert etwa 180 Liter Primärharn, von denen allerdings nur 0,5 bis 2 Liter pro Trag ausgeschieden werden. Ein Großteil des Wassers, das beim Durchtritt durch die Nieren rückresorbiert wird, gelangt zurück ins Blut. Aus dem Primärharn entsteht so ein konzentrierter Endharn, der Urin, über den unter anderem die stickstoffhaltigen Endprodukte des Proteinstoffwechsels in Form von Harnstoff ausgeschieden werden.

Neben den genannten physiologischen Besonderheiten zeigen landlebende Tiere auch **verhaltensgesteuerte Angepasstheiten,** die der Aufrechterhaltung ihres Wasserhaushaltes dienen. So bevorzugen Amphibien als sogenannte *Feuchtlufttiere* feuchte Standorte wie Wasserufer, feuchte Wiesen und Wälder. Zur Fortpflanzung müssen die meisten Arten jedoch das Wasser aufsuchen, da sie dort zunächst ein Larvenstadium verbringen. Nach einer Metamorphose gehen die meisten Arten dann zum Leben an Land über. Viele Amphibien sind zudem *nachtaktiv* und halten so den Wasserverlust über die Haut gering. Weiterhin schützen sie sich auf diese Weise vor Beutegreifern. Auch Schnecken zählen zu den Feuchtlufttieren. Sie überstehen Trockenzeiten zurückgezogen in ihren Kalkgehäusen.

03 Griechische Landschildkröte: **A** Habitus, **B** Ausschnitt Panzer

04 Grasfrosch: **A** Habitus, **B** Ausschnitt Haut

05 Weinbergschnecke in Trockenstarre

1 Stellen Sie Vermutungen auf, weshalb in Trockengebieten lebende Schnecken oftmals helle Gehäuse mit verringerten Gehäuseöffnungen haben!

ABIOTISCHE UMWELTFAKTOREN
UMWELTFAKTOR WASSER

06 Nebeltrinker-Käfer in der Namibwüste

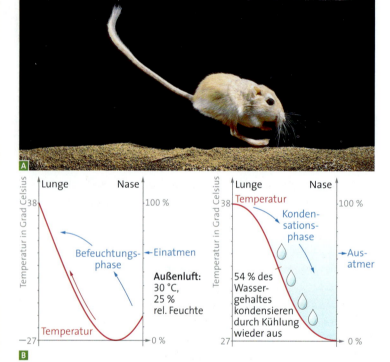

07 Kängururatte:
A Habitus,
B Temperatur und Feuchtigkeit der Luft beim Ein- und Ausatmen

WÜSTENTIERE · In gemäßigten Breitengraden geben Tierarten überschüssige Wärme unter Nutzung der Verdunstungsenergie an die Umwelt ab, sie schwitzen oder hecheln. Da dies jedoch gleichzeitig auch Wasserverlust bedeutet, können sich die meisten Wüstenbewohner diese Methode nicht leisten. Säugetiere haben in diesem Lebensraum daher als **anatomische Angepasstheit** keine oder nur reduzierte Schweißdrüsen. Vor allem weisen sie besondere **physiologische Angepasstheiten** auf, die ebenfalls den Wasserverlust reduzieren. So sind Trampeltiere oder auch die nordamerikanischen Kängururatten in der Lage, aus der Ausatmungsluft Wasser durch Kondensation zurückzugewinnen: Beim Einatmen verdunstet Wasser von der feuchten inneren Nasenoberfläche. Die eingeatmete, trockene Luft wird dabei angefeuchtet und angewärmt. Beim Ausatmen wird der Luft an der nun kühleren Nasenschleimhaut ein Teil des Wassers durch Kondensation wieder entzogen. Der atmungsbedingte Wasserverlust der Kängururatten wird auf diese Weise um etwa eineinhalb bis drei Liter pro Tag reduziert. Einige Wüstenbewohner sind so gut an den Wassermangel angepasst, dass sie überleben, ohne zu trinken. So ernähren sich Kängururatten hauptsächlich von trockenen Samen, die nur einen geringfügigen Wassergehalt haben. Das beim Abbau dieser Nahrung entstehende *Oxidationswasser* deckt in der Regel den Wasserbedarf. Auch Trampeltiere gewinnen einen hohen Anteil des notwendigen Wassers über den Abbau von Fettgewebe, das sich vor allem in ihren Höckern befindet. Weiterhin scheiden sie wie viele andere Wüstentiere einen hoch konzentrierten Urin und sehr trockenen Kot aus.

Neben den physiologischen Besonderheiten zeigen manche Wüstenbewohner auch **verhaltensgesteuerte Angepasstheiten.** Ein Beispiel sind die großen Tierwanderungen der afrikanischen Huftiere. Viele Kleinsäuger sind zudem nachtaktiv oder legen Erdbauten an, in denen eine höhere Luftfeuchtigkeit herrscht. Ein besonders auffälliges Verhalten zeigt der „Nebeltrinker-Käfer" der afrikanischen Namibwüste: Zieht Nebel vom Atlantik in die Wüste, so balancieren die Tiere mit dem Kopf nach unten gesenkt auf den Sanddünen. Ihr Hinterteil strecken sie dabei nach oben und damit dem Wind entgegen. Der Nebel kondensiert in kleinen Tröpfchen am Panzer der Insekten und das Wasser fließt schließlich an den Rinnen der Deckflügel direkt in ihre Mundöffnung. „Nebeltrinker-Käfer" decken auf diese Weise etwa 40 Prozent ihres Wasserbedarfs.

2 Erstellen Sie eine Übersicht über die Wasserspartechniken der genannten Wüstentiere und setzen Sie diese in Beziehung zu dem Basiskonzept „Angepasstheit"!

IM BLICKPUNKT CHEMIE UND PHYSIK

Eigenschaften des Wassers

DIPOLCHARAKTER · Das insgesamt neutrale Wassermolekül ist ein *Dipol*: Das Sauerstoffatom zieht im Vergleich zu den Wasserstoffatomen im Molekül die bindenden Elektronenpaare stärker an. Da das Molekül außerdem gewinkelt ist, machen sich die Ladungsunterschiede in Form von negativer Partialladung auf der Seite des Sauerstoffs und positiver Partialladung aufseiten der beiden Wasserstoffatome bemerkbar.

WASSERSTOFFBRÜCKEN · Aufgrund ihres Dipolcharakters bestehen zwischen den Wassermolekülen elektrostatische Kräfte. Dabei lagern sich die Wasserdipole mit ihren jeweils unterschiedlich geladenen Enden zu größeren dreidimensionalen Aggregaten zusammen, die man auch *Cluster* nennt. Die Bindung erfolgt über die positiv teilgeladenen Wasserstoffatome und heißt deshalb auch Wasserstoffbrückenbindung. Da die Bindungsenergie klein ist, sind die Molekülverbände kurzlebig und keinesfalls fest gefügt. Sie bedingen aber den im Vergleich zu nicht assoziierten Verbindungen höheren Schmelz- und Siedepunkt von Wasser.

DICHTEANOMALIE · Wasser besitzt bei rund vier Grad Celsius seine größte Dichte. Ursache für diese Anomalie ist die Clusterbildung durch die Wasserstoffbrücken: Bei etwa vier Grad Celsius nehmen die Cluster das geringste Volumen ein. Steigende Temperaturen bewirken eine stärkere Molekülbewegung, sodass das Volumen zunimmt. Temperaturen unter vier Grad Celsius verändern die Gitterstruktur und führen so erneut zu höherem Raumbedarf.
Im festen Zustand benötigen Wassermoleküle am meisten Raum. Daher schwimmt Eis auf Wasser. Dies ist für wasserbewohnende Lebewesen lebenswichtig, denn dadurch kann Wasser in der Tiefe eines Sees nie kälter als vier Grad Celsius sein.

OBERFLÄCHENSPANNUNG · An der Wasseroberfläche wirken die zwischenmolekularen Kräfte nur ins Innere der Flüssigkeit. Dadurch entsteht eine Oberflächenspannung, die sich wie ein Häutchen auf der Wasseroberfläche auswirkt. Kleintiere wie der Wasserläufer sind daher in der Lage, sich auf dem Wasser fortzubewegen, ohne einzusinken.

WÄRMEKAPAZITÄT UND WÄRMELEITFÄHIGKEIT · Wasser ist einerseits ein guter Wärmespeicher und andererseits ein schlechter Wärmeleiter. Daher können vor allem stehende Gewässer viel Wärme aufnehmen beziehungsweise speichern. Diese Eigenschaft bedingt unter anderem die relativ ausgeglichenen Temperaturverhältnisse in Gewässern.

WASSER ALS LÖSUNGSMITTEL · Aufgrund seines Dipolcharakters ist Wasser ein hervorragendes Lösungsmittel für polare Substanzen. In der Natur gibt es daher kein reines Wasser im physikalisch-chemischen Sinn. Vielmehr enthält es immer gasige oder feste Stoffe in gelöstem Zustand. Innerhalb und außerhalb von Zellen dient es als Medium und ist an Transportvorgängen von gelösten Stoffen beteiligt. Es trägt so wesentlich zur Aufrechterhaltung des Stoffwechsels bei.

3 Nennen Sie Faktoren, die die Löslichkeit von Gasen in Wasser bedingen!

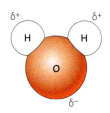

08 Wassermolekül

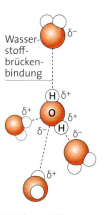

09 Clusterbildung

10 Wasserläufer

ABIOTISCHE UMWELTFAKTOREN
UMWELTFAKTOR WASSER

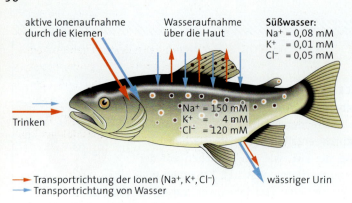

11 Osmoregulation bei Süßwasserfischen

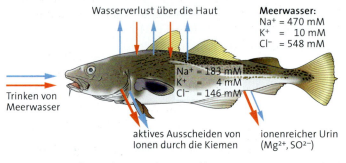

12 Osmoregulation bei Meeresfischen [mM = Millimol pro Liter]

SÜSSWASSERTIERE · In Süßwasser lebende Wirbellose, Fische, Amphibien, Reptilien und Säuger haben gewöhnlich in ihrer Körperflüssigkeit eine höhere Ionenkonzentration als das Außenmedium. Sie sind also *hyperosmotisch*. Daher diffundiert mehr Wasser aus der Umgebung in die Zellen als umgekehrt. Dies führt schließlich zu einer erhöhten Exkretion von Wasser und damit auch zu einem Verlust biologisch wertvoller Ionen. Alle Stoffwechselvorgänge sind jedoch von einem konstanten inneren Milieu, das heißt von einer bestimmten Konzentration an gelösten Stoffen wie Natrium- oder Kalium-Ionen, abhängig. In ihrer hypotonischen Umgebung sind Süßwassertiere daher auf **Osmoregulation** angewiesen. Veränderungen des osmotischen Drucks im Zellinneren können jedoch nur ausgeglichen werden, wenn die Lebewesen überschüssiges Wasser wieder ausscheiden und zudem biologisch wichtige Ionen aktiv über spezifische Gewebe resorbieren. In Süßwasser lebende Einzeller wie Amöben oder Pantoffeltierchen besitzen daher kontraktile Vakuolen, die der Wasserausscheidung dienen. Süßwasserfische haben hingegen Nieren, über die sie große Mengen stark verdünnten Harns ausscheiden können. Biologisch wichtige Ionen werden gleichzeitig aus dem Primärharn ins Blut rückresorbiert oder aktiv über spezifische Transportepithelien in den Kiemen aus dem umgebenden Milieu aufgenommen. Manche Süßwasserfische sind zudem in der Lage, mit ihren Kiemen Natrium- und Chlorid-Ionen aus dem Umgebungswasser aufzunehmen, das weniger als ein Millimol Natriumchlorid pro Liter enthält, obwohl ihre Plasma-Ionenkonzentration 100 Millimol pro Liter übertrifft. In Süßwasser lebende Fische und Amphibien trinken zudem kaum Wasser, sodass sich die Notwendigkeit der Ausscheidung von überflüssigem Wasser ebenfalls reduziert.

MARINE TIERE · Bei den meisten wirbellosen Meerestieren wird der osmotische Zustand ihrer Körperflüssigkeiten nicht aktiv kontrolliert. Vielmehr stimmt die Innenkonzentration weitgehend mit der des umgebenden Meereswassers überein. Sie sind *poikiloosmotisch*. Typische Vertreter dieser *Osmokonformer* sind viele wirbellose Meeresbewohner wie Stachelhäuter, Krebstiere oder auch Knorpelfische. Je nach Salzgehalt im Wasser scheiden sie zum Beispiel aktiv Wasser aus und nehmen Ionen auf, bis ihre Körperflüssigkeiten wieder isotonisch mit der Umgebung sind.

Meeresfische sind *hypoosmotisch*, das heißt, sie haben in ihren Körperflüssigkeiten einen geringeren Salzgehalt als das Meerwasser, weshalb sie ständig durch Osmose Wasser an die Umgebung verlieren. Sie trinken daher Meerwasser und gleichen so den Wasserverlust wieder aus. Gleichzeitig scheiden sie überschüssig aufgenommene Ionen aktiv über das Kiemenepithel oder die Nieren aus. Sie sind *Osmoregulierer*. Auch Meeresvögel und Reptilien, die die mit dem Wasser oder der Nahrung aufgenommenen überschüssigen Ionen über spezifische Drüsen ausscheiden, sind Osmoregulierer.

4 Erläutern Sie das Vorkommen poikiloosmotischer Tiere in Brackwasser- und Gezeitenzonen!

Material A ▸ Kängururatte

		Wasserhaushalt einer Kängururatte		Wasserhaushalt eines Menschen	
Gewicht		40–60 g		70–90 kg	
Wasseraufnahme					
in ml/Tag	durch Trinken	0,0	0 %	1300	52 %
	mit der Nahrung	6,0	10 %	900	36 %
	aus dem Stoffwechsel	54,0	90 %	250	12 %
Wasserverlust					
in ml/Tag	durch Verdunstung	43,9	73 %	850	34 %
	mit dem Harn	13,5	23 %	1500	60 %
	mit dem Kot	2,6	4 %	150	6 %
Nährstoff		Masse des Oxidationswassers aus 1 g Nährstoff in g			
Kohlenhydrate		0,56			
Fette		1,07			
Proteine		0,40			

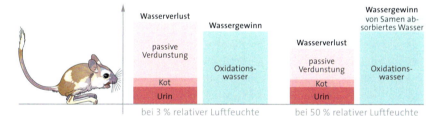

Kängururatten leben in den trocken-heißen Wüsten- und Halbwüstengebieten der südwestlichen USA. Dem Wassermangel in ihrem Lebensraum begegnen sie mit spezifischen physiologischen und verhaltensbiologischen Angepasstheiten.

A1 Werten Sie die Angaben in der Tabelle vergleichend aus! Erklären Sie, wie die Kängururatte ihre Wasserverluste ohne zusätzliche Flüssigkeitsaufnahme ausgleichen kann!

A2 Erläutern Sie unter Einbezug der bisherigen Arbeitsergebnisse den in der Abbildung dargestellten Wasserhaushalt der Kängururatte bei unterschiedlicher Luftfeuchtigkeit!

A3 Erklären Sie mit Bezug auf den Wasserhaushalt, weshalb in trockenwarmen Regionen größere Tiere kleineren überlegen sind! Stellen Sie auch einen Zusammenhang zu den bekannten tiergeografischen Regeln her!

Material B ▸ Ionenregulation bei wüstenlebenden Heuschrecken

Flüssigkeit	Konzentration (Durchschnittswerte in mmol/l)		
	Na⁺	K⁺	Cl⁻
Salzwasser zum Trinken	300	150	450
Hämolymphe			
Wasser zum Trinken	108	11	115
Salzwasser zum Trinken	158	19	163
Ausscheidungsflüssigkeit			
Wasser zum Trinken	1	22	5
Salzwasser zum Trinken	405	241	569

Von allen terrestrisch lebenden Wirbellosen sind Insekten die effektivsten Wassersparer bei der Exkretion stickstoffhaltiger Abfallprodukte. Zur genaueren Untersuchung dieser Eigenschaft wurde wüstenbewohnenden Heuschrecken entweder stark salziges oder reines Wasser zum Trinken gegeben. Anschließend wurde die Konzentration verschiedener Ionen in der Hämolymphe und in der Rektalflüssigkeit der Insekten gemessen.

B1 Werten Sie das tabellarisch dargestellte Versuchsergebnis aus!

B2 Nehmen Sie kritisch Stellung zu der Aussage, dass Insekten die effektivsten Wassersparer bei der Exkretion sind!

ABIOTISCHE UMWELTFAKTOREN
UMWELTFAKTOR WASSER

01 Unechte Rose von Jericho:
A trocken,
B feucht

Pflanzen und Wasser

Jedes Jahr bieten Blumengeschäfte um die Weihnachtszeit kleine, braune Knäuel an, die an abgestorbene Pflanzenreste erinnern. Diese Knäuel heißen „Unechte Rose von Jericho" und sind Teil eines jahrhundertealten Brauches in christlichen Familien. Botanisch gesehen handelt es sich um Moosfarngewächse, die sich entfalten und ergrünen, sobald man sie in Wasser legt. Nimmt man die Pflanzen wieder aus dem Wasser und bewahrt sie trocken auf, so lässt sich dieser Vorgang wiederholen. Wie ist das zu erklären?

BEDEUTUNG VON WASSER FÜR PFLANZEN · Pflanzen wie die Unechte Rose von Jericho, deren Wassergehalt weitgehend dem ihres Standortes entspricht, sind *wechselfeucht*. Dazu zählen die meisten Algen und Flechten sowie einige Moose. Wechselfeuchte Pflanzen haben im Laufe der Evolution eine Austrocknungstoleranz entwickelt, die ihnen das Besiedeln von Standorten mit wechselndem Wasserangebot ermöglicht. Aus diesem Grund lässt sich an ihnen besonders gut die Bedeutung von Wasser für Pflanzen untersuchen. So zeigen beispielsweise mikroskopische Untersuchungen, dass die Zellen dieser Moosfarngewächse sehr klein sind und zudem keine Zentralvakuolen haben.

Außerdem weisen die Zellwände keinerlei Verdunstungsschutz auf. Tritt Wassermangel auf, trocknet das Gewebe zu einem gewissen Grad aus. Dabei schrumpft das Zellplasma und die Stoffwechselaktivität wird eingeschränkt. Die Pflanze stirbt jedoch nicht ab. Verbessert sich schließlich die Wasserversorgung wieder, nehmen die Pflanzen Wasser über die Oberfläche auf. Das Zellvolumen nimmt zu, und die Stoffwechselaktivität steigt. Das Beispiel der Unechten Rose von Jericho zeigt, dass Wasser bei Pflanzen als **Quellmittel** dienen kann und somit gestaltgebend ist. Weiterhin ist es **Transportmittel** für Mineralstoffe, ohne die Stoffwechsel, Wachstum und Entwicklung nicht möglich sind. Im Stoffwechsel ist Wasser sowohl **Reaktionspartner** als auch **Lösungsmittel** für biochemische Prozesse. Pflanzen sind autotroph, das heißt, sie synthetisieren ihre Bau- und Betriebsstoffe ausschließlich aus anorganischen Stoffen, vor allem Wasser und Kohlenstoffdioxid. Die Aufnahme von Kohlenstoffdioxid und die Abgabe von Wasserdampf erfolgen dabei über spezielle Öffnungen in der Blattepidermis, den Spaltöffnungen oder *Stomata*. Ohne Wasser ist bei Pflanzen ein aktives Leben nicht möglich.

WASSERHAUSHALT VON PFLANZEN · Laubbäume wie die Rotbuche bevorzugen mäßig feuchte Standorte. Man bezeichnet sie daher als *Mesophyten*. Rotbuchen erreichen in mitteleuropäischen Breitengraden eine Stammhöhe von bis zu 40 Metern. Bäume dieser Höhe benötigen an einem sonnigen Sommertag etwa 400 Liter Wasser zur Aufrechterhaltung aller Lebensvorgänge. Das über die Wurzeln aufgenommene Wasser und die darin gelösten Mineralstoffe werden über spezifische Leitungsbahnen bis zu den Blättern transportiert. Die angegebene Menge entspricht dem Inhalt von etwa 45 Mineralwasserkisten. Eine erhebliche Kraft wäre demnach notwendig, um diese Menge eine Treppe von 40 Metern hoch zu tragen.

WASSERAUFNAHME · Die Aufnahme von Wasser erfolgt bei Landpflanzen über das Wurzelsystem. Dabei diffundiert das Wasser passiv entlang eines Konzentrationsgefälles aus dem Boden in die äußeren Zellen der Wurzeln, der sogenannten *Rhizodermis*. Möglich ist dies, weil der Wassergehalt in den Zellen geringer ist als in den angrenzenden Bodenschichten. Das aufgenommene Wasser diffundiert schließlich über die Zellwände oder das Zellplasma der angrenzenden Schichten bis hin zur Endodermis. Hier finden ATP-verbrauchende Transportvorgänge statt, durch die der weitere Stoffdurchtritt kontrolliert wird. Im Zentralzylinder gelangt das Wasser schließlich in langgestreckte Zellen des Xylems der Leitbündel, die sich durch den gesamten Pflanzenkörper ziehen.

WASSERABGABE · An einem heißen und trockenen Sommertag verdunstet ein frei stehender Baum bis zu 400 Liter Wasser über die Blattflächen. Diese Wasserdampfabgabe wird als **Transpiration** bezeichnet. Da an trockenen Tagen der Wassergehalt der Luft niedriger ist als in den Blattzellen, verlieren diese infolge der Transpiration stetig Wasser. In den Zellen herrscht ein Unterdruck, der dazu führt, dass – wie mit einem Strohhalm – Wasser aus dem umgebenden Gewebe gesaugt wird. So entsteht ein Transpirationssog, der kontinuierlich die Wassersäule von den Wurzeln bis in die Blätter transportiert. An warmen Tagen geschieht dies mit Geschwindigkeiten von bis zu 60 Metern pro Stunde. Die Transpiration von Wasser über die Blattoberflächen ist also die treibende Kraft für den Wassertransport. Sie richtet sich nach Temperatur, Lichtintensität, Luftbewegungen, Kohlenstoffdioxid- und Wassergehalt der Luft, aber auch nach dem vom Wasser- und Ionengehalt abhängigen Zelldruck. Solange eine Pflanze über den Boden ausreichend Wasser aufnehmen kann, ist der Wasserverlust über die Transpiration unproblematisch. Trocknet der Boden jedoch aus, beginnt die Pflanze zu welken.

02 Wassertransport durch die Pflanze

ABIOTISCHE UMWELTFAKTOREN
UMWELTFAKTOR WASSER

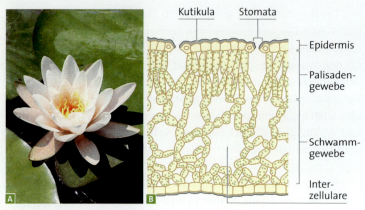

03 Weiße Seerose: **A** Foto, **B** Blattquerschnitt (Schema)

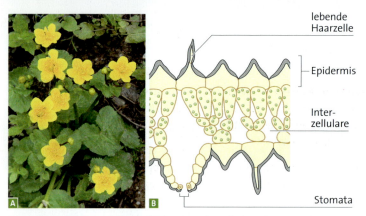

04 Sumpfdotterblume: **A** Foto, **B** Blattquerschnitt (Schema)

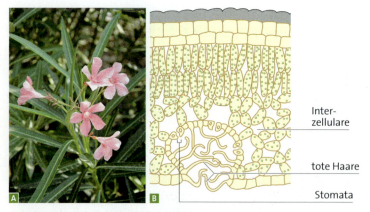

05 Oleander: **A** Foto, **B** Blattquerschnitt (Schema)

ANGEPASSTHEITEN AN DIE VERFÜGBARKEIT VON WASSER · Pflanzen sind ortsgebunden und daher nicht in der Lage, ihren Aufenthaltsort zu verlassen und aktiv Wasserquellen aufzusuchen. Sie sind an die Verfügbarkeit von Wasser am Standort angewiesen, was sich in verschiedenen Angepasstheiten widerspiegelt.
Hydrophyten oder Wasserpflanzen leben entweder untergetaucht oder „schwimmen" mit ihren Blättern auf der Wasseroberfläche. Die Schwimmblätter sind wie die Laubblätter der Mesophyten gebaut, während die untergetauchten Blätter nur eine einschichtige Epidermis mit zarter Kutikula aufweisen. Spaltöffnungen finden sich nur an den Blattoberseiten der Schwimmblätter. Auffällig sind auch die großen Interzellularen, die mit einem Durchlüftungsgewebe, dem Aerenchym, in Verbindung stehen. Dieses durchzieht den gesamten Spross und stellt so den Gasaustausch sicher. Wasserpflanzen können gelöstes Kohlenstoffdioxid, Sauerstoff und Mineralstoffe aus dem Wasser aufnehmen. Oft sind die Wurzeln daher zurückgebildet.
Hygrophyten oder Feuchtpflanzen wachsen auf feuchten Waldböden, in Sümpfen und Uferzonen. Besondere Angepasstheiten ermöglichen eine ausreichende Transpiration und damit Aufrechterhaltung des Wassertransports trotz hoher Luftfeuchtigkeit. Hygrophyten besitzen dünne, große Blätter, die oft lebende Haare oder herausgehobene Stomata tragen. Die Blattflächen sind mit zahlreichen Wasserspalten, den Hydathoden, besetzt, über die auch bei hoher Luftfeuchtigkeit Wasser ausgeschieden werden kann. Diesen Vorgang nennt man *Guttation*.
Xerophyten oder Trockenpflanzen wachsen an Standorten mit starker Sonneneinstrahlung und hohem Wassermangel. Die wirksamste Angepasstheit zur Verringerung des Wasserverlustes ist die Einschränkung der Transpiration. So besitzen Xerophyten kleine Blätter mit einer mehrschichtigen Epidermis, einer dicken Kutikula, eingesenkten Stomata und toten Haaren. Hinzu kommt ein oft stark verzweigtes Wurzelwerk, das die geringen Wasservorräte im Boden erreichen kann. Viele Trockenpflanzen speichern zudem Wasser in Blättern oder Sprossen. In diesem Fall spricht man von *Sukkulenz*.

1. Vergleichen Sie die drei Gestalttypen miteinander und erklären Sie die jeweiligen Auswirkungen auf den Wasserhaushalt und den Gasaustausch!

2. Erläutern sie die Aussage: „Xerophyten sind Pflanzen zwischen Hunger und Durst."!

MATERIAL

Material A ▶ Halophyten

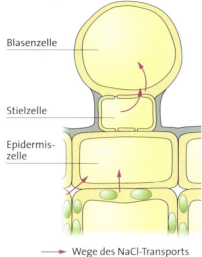

→ Wege des NaCl-Transports

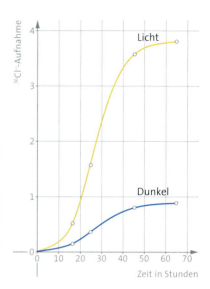

Pflanzen, die an Standorten mit hoher Salzkonzentration im Bodenwasser wachsen, nennt man *Halophyten*. Manche Halophyten sind in der Lage, überschüssige Chlorid-Ionen in bläschenförmige Salzhaare zu transportieren und dort zu speichern. Um diesen Mechanismus genauer untersuchen zu können, wurden Blattstreifen der Strandnelke für längere Zeit bei unterschiedlichen Lichtintensitäten in eine Lösung mit radioaktiv markierten $^{36}Cl^-$-Ionen gegeben. Anschließend wurde die Intensität der Radioaktivität in den Salzhaaren gemessen.

A1 Erläutern Sie das stoffwechselphysiologische Problem der Halophyten hinsichtlich des Salzgehaltes ihres Standortes!

A2 Beschreiben Sie, wie Halophyten überschüssige Chlorid-Ionen aus dem Stoffwechsel entfernen!

A3 Erklären Sie unter Einbezug der Begriffe „physiologische" und „ökologische" Potenz, weshalb Halophyten oftmals als Gartenpflanzen auch auf salzarmen Böden wachsen!

Material B ▶ Transpiration und Wasseraufnahme bei der Sonnenblume

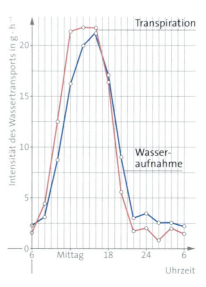

B1 Beschreiben Sie den Tagesverlauf der Transpiration und der Wasseraufnahme!

B2 Erklären Sie die Beobachtungen unter Einbezug möglicher Regelungsvorgänge!

B3 Stellen Sie begründend dar, wie sich der Tagesverlauf der Transpiration verändern müsste, wenn die Sonnenblume unter Wassermangel leidet!

ABIOTISCHE UMWELTFAKTOREN
UMWELTFAKTOREN WIRKEN ZUSAMMEN

01 Larve der Eintagsfliege *Ecdyonurus venosus*

02 Purpurrose

Wirkungsgefüge der Umweltfaktoren

Flach an den Stein gedrückt, weidet die Larve der Eintagsfliege den Algenbewuchs im Bachbett ab. Ihr stromlinienförmiger Körper und ihre geduckte Haltung schützen sie davor, von der Strömung mitgerissen zu werden. Doch ist tatsächlich nur die Strömung ausschlaggebend für das Vorkommen der Tiere?

WIRKUNGSGEFÜGE · Eintagsfliegenlarven kommen vor allem in den oberen Abschnitten von Fließgewässern vor. Im Sommer herrschen hier eine mittlere Wassertemperatur von etwa zehn Grad Celsius und eine starke Strömung, die das Wasser umwälzt und mit Sauerstoff anreichert. In breiteren Flussabschnitten ist die Strömung hingegen nur schwach und der Sauerstoffgehalt niedrig. Die Wassertemperatur steigt über 20 Grad Celsius. Infolgedessen nimmt der Sauerstoffgehalt ab, da die Löslichkeit von Gasen in Wasser mit steigender Temperatur sinkt. Die Umweltfaktoren Strömung, Wassertemperatur und Sauerstoffgehalt tragen gemeinsam zum Vorkommen der Eintagsfliegenlarven in einem Bachabschnitt bei. Wie bei den Larven der Eintagsfliegen ist die Umwelt jedes Lebewesens von einer Vielzahl abiotischer Faktoren gekennzeichnet. Diese beeinflussen physiologische Prozesse und damit auch die Verbreitung der verschiedenen Arten. Die Umweltfaktoren wirken jedoch nicht isoliert. Vielmehr ist die Reaktion eines Lebewesens das Ergebnis aus dem **Wirkungsgefüge** der Einzelfaktoren.

GESETZMÄSSIGKEITEN · Die Purpurrose ist eine Seeanemone, die man unter anderem an der Nordseeküste findet. Als Bewohner der Gezeitenzone ist sie hinsichtlich des Salzgehaltes und der Temperatur euryök. Die Art wächst jedoch nur in wenigen Metern Tiefe, in dieser Hinsicht ist sie stenök. Für das Überleben der Purpurrose ist also nicht jeder Umweltfaktor im Lebensraum gleich bedeutsam. Für alle relevanten Faktoren einer Art gilt das **Wirkungsgesetz der Umweltfaktoren:** *Die Faktoren, die am weitesten vom Optimum entfernt sind, bestimmen das Überleben und die Häufigkeit einer Art in einem Lebensraum.*

Historisch betrachtet geht das Wirkungsgesetz auf die Arbeiten des deutschen Chemikers

Justus VON LIEBIG zurück. Seine Untersuchungen zeigten, dass das Pflanzenwachstum von dem Faktor bestimmt wird, der in ungenügender Menge vorhanden ist. Dieser wird als **Minimumfaktor** oder **limitierender Faktor** bezeichnet. Ist zum Beispiel Phosphat im Minimum, kann eine Zugabe anderer Substanzen das Wachstum nicht steigern. Eine Düngung mit Phosphat steigert das Wachstum allerdings nur, bis wieder ein anderer Mineralstoff im Minimum ist. LIEBIG verallgemeinerte seine Erkenntnis 1855 zu einer These, die er das **Minimumgesetz** nannte: *Die Wirkung eines Faktors ist umso größer, je mehr er sich im Minimum befindet.* Als Modell für die Aussage des Gesetzes gilt die **Minimumtonne**. Das Minimumgesetz ist jedoch nur eingeschränkt gültig. Erhöht man im Versuch die Konzentration eines Minimumfaktors, so steigt der Ertrag nicht linear mit dem Faktor an. Vielmehr steigert der Minimumfaktor den Ertrag umso stärker, je weiter die anderen Faktoren im Optimum sind.

DARSTELLUNG DER WIRKUNGSGEFÜGE · Ökologische Studien beruhen vor allem auf der sorgfältigen Beobachtung der Populationen verschiedener Arten in ihrem natürlichen Lebensraum. Dabei werden das Zusammenspiel der verschiedenen Umweltfaktoren und ihr Einfluss auf die Reaktionen der Lebewesen untersucht. Das Wirkungsgefüge im Freiland ist jedoch zu komplex, um den Einfluss eines Einzelfaktors bestimmen zu können. Neben Freilandversuchen sind daher auch kontrollierte Laborversuche notwendig. Für die Auswertung wird das Zusammenspiel von zwei Faktoren im Flächendiagramm wiedergegeben. So wird zum Beispiel deutlich, dass die Entwicklungsdauer der Eier des Luzerneblattnagers bei 24 Grad Celsius und einer Luftfeuchtigkeit von 80 Prozent etwa neun Tage beträgt. Zur Darstellung von drei Faktoren benötigt man eine dreidimensionale Grafik. Das gesamte Wirkungsgefüge im Lebensraum lässt sich quantitativ nicht mehr erfassen.

1 Erläutern Sie das Wirkungsgesetz der Umweltfaktoren mithilfe der Minimum-Tonne!

STECKBRIEF

Justus VON LIEBIG (1803 – 1873)

Justus VON LIEBIG wurde 1803 in Darmstadt geboren. Bereits 1824 wurde er als Professor für Chemie und Pharmazie an die Universität Gießen berufen. Nach 28 Jahren wechselte er nach München, wo er bis zu seinem Tod arbeitete. LIEBIG erkannte die Bedeutung der Mineralstoffe für die Pflanzenernährung. Er verbesserte die Analyse organischer Stoffe und entwickelte den ersten phosphathaltigen Dünger zur Ertragssteigerung. Zu seinen vielfältigen Entwicklungen zählen weiterhin das Backpulver und der LIEBIGsche Fleischextrakt als Ersatznahrung für die arme Bevölkerung. LIEBIG gilt als bedeutendster Chemiker seiner Zeit.

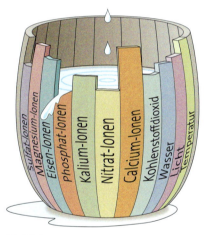

03 Minimumtonne

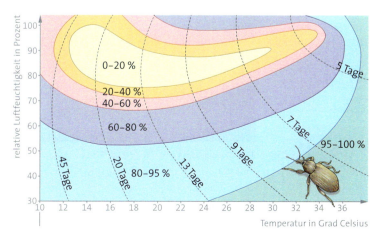

04 Mortalität der Eier und Dauer der Embryonalentwicklung beim Luzerneblattnager in Abhängigkeit von Temperatur und Luftfeuchtigkeit

ABIOTISCHE UMWELTFAKTOREN
UMWELTFAKTOREN WIRKEN ZUSAMMEN

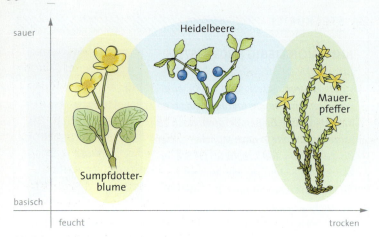

05 Zeigerarten

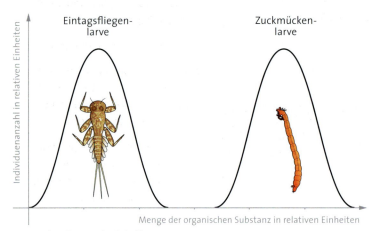

06 Insektenlarven als Bioindikatoren

07 Pompeji-Wurm

BIOINDIKATOREN · Organismen reagieren innerhalb eines genetisch festgelegten Toleranzbereiches auf abiotische Faktoren. Aus den jeweiligen Wirkungsgefügen ergeben sich dabei für manche Organismen sehr eng begrenzte Bereiche. So findet man Heidelbeeren an Standorten mit einem Boden-pH-Wert von drei bis vier. Sumpfdotterblumen wachsen bevorzugt auf nassen Böden, der Mauerpfeffer hingegen auf trockenen. Findet man nun an einem Standort die genannten Arten, so kann auf die Werte der dort herrschenden abiotischen Faktoren geschlossen werden. Arten wie die Heidelbeere werden daher als **Bioindikatoren** oder Zeigerarten bezeichnet.

Das Vorkommen oder Fehlen von Bioindikatoren lassen auf den ökologischen Zustand eines Lebensraumes schließen. So lässt sich die Belastung von Fließgewässern mit organischer Substanz unter anderem mithilfe von Zeigerarten bestimmen. Rote Zuckmückenlarven weisen dabei auf eine starke Verschmutzung hin, während Eintagsfliegenlarven Indikatoren für unbelastete Gewässerabschnitte sind.

EXTREMBIOTOPE · Pompeji-Würmer sind bis zu 15 Zentimeter lange Tiere, die in papierdünnen Wohnröhren an den Wänden sogenannter Black Smoker leben. Dies sind meterhohe vulkanische Kamine am Meeresboden, aus denen Wasser mit Temperaturen von bis zu 350 Grad Celsius in schwarzen Wolken ausgestoßen wird. In den Röhren der Würmer herrschen oft Temperaturen von etwa 80 Grad Celsius. Der Mensch empfindet solche hohen Umgebungstemperaturen als „extrem". Aus der Perspektive des Pompeji-Wurms sind diese Lebensbedingungen jedoch „günstig". Er ist an solche hohen Temperaturen besonders angepasst. Was „günstig" oder „extrem" ist, hängt also davon ab, welche physiologischen Eigenschaften und Toleranzbereiche ein Lebewesen hat.

Lebensräume mit solchen „extremen" Umweltbedingungen, die nur von wenigen Spezialisten mit besonderen physiologischen und morphologischen Angepasstheiten besiedelt werden können, bezeichnet man als **Extrembiotope**.

2 Erklären Sie den Einfluss der Temperatur auf Organismen und leiten Sie ab, über welche physiologischen Angepasstheiten der Pompeji-Wurm verfügen muss!

MATERIAL

Material A ▸ Wirkungsgefüge zweier Laufkäferarten

Agonum assimile   *Pterostichus nigrita*

Temperatur in Grad Celsius	5	10	15	20	25	30	35	40
A. assimile	13	62	12	7	4	2	k. A.	k. A.
P. nigrita	11	14	11	21	24	13	4	2

Helligkeit in Lux	10	200	500	700	1 200	1 450	2 500
A. assimile	69	14	k. A.	9	k. A.	4	4
P. nigrita	32	22	13	9	8	8	8

Relative Luftfeuchtigkeit in Prozent	45	55	70	90	100
A. assimile	15	62	21	2	k. A.
P. nigrita	10	22	41	23	4

Alle Angaben in Prozent; k. A. = keine Angaben

In einem Laborversuch wurden Temperatur-, Helligkeits- und Feuchtigkeitspräferenzen der zwei Laufkäferarten *Agonum assimile* (Putzkäfer) und *Pterostichus nigrita* (Grabkäfer) untersucht. Grabkäfer findet man in feuchten, kühlen und dunklen Laubwäldern. Sie leben aber auch auf feuchten Wiesen, die nicht beschattet sind. Putzkäfer hingegen bevorzugen lediglich feuchte, kühle und dunkle Laubwälder als Lebensraum.

A1 Erstellen Sie zu jeder Tabelle ein Säulendiagramm!

A2 Werten Sie die Diagramme aus!

A3 Vergleichen Sie die Laborergebnisse mit den Angaben zur Verbreitung der beiden Arten im natürlichen Lebensraum!

A4 Erläutern Sie am vorliegenden Beispiel die Vorgehensweise der Wissenschaftler zur Darstellung von Wirkungsgefügen!

Material B ▸ Extrembiotop Gezeitentümpel

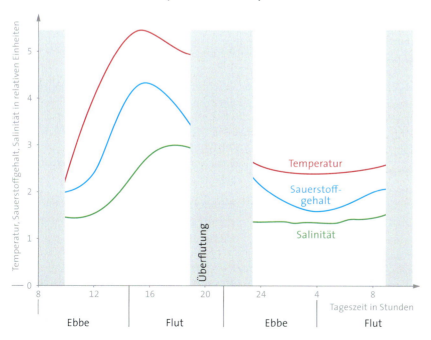

Gezeitentümpel sind Kleinstlebensräume in natürlichen Vertiefungen im Gestein an Felsküsten. Bei Niedrigwasser bleiben diese mit Meerwasser gefüllt, eine Verbindung zum Wasserkörper des Meeres fehlt jedoch. Lebewesen, die diesen Lebensraum besiedeln, sind in besonderer Weise den hier herrschenden abiotischen Faktoren ausgesetzt.

B1 Beschreiben Sie die Abbildung!

B2 Erklären Sie die Kurvenverläufe!

B3 Stellen Sie begründet dar, welchen Einfluss heftige Regengüsse während des Niedrigwassers auf die Lebensbedingungen der Biozönose hätten!

KLAUSURTRAINER ▸ ABIOTISCHE UMWELTFAKTOREN

Training A ▸ Überlebenskünstler in der Wüste

A1 Morphologische Angepasstheit

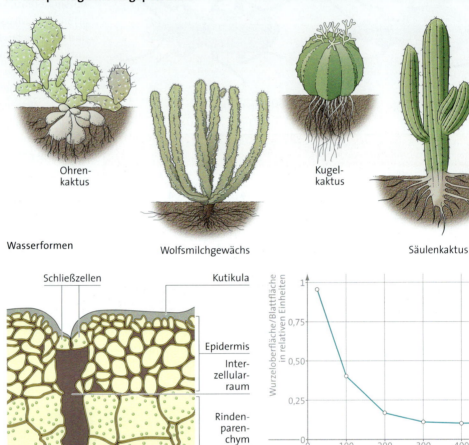

Trockenwüsten sind Lebensräume, die aufgrund ihres Klimas fast oder vollständig vegetationsfrei sind. Pflanzenarten, die hier gedeihen, weisen besondere Wuchsformen auf. So gibt es bei vielen Arten eine Stammsukkulenz. Auffällig ist auch eine verstärkte Wurzelbildung oder deren rübenartige Verdickung. Die Blätter sind meistens sehr klein, zu Dornen reduziert oder fehlen vollständig. Auch können weiße, tote Haare die Sprossachsen bedecken. Die Haare sind mit Luft gefüllt und reflektieren daher das Sonnenlicht vollständig. Je nach Standort können die genannten morphologischen Ausprägungen innerhalb einer Art variieren.

a Beschreiben Sie die abiotischen Faktoren in der Trockenwüste!

b Vergleichen Sie die verschiedenen Wuchsformen miteinander und setzen Sie diese in Beziehung zu den abiotischen Faktoren im Lebensraum Trockenwüste!

c Erläutern Sie die Baumerkmale im Querschnitt durch die Oberfläche eines Säulenkaktus als Verdunstungsschutz!

d Begründen Sie, weshalb tote Haare einen Spross weiß erscheinen lassen und vor übermäßiger Transpiration schützen!

e Werten Sie das Diagramm aus!

A2 Physiologische Angepasstheit

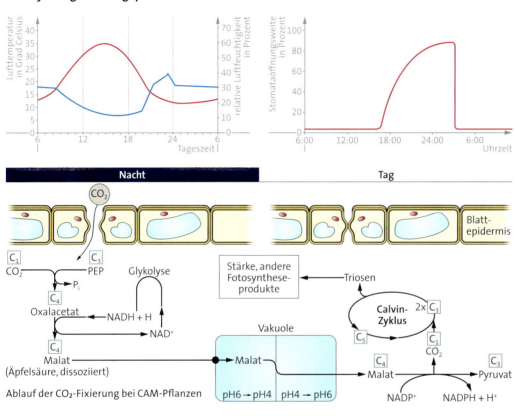

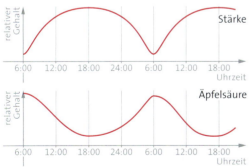

Außer den in gemäßigten Breiten heimischen C_3-Pflanzen gibt es in trockeneren Regionen häufiger C_4-Pflanzen. Zu ihnen zählen auch die CAM-Pflanzen, weil bei ihnen Malat, ein C_4-Körper, bei der Kohlenstoffdioxidfixierung entsteht. Die Abkürzung CAM stammt aus dem Englischen und steht für *Crassulacean Acid Metabolism*, was auf deutsch Crassulaceen-Säurestoffwechsel heißt. CAM-Pflanzen, die in der Regel sehr langsam wachsen, fixieren nachts Kohlenstoffdioxid. Das so entstandene Zwischenprodukt ist Malat, das in Form von Äpfelsäure in den Vakuolen der Zellen gespeichert wird. Tagsüber wird die Äpfelsäure wieder ins Cytoplasma transportiert und das gebundene Kohlenstoffdioxid freigesetzt. Dieses diffundiert schließlich in die Chloroplasten und wird dort im Calvin-Zyklus fixiert. Bei CAM-Pflanzen findet also eine zeitliche Trennung der Kohlenstoffdioxidaufnahme über die Stomata von der Fixierung in den Calvin-Zyklus statt.

a Formulieren Sie zu allen Abbildungen im Material das Ergebnis!

b Erklären Sie auf der Basis der Ergebnisse das langsame Wachstum von CAM-Pflanzen!

c Erläutern Sie anhand der Zusammenhänge die spezielle Angepasstheit der CAM-Pflanze an trockenere Standorte!

GRUNDWISSEN ▸ ABIOTISCHE UMWELTFAKTOREN

Umweltfaktor Temperatur

RGT-Regel: Reaktionsgeschwindigkeits-Temperatur-Regel, die besagt, dass die meisten Stoffwechselprozesse bei einer Steigerung der Temperatur um 10 Grad Celsius etwa zwei- bis dreimal so schnell ablaufen.

Physiologisches Optimum: Wertebereich eines ökologischen Faktors, bei dem sich eine Art im Laborversuch optimal entwickelt.

Minimum, Maximum: minimaler beziehungsweise maximaler Wert eines ökologischen Faktors, der von einer Art langfristig ertragen wird.

Toleranzbereich: Gesamtbereich der Werte eines ökologischen Faktors, die eine Art längerfristig aushält.

Eurytherm, stenotherm: Eigenschaft einer Art, ein breites oder enges Temperaturspektrum zu ertragen.

Poikilotherm: Eigenschaft einer Art, dass die eigene Körpertemperatur der Außentemperatur passiv folgt.

Homoiotherm: Eigenschaft einer Art, die eigene Körperkerntemperatur aktiv und meist dauerhaft auf einen bestimmten Wert einzustellen.

Wärmestarre: Zustand, in den poikilotherme Organismen verfallen, wenn die Temperatur für Lebensprozesse erträgliche Werte übersteigt. Sie führt sehr bald zum Hitzetod.

Kältestarre: Zustand poikilothermer Organismen bei niedrigen Temperaturen, den die Tiere nicht aktiv unterbrechen können.

Tiergeografische Regeln: Hypothesen, nach denen es eine Regel ist, dass die Körpergröße bei nahe verwandten homoiothermen Arten zu den Erdpolen hin zunimmt und die Größe von Körperanhängen abnimmt. Sie sollen durch den unterschiedlichen Wärmeaustausch mit der Umgebung erklärbar sein. Es gibt viele Ausnahmen.

Gegenstromprinzip: Gesetzmäßigkeit, nach der das Gegenstromverfahren funktioniert. Stoffe und Wärme werden effektiv in einem Körper gehalten, wenn sie vom Gegenstrom wieder zurücktransportiert werden, sobald sie mit einem Strom aus ihm hinausbefördert werden. Stoff- und Wärmeübertragung finden dabei statt, bevor der Auswärtsstrom die Peripherie des Körpers erreicht hat.

Nettofotosynthese: Anteil an assimilierten organischen Stoffen, der netto nach Abzug wieder veratmeter Anteile in einer Pflanze verbleibt.

C_3-Pflanzen: Pflanzen, bei denen das Kohlenstoffdioxid in der Fotosynthese zunächst zu einem Molekül mit drei Kohlenstoffatomen reagiert. Dies ist bei den meisten heimischen Pflanzen der Fall.

C_4-Pflanzen: Pflanzen, bei denen das Kohlenstoffdioxid in der Fotosynthese zunächst zu einem Molekül mit vier Kohlenstoffatomen reagiert. Dieses wird gespeichert, sodass die Pflanzen auch bei geschlossenen Spaltöffnungen Kohlenstoffdioxid für die Fotosynthese zur Verfügung haben.

CAM-Pflanzen: Pflanzen, bei denen das Kohlenstoffdioxid für die Fotosynthese zunächst zu Malat reagiert. In einem speziellen Stoffwechselweg, dem Crassulacean Acid Metabolism, wird über das Malat Kohlenstoffdioxid zumeist nachts gespeichert und steht tagsüber auch bei geschlossenen Spaltöffnungen zur Fotosynthese zur Verfügung.

Transpiration: Wasserabgabe aus einem belebten Körper. Sie bewirkt unter anderem Kühlung.

Umweltfaktor Licht

Schattenblatt: spezielles Blatt einer Pflanze, das bei niedrigen Lichtintensitäten Fotosynthese betreiben kann, aber schon bei mittlerer Lichtstärke weniger leistungsfähig ist. Solche Blätter befinden sich in Bereichen einer Pflanze, die nur wenig Licht erhalten. Sie sind häufig dünner und haben größere Blattspreiten als Lichtblätter.

Lichtblatt: spezielles Blatt einer Pflanze, das bei niedrigen Lichtintensitäten keine Fotosynthese betreiben kann, aber bei hoher Lichtstärke eine hohe Leistung erringt. Lichtblätter sind meistens der vollen Sonne ausgesetzt, besitzen ein mehrschichtiges Palisadenparenchym und eine verdickte Kutikula.

Fototropismus: Krümmungsbewegungen einer Pflanze zum Licht hin oder vom Licht weg. Das Licht induziert in der Pflanze eine ungleiche Produktion von Wachstumshormonen, sodass es zu einem gerichteten Wachstum kommt.

Fotoperiodismus: Beeinflussung tages- oder jahreszeitlicher Aktivitäten durch täglichen oder jährlichen Wechsel des Licht- und Dunkelrhytmus.

Saisondimorphismus: unterschiedliches Aussehen von zwei aufeinanderfolgenden Generationen einer Art innerhalb eines Jahres.

Circardiane Rhythmik: täglich regelmäßig sich wiederholende Änderungen im Stoffwechsel oder Verhalten. Sie werden durch eine innere Uhr gesteuert, deren Rhythmus durch den Wechsel von Hell- und Dunkelphasen justiert werden kann. Auch beim Menschen hängen wichtige Körperfunktionen von der Tageslänge ab.

Umweltfaktor Wasser

Rückresorption: Rückgewinnung von Wasser aus Kot und Urin, bevor diese abgegeben werden.

Verdunstungsschutz: Vermeidung von Wasserverlusten bei Verdunstung, etwa durch die wachshaltige Kutikula bei Insekten.

Osmoregulation: Fähigkeit, den osmotischen Druck in den Zellen zu regulieren. Dadurch lässt sich ein Austrocknen oder Verlust von Ionen vermeiden.

Osmokonformer: Organismen ohne Mechanismen zur Osmoregulation.

Osmoregulierer: Organismen, die unter Aufwendung von Energie einen bestimmten osmotischen Zustand ihrer Körperflüssigkeiten aufrechterhalten.

Hydrophyten, Hygrophyten, Mesophyten, Xerophyten: Pflanzen, deren Körperbau und Wassertransportmechanismen an das Leben im Wasser beziehungsweise in feuchtem, frischem oder trockenem Boden angepasst sind. Viele Xerophyten haben Speicherorgane für Wasser. Sie werden dann als Sukkulenten bezeichnet.

Halophyten: Pflanzen an Standorten mit hoher Salzkonzentration im Boden.

Umweltfaktoren wirken zusammen

Minimumfaktor: ökologischer Faktor, der für das Wachstum in ungenügender Menge vorhanden ist.

Minimumgesetz: Erkenntnis, dass derjenige ökologische Faktor wachstumsbegrenzend wirkt, der im Minimum vorliegt.

Bioindikator: Art, die lediglich bei bestimmten Werten eines ökologischen Faktors in der Natur vorkommt und damit diese Werte anzeigen kann. Synonym wird auch der Begriff *Zeigerart* verwendet.

Euryök, stenök: Eigenschaft einer Art oder eines Lebewesen, in einem weiten beziehungsweise engen Wertebereich eines ökologischen Faktors oder mehrerer ökologischer Faktoren vorzukommen.

Biotische Umweltfaktoren

1 Beziehungen zwischen Lebewesen einer Art **46**

2 Beziehungen zwischen Lebewesen
verschiedener Arten **54**

In diesem Kapitel beschäftigen Sie sich mit

- dem Wachstum von Populationen und seinen Grenzen;

- den Lebensweisen von Lebewesen der gleichen Art sowie den Vor- und Nachteilen ihres Zusammenlebens;

- der Konkurrenz und der Vermeidung von Konkurrenz zwischen Lebewesen verschiedener Arten;

- den arttypischen Eigenschaften von Lebewesen und ihrer Angepasstheit in Bezug zur Umwelt und zu anderen Arten;

- den Beziehungen zwischen Räubern und Beutetieren sowie den Konsequenzen, die sich daraus für die unterschiedlichen Populationen ergeben;

- den Phänomenen Tarnung, Warnung und Täuschung;

- den verschiedenen Formen des Zusammenlebens von Lebewesen entweder zum gegenseitigen oder zum einseitigen Nutzen.

Das Wandelnde Blatt ähnelt in Gestalt, Färbung und Haltung einem Laubblatt und ist so vor Beutegreifern geschützt.

BIOTISCHE UMWELTFAKTOREN
BEZIEHUNGEN ZWISCHEN LEBEWESEN EINER ART

01 Pinguinkolonie

Wachstum von Populationen

Pinguine sind an das Leben im Wasser angepasste Vögel, die im Meer nach Fischen und Krebstieren jagen. Von den 17 bekannten Arten ist der Kaiserpinguin mit einer Körpergröße von über einem Meter und einer Masse von bis zu 45 Kilogramm der größte. Zur Fortpflanzung wandern die Tiere auf das antarktische Festland beziehungsweise auf die feste Packeisschicht. Zwei Wochen nach der Paarung legt jedes Weibchen ein Ei, das es an das Männchen übergibt. Dann kehren die Weibchen ins Meer zurück und suchen Nahrung, während die Männchen das Ei in einer großen Brutkolonie ausbrüten.

POPULATIONEN · Eine Gruppe artgleicher Lebewesen, die eine Fortpflanzungsgemeinschaft bilden und zur gleichen Zeit in einem bestimmten Areal leben, nennt man **Population.** Wie das Beispiel der Kaiserpinguine zeigt, heißt dies jedoch nicht, dass alle Tiere dauernd an einem Ort zusammen in einem Gebiet leben müssen.
Zu den Kennzeichen einer Population gehören die **Populationsgröße,** womit die Gesamtzahl aller Individuen im Siedlungsgebiet gemeint ist, sowie die Populationsdichte, die die Individuenzahl pro Flächeneinheit angibt. Außerdem sind für die Beschreibung einer Population die räumliche Verteilung und die Altersstruktur der Mitglieder von Bedeutung. Die **Geburtenrate** und die **Sterberate** geben an, wie viele Lebendgeburten beziehungsweise Sterbefälle auf zum Beispiel 1 000 Individuen pro Zeiteinheit auftreten. Die **Zuwachsrate** ergibt sich aus der Differenz dieser beiden Zahlen. Sie ist im Fall eines Geburtenüberschusses positiv und führt zu Populationswachstum.

Auch Zuwanderungs- und Abwanderungsbewegungen beeinflussen die Populationsgröße. So standen zum Beispiel im Jahr 2005 in Deutschland 707 000 Zuwanderungen rund 628 000 Abwanderungen gegenüber.

Entscheidend für die Größe einer Population sind die Umweltgegebenheiten in einem Lebensraum. Diese bestimmen durch ihre An- oder Abwesenheit die **Umweltkapazität:** Sie gibt die maximale Anzahl der Individuen an, die in einem Lebensraum langfristig vorkommen kann.

VERSCHIEDENE FORMEN DES WACHSTUMS ·
In einer langfristig stabilen Population, wie die der Kaiserpinguine, bewegt sich die Populationsgröße um den Wert der Umweltkapazität. Ändern sich die Umweltbedingungen, wie zum Beispiel durch das Abschmelzen der Packeisschicht, so ändert sich gleichzeitig die Umweltkapazität und damit die Populationsgröße.

Bei der Neubesiedlung von Lebensräumen sind die Verhältnisse jedoch anders, weil zunächst keine begrenzenden Faktoren für das Wachstum vorhanden sind. Am einfachsten lässt sich ein solches Populationswachstum an Bakterien nachvollziehen, die in einer Flüssigkultur herangezogen werden. Zu bedenken ist, dass es sich hierbei um Laborversuche unter kontrollierten Bedingungen handelt: Nach einer Phase langsamen Wachstums im frischen Nährmedium, der *lag-Phase*, geht die Kultur in ein **exponentielles Wachstum** über, die *log-Phase*. Dabei verdoppelt sich die Populationsgröße in gleichen Zeitintervallen. Mit der rasant wachsenden Anzahl der Bakterien ist aber auch eine Nahrungsverknappung verbunden, sodass die Wachstumsrate sinkt. Schließlich findet keine äußerlich sichtbare Vermehrung mehr statt. In dieser *stationären Phase* liegen Vermehren und Absterben im Gleichgewicht. Eine solche *Sättigungskurve* ist charakteristisch für **logistisches Wachstum**. Der erreichte Zustand entspricht der Umweltkapazität. Da das Medium jedoch allmählich erschöpft ist und zusätzlich Ausscheidungsstoffe die Lebensbedingungen verschlechtern, sinkt die Umweltkapazität und es sterben mehr Zellen ab, als durch Teilung neu entstehen. Grafisch zeigt sich diese *Absterbephase* an einem abfallenden Kurvenverlauf.

Auch Populationen anderer Arten sind infolge der Begrenztheit der natürlichen Ressourcen wie Nahrung, Brut-, Versteck- oder Ruheplätze in ihrem Wachstum beschränkt. Ferner können weitere Umweltfaktoren, wie zum Beispiel klimatische Einflüsse, das Populationswachstum beeinflussen.

1 Begründen Sie, bei welcher Populationsgröße eine logistisch wachsende Population die höchste Zuwachsrate hat!

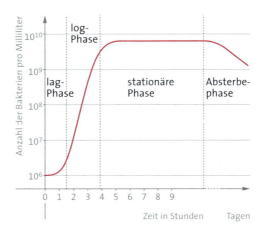

02 Wachstum in einer Bakterienkultur

03 REM-Bild von *Escherichia coli*

IM BLICKPUNKT MATHEMATIK

Aus der Differenz der Geburtenrate (b) und der Sterberate (m) ergibt sich die Zuwachsrate (r).

Für exponentielles Wachstum gelten folgende Abhängigkeiten:

1. $r = b - m$
2. $b = N_b : (N \cdot \Delta t)$
3. $m = N_m : (N \cdot \Delta t)$
4. $r = (N_b - N_m) : (N \cdot \Delta t)$
5. $N_b - N_m = \Delta N$
6. $r = \Delta N : (N \cdot \Delta t)$
7. $r \cdot N = \Delta N : \Delta t$

Dabei bedeuten N = Gesamtzahl der Individuen einer Population, N_b = Anzahl der Geburten, N_m = Anzahl der Sterbefälle und $\Delta N \div \Delta t$ = Änderung der Individuenzahl im Zeitabschnitt Δt.

Da die Zuwachsrate (r) von Generation zu Generation immer jeweils einen bestimmten Anteil der vorhandenen Population ausmacht, wachsen diese Populationen exponentiell. Nach einer bestimmten Zeit führt dies zu einer Verdopplung der ursprünglichen Individuenzahl. Das Darmbakterium Escherichia coli hat unter optimalen Bedingungen eine Verdopplungszeit von 20 Minuten.

Für die mathematische Beschreibung des logistischen Wachstums wird die Gleichung für das exponentielle Wachstum so korrigiert, dass N nicht dauerhaft größer ist als die Umweltkapazität K. Dies geschieht durch Einfügen des Faktors $(K - N) : K$ in Gleichung (7):

8. $r \cdot N (K - N) : K = \Delta N : \Delta t$.

BIOTISCHE UMWELTFAKTOREN
BEZIEHUNGEN ZWISCHEN LEBEWESEN EINER ART

04 Feldmaus

05 Rothirsche

FORTPFLANZUNGSSTRATEGIEN · Die Feldmaus ist das häufigste einheimische Säugetier. Feldmäuse sind etwa zehn Zentimeter lang und wiegen ungefähr 35 Gramm. Sie leben in verzweigten Gängen dicht unter der Erdoberfläche. Das Weibchen bringt meistens fünf- oder sechsmal pro Jahr jeweils fünf bis zehn Jungtiere zur Welt, die bereits nach zwei Wochen geschlechtsreif sind. Lebewesen, die wie die Feldmaus viele Nachkommen erzeugen, nennt man **r-Strategen.** Typisch für r-Strategen sind eine hohe Vermehrungsrate, kurze Geburtenabstände, eine kurze Individualentwicklung und eine kurze Lebensspanne. Bei einem frühen Fortpflanzungsbeginn ist die Wurfgröße, aber auch die Sterblichkeit der Jungtiere meistens hoch. Ihre Populationsdichte schwankt und kann schlagartig abfallen. Solche Arten können variable Umweltbedingungen gut ertragen, sich rasch ausbreiten und neue Lebensräume besiedeln. Man bezeichnet dies auch als *opportunistische Habitatnutzung*.

Weitere Beispiele für r-Strategen sind die meisten Mikroorganismen, Kleinkrebse, Blattläuse oder Sperlinge sowie soziale Insekten wie Bienen und Ameisen. Zu den pflanzlichen r-Strategen zählen Pionierpflanzen, die zum Beispiel Brachflächen besiedeln.

Der Rothirsch ist in Mitteleuropa das größte frei lebende Wildtier. Bei einer Kopf-Rumpf-Länge von knapp zwei Metern wiegen die männlichen Tiere etwa 200 Kilogramm. Hirschkühe sind etwa halb so schwer. Die meiste Zeit des Jahres leben Rothirsche in Rudeln. Nach einer Tragzeit von 230 Tagen gebären die Weibchen ein Kalb, das bis zu 14 Kilogramm wiegen kann und ein halbes Jahr gesäugt wird. Männliche Rothirsche sind nach sieben, weibliche nach fünf Jahren geschlechtsreif.

Lebewesen, die wie der Rothirsch wenige Nachkommen haben, nennt man **K-Strategen.** Merkmale von *K-Strategen* sind eine langsame Individualentwicklung, eine lange Lebensspanne und eine geringe Vermehrungsrate. Die Geburtenabstände sind lang, Wurfgröße und Sterblichkeit der Nachkommen meistens gering. Die Populationsgröße bewegt sich nahe der Umweltkapazität. K-Strategen leben unter weitgehend konstanten Umweltbedingungen und nutzen gegebene Ressourcen auch unter starker Konkurrenz. Unsichere Lebensräume werden eher nicht besiedelt. Diese Lebensweise wird auch als *konsistente Habitatnutzung* bezeichnet. Weitere Beispiele für K-Strategen sind Bären, Biber, Wale, Elefanten und Primaten sowie große Greifvögel wie Adler, Geier und Uhu. Zwischen den beiden unterschiedlichen Strategien gibt es viele Übergänge. So ist es für den Menschen als K-Stratege auch typisch, neue Lebensräume zu erschließen.

2) Vergleichen Sie die beiden Fortpflanzungsstrategien und setzen Sie sie in Beziehung zu dem Begriff „Angepasstheit"!

3) Stellen Sie für beide Strategien den Zusammenhang zwischen Lebensalter (0 – 100 %, x-Achse) und Anzahl der überlebenden Individuen einer Population (y-Achse) grafisch dar!

MATERIAL

Material A ▸ Exponentielles Wachstum

1. *Escherichia coli* ist ein Bakterium, das im Darm von Menschen, Säugetieren und Vögeln vorkommt und dort zum Beispiel Vitamin K produziert. Gleichzeitig dient *E. coli* auch als Indikator für fäkale Verunreinigungen im Wasser und in Lebensmitteln. Es hat Stäbchenform und teilt sich unter günstigen Bedingungen alle 20 Minuten.

2. Die Erde hat eine Oberfläche von etwa $510 \cdot 10^6$ Quadratkilometer.

A1 Berechnen Sie die Dicke der *E.-coli*-Schicht auf der Erde nach 36 Stunden ungehinderten Wachstums (vereinfachende Annahme: *E. coli* ist kugelförmig und hat einen Durchmesser von 3 µm)!

A2 Diskutieren Sie die Gründe, weshalb dieses Szenario nicht eintritt!

Material B ▸ Bevölkerungswachstum der Menschheit

1. Weltbevölkerung: Bei Christi Geburt lebten rund 100 Millionen Menschen, 1650 waren es etwa 500 Millionen. Um 1830 gab es 1 Milliarde Menschen. 1925 waren 2 Milliarden und 1965 3 Milliarden erreicht. 1970 lebten etwa 3,6 Milliarden und 1990 ungefähr 5,3 Milliarden Menschen. Nach Prognosen werden im Jahr 2100 zwischen 12 und 18 Milliarden Menschen auf der Erde leben.

2. Bevölkerung in verschiedenen Ländern:
- Die Hälfte der 100 Millionen Menschen Bangladeschs ist jünger als 20 Jahre.
- In Nigeria werden im Jahr 2030 vermutlich 1 Milliarde Menschen leben.
- In Deutschland beträgt die Kinderzahl pro Frau durchschnittlich 1,35.
- Nach Schätzungen sind in Deutschland derzeit etwa 35 Prozent der Frauen zwischen 25 und 50 Jahren gewollt oder ungewollt kinderlos.

B1 Zeichnen Sie anhand der Daten aus 1 die Bevölkerungsentwicklung in ein halblogarithmisches Diagramm (x-Achse: Zeit/linear; y-Achse: Anzahl der Individuen/logarithmisch) und deuten Sie den Kurvenverlauf!

B2 Nehmen Sie Stellung zu den Informationen aus 2!

Material C ▸ Altersstruktur der deutschen Bevölkerung in den Jahren 1910, 1950 und 1999

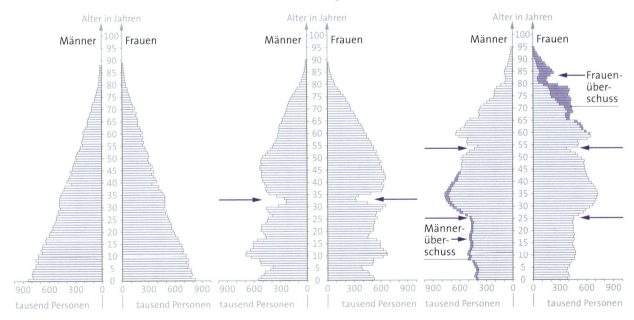

C1 Beschreiben und vergleichen Sie die drei Alterspyramiden! Geben Sie zusätzlich die Ursachen für die Gestalt der Grafik an den mit den Pfeilen versehenen Stellen an!

C2 Bewerten Sie die derzeitige Altersstruktur in Hinblick auf biologische und sozialpolitische Folgen!

BIOTISCHE UMWELTFAKTOREN
BEZIEHUNGEN ZWISCHEN LEBEWESEN EINER ART

01 Weißstörche

Intraspezifische Beziehungen

Weißstörche sind Zugvögel, die ihre afrikanischen Winterquartiere entweder auf westlicher Route über Gibraltar oder östlicher Route über den Bosporus erreichen. Im Frühjahr kehren zunächst die Männchen in die Brutgebiete zurück und besetzen in der Regel den vorjährigen Horst. Die später eintreffenden Weibchen wählen ein Männchen aus, sodass es zu Paarbindungen kommt, die eine Fortpflanzungsperiode andauern. Aufgrund festgelegter Flugrouten treffen sich jedoch häufig gleiche Paare.

BEZIEHUNGEN ZWISCHEN DEN GESCHLECHTERN · Das Beispiel des Weißstorchs zeigt, dass die Beziehungen zwischen den Geschlechtern im Jahresverlauf nicht stabil bleiben müssen: Während die Sexualpartner einen Sommer lang zusammenleben, sich paaren und die Jungtiere aufziehen, leben sie im Winter und während des Vogelzuges in Männchen- und Weibchengruppen. Auch Haussperlinge bilden eine Fortpflanzungsperiode lang ein Paar. Man bezeichnet dieses Phänomen als **Saisonehe**.

Dagegen verbringen Weißkopfseeadler oder Graugänse ihr gesamtes Leben in **Dauerehe**.

Grundsätzlich lassen sich verschiedene solcher Paarungssysteme unterscheiden. Diese können infolge unterschiedlicher ökologischer Bedingungen sogar bei ein und derselben Art variieren: So sind zum Beispiel männliche Neuntöter je nach Nisthöhlenangebot entweder polygam oder monogam.

Beim Zusammenleben der Geschlechter handelt es sich immer um Beziehungen zwischen Individuen einer Art, die man auch als **intraspezifische Beziehungen** bezeichnet.

TIERVERBÄNDE · Wenn Eltern ihren Nachwuchs in Form von Füttern, Säugen oder Reinigen pflegen, entsteht aus einer Paarbeziehung eine Beziehung zu den Nachkommen. Eine solch energieaufwendige *Brutpflege* betreiben vor allem Vögel und Säugetiere. Werden Leistungen nur vor dem Schlüpfen oder der Geburt erbracht, spricht man von *Brutfürsorge*. Eine ausgeprägte Brutfürsorge findet man zum Beispiel bei den meisten Insekten. Eine derartige Tätigkeit verbessert zwar die Entwicklungschancen der Nachkommen, eine direkte Beziehung zwischen Eltern und Kindern entsteht dadurch jedoch nicht.

Bleibt der Nachwuchs länger als zur Aufzucht erforderlich mit Eltern und Geschwistern zusammen, entstehen größere soziale Gruppen, deren Mitglieder sich untereinander kennen. Primaten, Löwen, Wölfe oder Elefanten bilden solche **individualisierten Verbände.** Sie heißen im Fall von naher verwandtschaftlicher Beziehung **Familien.** Leben auch entferntere Verwandte im Verband und sind die Gruppen größer, spricht man von **Sippen.** Das Zusammenleben innerhalb der Gruppe wird in einer Rangordnung geregelt.

Ein Vogel- oder Fischschwarm ist dagegen ein **offen anonymer Verband,** deren Mitglieder sich in der Regel nicht individuell kennen. Ratten wiederum leben in einem **geschlossen anonymen Verband,** in dem sich die Gruppenmitglieder am Geruch erkennen und fremde Artgenossen ausschließen. Einen besonderen Typ der Vergesellschaftung bilden **Tierstaaten,** wie man sie bei Bienen, Ameisen, Wespen oder Termiten findet. Ihre Abhängigkeit voneinander beruht auf genetischer Verwandtschaft und ist so groß, dass Einzeltiere selbst kürzere Zeiträume nicht allein überleben können.

INTRASPEZIFISCHE KONKURRENZ · Wenngleich das Zusammenleben von Tieren in Gruppen einen erheblichen Schutz und somit einen Überlebensvorteil für den Einzelnen bietet, können damit aber auch Nachteile verbunden sein. Das Angebot an Raum, Nahrung, Tränken oder Nist- und Ruheplätzen in einem Biotop ist begrenzt, sodass zwischen den Mitgliedern der Gruppe eine Konkurrenz um diese **Ressourcen** entsteht. So konkurrieren beispielsweise Austernfischer um möglichst meernahe Brutplätze in den Dünen, Frischlinge um die milchreichste Zitze der Bache oder Vogeljunge um den größten Nahrungshappen. Die innerartliche Konkurrenz ist abhängig von der Populationsdichte.

Bei sehr vielen Tierarten wird die Konkurrenz durch die **Territorialität** reduziert. Dieses bei allen Wirbeltierklassen, aber auch bei Spinnentieren und Insekten vorkommende Verhalten führt zu einer Aufteilung des Gesamtlebensraumes in **Reviere.** Ein Revier sichert seinem Inhaber exklusive Nutzungsmöglichkeiten und vermeidet andauernde Auseinandersetzungen um knappe Ressourcen.

Auch die unterschiedliche Größe von Greifvogelweibchen und -männchen oder die verschiedenartige Gestalt und Lebensweise von Larvenform und Imago bei Libellen, Käfern oder Schmetterlingen dient der Vermeidung von Konkurrenz: Das jeweilige Nahrungsspektrum ist sehr verschieden.

Bei Pflanzen ist die innerartliche Konkurrenz um die Ressourcen Licht, Wasser und Mineralstoffe des Bodens besonders hoch. Sie führt zum Beispiel in jungen Baumbeständen dazu, dass sich im Verlauf des Wachstums die stabilsten und vitalsten Bäume durchsetzen und an Größe zunehmen, während die weniger konkurrenzfähigen absterben.

02 Maikäfer:
A Engerling,
B Imago

03 Kohlweißling:
A Raupe,
B Imago

1) Recherchieren Sie Körpergröße und -masse von Habichtweibchen und Habichtmännchen und geben Sie das jeweilige Beutespektrum an!

2) Diskutieren Sie die Vor- und Nachteile eines Reviers für seinen Besitzer!

04 Tierverband Wolfsrudel

05 Revierkampf des Alaskaschafes

06 Konkurrenz bei Buchen um Sonnenlicht

BIOTISCHE UMWELTFAKTOREN
BEZIEHUNGEN ZWISCHEN LEBEWESEN EINER ART

07 Tupaia (Spitzhörnchen)

Schwanzsträubwert (%)	Beobachtetes Verhalten
bis 5	harmonisches Zusammenleben
10	langsames Wachstum
20	Weibchen verhalten sich männlich
30	Weibchen fressen ihr Jungtier
40	–
50	Weibchen werden unfruchtbar
60	Weibchen wehren Männchen ab
70	Männchen werden unfruchtbar
80	–
90	Tod durch innere Vergiftung

08 Schwanzsträubwerte und Verhalten bei Tupaias [Angabe in Prozent der beobachteten Zeit]

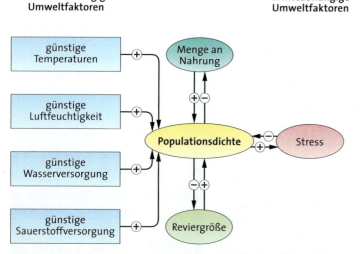

09 Zusammenwirken von dichteabhängigen und dichteunabhängigen Faktoren bei der Regulation der Populationsdichte (Modell). Es bedeuten:
- ⊕ beeinflusst positiv
- ⊖ je größer ... desto größer / je kleiner ... desto kleiner
- ⊖ je größer ... desto kleiner / je kleiner ... desto größer

REGULATION DER POPULATIONSDICHTE · Tupaias sind eichhörnchengroße Baumbewohner Südostasiens. In Stresssituationen sträuben sie die ansonsten glatt anliegenden Schwanzhaare zu einer buschigen Bürste. Ursache dafür ist eine Absonderung von Adrenalin und Corticoiden durch die Nebennieren. Die Hormone bewirken eine Erhöhung von Herzschlag und Blutdruck, eine Mobilisierung von Energiereserven, eine Verminderung der Durchblutung von Nieren und Darm und eine Unterdrückung der Keimdrüsenaktivität.

Stressindikator sind die sogenannten „Schwanzsträubwerte", die den relativen Zeitraum angeben, in dem sich die Tupaias einem Beobachter mit aufgebauschtem Schwanz zeigen. In Gemeinschaften mit hoher Populationsdichte liegen diese Werte bei etwa 50 mit der Folge, dass die Jungtiere nicht geschlechtsreif werden. Bei Werten ab 80 verlieren Tupaias rasch an Gewicht und sterben bald an Nierenversagen.

Beim europäischen Reh werden in dünn besiedelten Gebieten weniger männliche als weibliche Kitze geboren, die bereits nach einem Jahr geschlechtsreif werden können. Bei hoher Populationsdichte dagegen ist die Geburtenrate für Böcke dreimal höher als für Ricken und die Geschlechtsreife zögert sich um Jahre hinaus.

Die Dichte von Populationen kann also auch ohne den Einfluss von Fremdlebewesen über den Hormonhaushalt reguliert werden: Hohe Individuenzahlen bewirken starke Konkurrenz. Diese führt zu Stress und zu eingeschränkter Fortpflanzung. Ist die Populationsdichte klein, entsteht kaum Stress und die Fortpflanzung erfolgt weitgehend ungehindert.

Neben diesen **dichteabhängigen Faktoren** beeinflussen auch klimatische Bedingungen und abiotische Gegebenheiten die Populationsdichte. Solche Größen nennt man **dichteunabhängige Faktoren.** Im Extremfall kann eine durch Stress geschwächte Population regelrecht zusammenbrechen: Einen strengen Winter oder eine lange Dürreperiode überleben die meisten Individuen dann nicht.

3 Vergleichen Sie die Bestandsregulation bei Tupaias und Rehen und erläutern Sie Vorteile für die Populationen!

Material A ▸ Wachstum und Zusammenbruch einer Rentierpopulation auf der St.-Matthew-Insel in der Beringsee

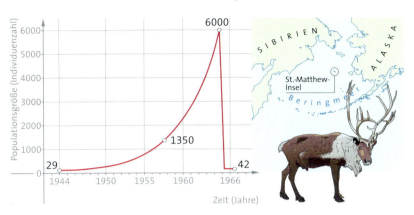

Im Jahr 1944 brachte die amerikanische Küstenwache 24 weibliche und fünf männliche Rentiere auf die unbewohnte, etwa 360 km² große St. Matthew-Insel in der Beringsee zwischen Alaska und Ostsibirien. Sie sollten als Reservenahrung für Soldaten dienen. Nach Kriegsende zogen die Soldaten ab und ließen die Rentiere zurück. Die Population, die sich fast ausschließlich von Flechten und Gräsern ernährte, konnte sich nun mangels natürlicher Feinde ungestört vermehren. Im Jahr 1957 wurden bereits 1350 Tiere gezählt. Messungen im Jahr 1963 zeigten, dass die Wuchshöhe der Flechten von ursprünglich etwa zwölf Zentimeter auf einen Zentimeter abgenommen hatte und dass die Rentiere eine deutlich geringere Körpergröße aufwiesen. Nach dem strengen Winter 1963/64 starben nahezu alle 6000 Tiere. Im Jahr 1966 gab es nur noch 42 magere Exemplare ohne Jungtiere.

A1 Erläutern Sie, weshalb sich die Rentierpopulation wie beschrieben entwickelte!

A2 Diskutieren Sie Ursachen für diese „katastrophale" Entwicklung und stellen Sie Maßnahmen vor, die einen solchen Zusammenbruch verhindern könnten!

Material B ▸ Intraspezifische Konkurrenz um Licht und Mineralstoffe bei der Prachtwinde (*Ipomoea tricolor*)

Nachfolgend sind die Ergebnisse einer Versuchsreihe zum Wachstum der Prachtwinde in Abhängigkeit des Licht- und Mineralstoffangebots dargestellt. Alle anderen Parameter blieben konstant. Gemessen wurde das Trockengewicht nach gleicher Wachstumszeit (angegeben sind die prozentualen Durchschnittswerte):

a eine Pflanze, die einzeln in einem Gefäß mit einer senkrechten Stange wuchs;

b acht Pflanzen, die einzeln in einem Gefäß, aber mit nur einer Stange wuchsen;

c acht Pflanzen, die in einem Gefäß, aber mit acht getrennten Stangen wuchsen;

d acht Pflanzen, die in einem Gefäß mit nur einer Stange wuchsen.

Außerdem konnte beobachtet werden, dass die Pflanzen bei **b** sehr unterschiedlich groß waren, während die Pflanzen bei **c** und **d** ähnlich klein blieben.

B1 Erläutern Sie den Versuchsaufbau und geben Sie an, unter welcher konkreten Fragestellung die Versuche durchgeführt wurden!

B2 Deuten Sie die erhaltenen Ergebnisse! Stellen Sie Vermutungen an, weshalb die Pflanzen bei **b** unterschiedlich groß waren, während sie bei **c** ähnlich klein blieben!

Versuchansatz	a	b	c	d
Wachstum (Trockengewicht in Prozent)	100	75	20	20

BIOTISCHE UMWELTFAKTOREN
BEZIEHUNGEN ZWISCHEN LEBEWESEN VERSCHIEDENER ARTEN

01 Hyänen und Geier konkurrieren um einen Gnu-Kadaver

Interspezifische Konkurrenz

In der afrikanischen Savanne finden sich Hyänen und Geier bei einem Gnu-Kadaver ein. Bei diesem handelt es sich anscheinend um ein Überbleibsel einer Löwen-Mahlzeit. Hyänen jagen ebenso wie Löwen in der Regel lebende Tiere. Im Bedarfsfall fressen sie aber auch Tierleichen und konkurrieren dann mit Geiern, die obligatorische Aasfresser sind.

02 Intraspezifische Konkurrenz

03 Interspezifische Konkurrenz

INTERSPEZIFISCHE KONKURRENZ · Wie das obige Beispiel zeigt, können auch Angehörige verschiedener Arten in Konkurrenz zueinander stehen. Diese **interspezifische Konkurrenz** tritt immer dann auf, wenn gleiche Ressourcen beansprucht werden. Oft sind nah verwandte Arten Rivalen, wie zum Beispiel Habicht und Sperber oder Kohlmeise und Blaumeise. Aber auch sehr verschiedene Arten können miteinander in „Wettstreit" treten: In Wüstengebieten etwa konkurrieren Ameisen mit Kleinnagern um Samen, die dort die einzige Nahrungsquelle sind. Bei Pflanzen ist interspezifische Konkurrenz noch häufiger als bei Tieren, da ihre Ansprüche an Boden, Licht, Feuchtigkeit und andere abiotische Faktoren oft sehr ähnlich sind. Dies gilt zum Beispiel für Getreide und Ackerwildkräuter sowie Waldanpflanzungen und standortnahes Gebüsch. In beiden Fällen begünstigt der Mensch durch land- und forstwirtschaftliche Maßnahmen die Kulturpflanzen.

KONKURRENZVERMEIDUNG · Auf dem ehemaligen Grenzstreifen zwischen der Bundesrepublik und der DDR kann man Schafherden beobachten, die von Ziegen begleitet werden. Sie sollen die Lebensräume dieses sogenannten „grünen Bandes" erhalten, die vorwiegend aus Mager-, Feucht- und Nasswiesen sowie aus Heideflächen bestehen. Während die Schafe vor allem den Grasbewuchs abweiden, halten die Ziegen aufkommende Gehölze kurz. Das Nahrungsspektrum der beiden Tierarten ist also nicht völlig gleich: Ziegen fressen zum Beispiel auch Disteln, Brombeerranken oder Brennnesseln. Ebenso ist ihr Fressverhalten anders als das der Schafe. Baumlaub und kleine Äste von Bäumen erreichen sie, indem sie auf den Hinterbeinen stehend das Geäst mit den Vorderbeinen herunterdrücken. Aufgrund dieser Unterschiede in Nahrung und Fressverhalten können

Schafe und Ziegen gemeinsam in einem Gebiet leben. Dies bezeichnet man als **Konkurrenzvermeidung**.

Beim Scharfen Hahnenfuß findet sich eine andere Form, den Wettbewerb zu vermeiden. Die auf Wiesen und Weiden wachsende Pflanze produziert einen scharf schmeckenden und giftigen Inhaltsstoff. Dieser verhindert, dass Rinder den Scharfen Hahnenfuß fressen. Dadurch bleiben die Pflanzen nach der Beweidung stehen. Sie bekommen dann mehr Licht und können besser Fotosynthese betreiben. Auch andere Pflanzen stellen giftige Inhaltsstoffe her, die unter dem Begriff *Alkaloide* zusammengefasst werden. Mittlerweile kennt man mehr als 900 solcher Stoffe.

Auch bei Pilzen tritt Konkurrenzvermeidung auf. Das geläufigste Beispiel ist die Produktion des *Antibiotikums* Penicillin durch den Pinselschimmel. Die Ausscheidung dieses Hemmstoffes führt zu einem Wachstum relativ frei von Konkurrenz.

KONKURRENZ BEI PANTOFFELTIERCHEN · Im Jahr 1934 führte C. F. GAUSE Untersuchungen zum Konkurrenzverhalten von drei verschiedenen Pantoffeltierchenarten durch: Wurden *Paramecium aurelia* und *Paramecium caudatum* in getrennten Gefäßen gezüchtet, ergaben sich die erwarteten logistischen Wachstumskurven. Wurden beide aber gemeinsam in einem Gefäß gehalten, überlebte *P. caudatum* nicht. Zog man hingegen *P. aurelia* und *P. bursaria* in einem Gefäß heran, konnten beide Arten koexistieren. Erklärbar wird das Ergebnis, wenn man die Umweltansprüche der drei Pantoffeltierchenarten betrachtet: *P. aurelia* und *P. caudatum* besitzen völlig gleiche Anforderungen an Nahrung, Sauerstoffgehalt, Licht und Temperatur. Beide Arten treten in **totale Konkurrenz**, was dazu führt, dass eine der beiden in Anwesenheit der anderen nicht überleben kann. Dieser Sachverhalt gilt allgemein und wird als **Konkurrenzausschlussprinzip** bezeichnet. Es besagt, dass Arten, die die gleichen ökologischen Ansprüche stellen, nicht koexistieren können. Demgegenüber sind die Umweltansprüche von *P. aurelia* und *P. bursaria* nicht völlig gleich. Bei gemeinsamer Zucht bewohnt die eine Art

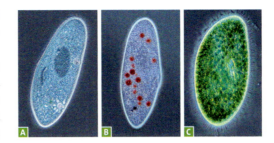

04 Paramecien-Arten:
A *P. aurelia*,
B *P. caudatum*,
C *P. bursaria*

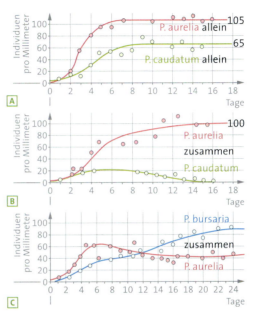

05 Ergebnisse von Kulturversuchen mit Paramecien-Arten:
A *P. aurelia* und *P. caudatum* getrennt,
B *P. aurelia* und *P. caudatum* zusammen,
C *P. aurelia* und *P. bursaria* zusammen

bevorzugt den oberen Rand des Mediums, während die andere eher in tieferen Bereichen anzutreffen ist. Werden beide Arten jedoch isoliert gehalten, besiedeln sie das Medium gleichartig. Durch den unterschiedlichen „Aufenthaltsraum" ist der Lebensraum der beiden Arten im wahrsten Sinne des Wortes „aufgeteilt". Somit wird Konkurrenz vermieden und beide Arten können im gleichen Lebensraum nebeneinander existieren.

1 Ermitteln Sie die Merkmale von Vogelmiere, Klatschmohn und Quecke, die diese Pflanzen zu Konkurrenten der Feldfrüchte machen!

2 Begründen Sie, weshalb im sogenannten „Ackerrandstreifenprogramm" Wildkräuter an Feldfluren bewusst geschützt werden!

BIOTISCHE UMWELTFAKTOREN
BEZIEHUNGEN ZWISCHEN LEBEWESEN VERSCHIEDENER ARTEN

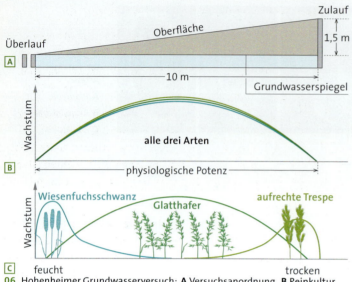

06 Hohenheimer Grundwasserversuch: **A** Versuchsanordnung, **B** Reinkultur, **C** Mischkultur

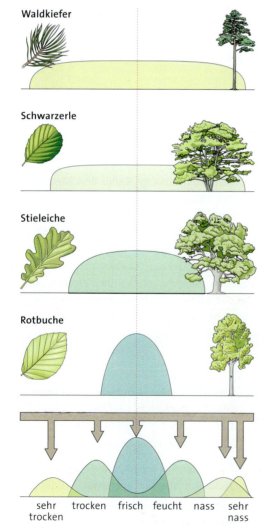

07 Physiologische und ökologische Potenz einiger Baumarten

KONKURRENZ UND PHYSIOLOGISCHE POTENZ · In dem historischen „Hohenheimer Grundwasserversuch" untersuchte im Jahre 1952 H. ELLENBERG die drei Grasarten Glatthafer, Wiesenfuchsschwanz und Aufrechte Trespe auf ihre Ansprüche an die Bodenfeuchte. Dazu legte er Saatbeete so an, dass die Bedingungen zwischen trocken, frisch und feucht variierten. Dann besäte er drei Beete mit nur einer Grasart sowie ein viertes mit allen drei Gräsern. Am Ende der Vegetationsphase stellte er fest, dass alle drei Gräser auf den Reinsaatbeeten am besten bei mittlerer Bodenfeuchte wuchsen, dort also ihr *physiologisches Optimum* besitzen. Auf trockenem oder feuchtem Boden war ihr Wachstum nur mäßig. Unter der Konkurrenz der Mischsaatbedingungen dominierte bei mittlerer Feuchte der Glatthafer, während der Fuchsschwanz vor allem im feuchten und die Aufrechte Trespe vorwiegend im trockenen Bereich wuchsen. Beide lieferten jedoch weniger Ertrag als auf den Reinsaatbeeten. Fuchsschwanz und Aufrechte Trespe wurden also vom Glatthafer aus ihrem physiologischen Optimum „verdrängt".

Ähnlich verhält es sich bei den einheimischen Waldbäumen Rotbuche, Waldkiefer, Schwarzerle und Stieleiche. Alle vier bevorzugen eine mittlere Bodenfeuchte, wobei Schwarzerle und Waldkiefer eine breitere *physiologische Potenz* besitzen als die Rotbuche. In Mitteleuropa findet man Waldkiefern hingegen fast ausschließlich auf trockenen, manchmal auch auf sehr nassen Böden. Die Art wächst also nicht im Bereich ihres physiologischen Optimums, sondern nur dort, wo die Rotbuche nicht wachsen kann. Ebenso kommt die Schwarzerle nur auf nassen oder sehr nassen Böden vor, die Rotbuche hingegen im mittleren Feuchtigkeitsbereich. Sie ist also gegenüber den anderen Baumarten wettbewerbsstärker. Die durch Konkurrenz eingeschränkte physiologische Potenz wird auch als **ökologische Potenz** bezeichnet und beschreibt das Vorkommen unter den natürlichen Gegebenheiten.

3 Erklären Sie, weshalb das Vorkommen der Stieleiche nicht mit ihrem physiologischen Optimum übereinstimmt!

MATERIAL

Material A ▸ Untersuchungen an pflanzenfressenden Großsäugern und zwei Hörnchenarten

Thomsongazelle

Leierantilope

Eichhörnchen

Grauhörnchen

1. Untersuchungen des Mageninhalts pflanzenfressender Großsäuger der afrikanischen Savanne zeigten: Im Magen der Thomsongazelle fanden sich vorwiegend zweikeimblättrige Pflanzen der unteren Krautschicht, im Magen des Gnus vor allem Blätter von Gräsern aus mittlerer Höhe und in Zebra-Mägen überwiegend Stängel von Gräsern der oberen Schicht. Im Magen von Leierantilopen hingegen fand man anteilig alle Pflanzenteile.

2. In Italien wurde vor etwa 35 Jahren das aus Nordamerika stammende Grauhörnchen ausgesetzt. Seither hat es sich stark verbreitet, während das Eichhörnchen hier kaum noch vorkommt.

A1 Erklären Sie die in Punkt 1 gemachten Beobachtungen unter dem Aspekt, dass die genannten Säugetiere in großen Herden die Savanne durchwandern!

A2 Vergleichen Sie die beiden in Punkt 1 und in 2 dargestellten Sachverhalte!

Material B ▸ Reiherente und Löffelente

Reiherente

Löffelente

1. Nahrungszusammensetzung (in Prozent)

	Reiherente	Löffelente
Pflanzen	10	50
Schnecken/Muscheln	60	50
andere Kleintiere	30	0

2. Orte der Nahrungssuche

Reiherente

Löffelente

3. Brut- und Aufzuchtzeiten

Monate	April	Mai	Juni	Juli	Aug
Reiherente			Brut	Aufzucht	
Löffelente		Brut	Aufzucht		

Die beiden Entenarten Reiherente und Löffelente leben in gleichen Ökosystemen.

B1 Beschreiben Sie die beiden abgebildeten Entenarten in Bezug auf Gestalt-, Nahrungs-/Ernährungs- und Fortpflanzungsmerkmale!

B2 Erklären Sie, weshalb die beiden Arten im gleichen Gebiet nebeneinander leben können!

BIOTISCHE UMWELTFAKTOREN
BEZIEHUNGEN ZWISCHEN LEBEWESEN VERSCHIEDENER ARTEN

01 Flunder

Die ökologische Nische

Die Flunder ist ein Plattfisch, der am Boden von europäischen Küstengewässern lebt. Sie laicht im Meer und kommt bevorzugt im Brackwasser vor; sie verträgt aber auch Süßwasser. Für gewöhnlich sind Flussmündungen, Fjorde und Buchten ihr Lebensraum. Wovon hängt der Aufenthaltsort der Flunder ab?

BEZIEHUNGEN ZUR UMWELT · Die Flunder wird von einer Vielzahl von Umweltfaktoren beeinflusst: Temperatur, Salz- und Sauerstoffgehalt, pH-Wert, Untergrundbeschaffenheit oder Strömungsverhältnisse im Wasser. Aber auch Wechselbeziehungen zwischen dem Fisch und seiner belebten Umwelt gehören dazu, wie zum Beispiel Konkurrenten, Beute, Beutegreifer, Parasiten und Symbionten. Alle Beziehungen, die zwischen einer Art und ihrer Umwelt bestehen, werden unter dem Begriff **ökologische Nische** zusammengefasst. Ob eine Art in einem Lebensraum existieren kann oder nicht, hängt von der Kombination dieser Beziehungen ab. Kann eine Population die vorhandenen Ressourcen ohne Einfluss von Feinden oder von Konkurrenz nutzen, wird sie sich in einem Lebensraum in den Grenzen ihrer physiologischen Möglichkeiten verbreiten. Diesen Fall nennt man **Fundamentalnische.** Sie entspricht der ökologischen Gesamtbeschreibung einer Art, die aber nur unter optimalen Bedingungen beispielsweise im Labor darstellbar ist. Sie hängt nur von abiotischen Faktoren ab. Da es in der Realität aber Konkurrenz, Beutegreifer oder Parasiten gibt, kann nur ein Teil aller Angebote genutzt werden. Diese eingeschränkte Nutzung der einzelnen Faktoren wird auch als **realisierte Nische** bezeichnet. Der Aufenthaltsort der Flunder entspricht dieser realisierten Nische.

ÖKOLOGISCHE NISCHE ALS ARTMERKMAL · Beobachtet man an der Nordseeküste bei Ebbe Wattvögel, so kann man große Unterschiede bei der Nahrungssuche feststellen: Die Individuen verschiedener Arten suchen unterschiedliche Wattbereiche ab, Sand- oder Schlickflächen, Prielränder, Seichtwasser oder Muschelbänke. Sie spüren ihre Nahrung in unterschiedlicher Bodentiefe durch Ablesen, Stochern, Einbohren, Säbeln oder Gründeln auf. Jede Art hat ihr eigenes Nahrungsspektrum, das nach Art, Größe,

Alter oder Entwicklungsstadium der Nahrung variiert. Schnabelform und -länge, Sinnesfunktionen, Verhaltensweisen und Verdauung der Vögel sind an die jeweilige Nahrung angepasst. Somit nutzt jede Art die Nahrung des Lebensraumes auf ganz spezifische Weise.

Auch für Brutplätze, Aufenthaltsorte bei Flut, Überwinterungsquartiere, Aktivitätszeiten und alle weiteren Faktoren gelten ähnliche ökologische Spezialisierungen. Zusammen genommen ergeben sie die spezifische ökologische Nische einer jeden Art. Umgekehrt gilt: Jede Art *bildet* eine spezielle ökologische Nische und ist gleichermaßen dadurch spezifisch charakterisiert. Die ökologische Nische bezeichnet demnach keinen Raum. Während der Standort oder das Habitat die „Adresse" einer Art angibt, so entspricht die ökologische Nische eher ihrem „Beruf" oder ihren biologischen Beziehungen.

02 Wattvögel und die Orte ihrer Nahrung: **A** Sandregenpfeifer, **B** Knutt, **C** Austernfischer, **D** Brachvogel, **E** Brandente

MEHRDIMENSIONALITÄT · Oft lässt sich die Koexistenz oder der Ausschluss zweier ähnlicher Arten erklären, indem man nur einen einzigen Faktor wie zum Beispiel die Nahrung betrachtet. Ein genaueres Ergebnis erhält man jedoch, wenn man mehrere Parameter heranzieht und vergleicht. Man spricht dann von *Nischendimensionen*. Zur Veranschaulichung von zwei oder drei solcher Dimensionen kann man die Existenzbereiche der Arten als Flächen oder Quader darstellen. Wo diese überlappen, besteht bei identischen anderen Umweltansprüchen totale Konkurrenz. Nur die konkurrenzstärkere Art könnte einen solchen Lebensraum besiedeln. Mehr als drei Dimensionen lassen sich in einem Diagramm nicht mehr visualisieren. Die abstrakte Weiterführung dieser Überlegung führt zu einer Vorstellung der ökologischen Nische einer Art als einem ***n*-dimensionalen Raum**. Dabei kann man je eine Dimension einem Umweltfaktor zuordnen, der für die Lebensfähigkeit der jeweiligen Art Bedeutung hat.

Allerdings lässt sich die vollständige ökologische Nische selbst für gut erforschte Tier- und Pflanzenarten nur schwer erfassen. Daher beschränkt man sich meist auf die Beschreibung einer einzigen Dimension, wie der am Beispiel der Wattvögel beschriebenen „Nahrungsnische".

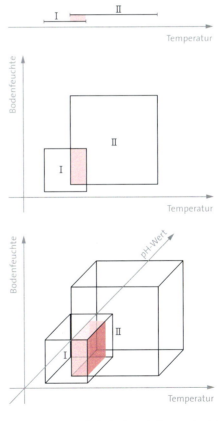

03 Dimensionen ökologischer Nischen zweier Arten (I und II): **A** Temperatur, **B** Temperatur und Bodenfeuchte, **C** Temperatur, Bodenfeuchte und pH-Wert

1 Erklären Sie, weshalb die Formulierung „Besetzung einer ökologischen Nische" unzulässig ist!

BIOTISCHE UMWELTFAKTOREN
BEZIEHUNGEN ZWISCHEN LEBEWESEN VERSCHIEDENER ARTEN

BILDUNG ÖKOLOGISCHER NISCHEN · Wenn die ökologische Nische ein Artcharakteristikum ist, so ist ihre Ausbildung eng mit der Artentstehung durch Evolution verbunden. Bei heute lebenden Arten hat sich diese **Einnischung** in der Vergangenheit ereignet. Dieser Prozess läuft aber weiter. Seine lange Dauer verhindert meistens eine direkte Beobachtung. Nur bei Arten mit ähnlichen Umweltansprüchen lässt sich manchmal nachvollziehen, wie Spezialisierung die Konkurrenz untereinander verringerte.

Zwei auf verschiedenen Galapagosinseln heimische Grundfinkenarten liefern dafür ein Beispiel: *Geospiza fuliginosa* lebt auf Santa Cruz und Los Hermanos, *Geospiza fortis* auf Santa Cruz und Daphne major. Während die Schnabeldicke der beiden Vogelarten auf Los Hermanos und Daphne major sehr ähnlich ist, sind die Unterschiede auf Santa Cruz erheblich. Hier weisen *G. fortis* dickere und *G. fuliginosa* schmalere Schnäbel auf als ihre jeweiligen Artgenossen, die allein auf einer Insel leben. Die Konkurrenzbedingungen auf Santa Cruz führen also zu einer Spezialisierung auf unterschiedliche Nahrung und haben damit die Ausbildung verschiedener ökologischer Nischen zur Folge. Diese Form der Konkurrenzvermeidung durch Arten, die im gleichen Gebiet leben, bezeichnet man als **Kontrastbetonung**.

ÖKOLOGISCHE „PLANSTELLEN" · Als Bodenwühler werden Säugetiere bezeichnet, die Gänge im Erdreich graben und überwiegend darin leben. Hierzu zählen die Insektenfresser Sternmull (Nordamerika), Maulwurf (Europa) und Goldmull (Südafrika), die Nagetiere Graumull (nördliches Südafrika) und Blindmaus (Kaukasusgebiet) sowie der zu den Beuteltieren gehörende Beutelmull (Australien). Alle haben die walzenförmige, vorne zugespitzte Körperform und die kurzen Extremitäten gemeinsam, obwohl sie nicht zur selben taxonomischen Gruppe gehören. Solche Lebewesen, die an die konkreten Bedingungen ihrer Umwelt besonders angepasst sind und diese in entsprechender Weise nutzen, fasst man unter dem Begriff **Lebensformtypen** zusammen.

In unterschiedlichen Regionen der Erde mit ähnlichen Umweltbedingungen gibt es vergleichbare Umweltangebote, die man auch mit *„Lizenzen"* vergleichen kann. Diese Umweltangebote führen zur Ausbildung entsprechender ökologischer Nischen. Werden die Lizenzen von verschiedenen, oft nicht verwandten Arten in vergleichbarer Weise genutzt, spricht man von **Stellenäquivalenz**.

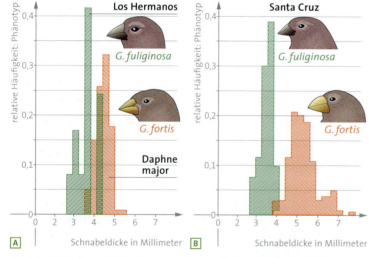

04 Schnabeldicke und Verbreitung von *Geospiza fortis* und *Geospiza fuliginosa*

2 Recherchieren Sie Lebensweise und Nahrung der beschriebenen Bodenwühler!

05 Beispiele für Bodenwühler: **A** Sternmull, **B** Graumull, **C** Beutelmull

MATERIAL

Material A ▸ Nischen von vier mitteleuropäischen Eulenarten

	Schleiereule	Steinkauz	Waldkauz	Waldohreule
Lebensraum	Halboffene Kulturlandschaft	Offene Kulturlandschaft	Mischwälder bis Steppe	Offene Kulturlandschaft
Hauptnahrung	Feld- und Wühlmäuse	Mäuse, Insekten	Mäuse, Kleinsäuger	Feld- und Wühlmäuse
Nistplatz	Scheunen, Kirchtürme, Ruinen	Kleinere Baumhöhlen, Gebäude	Größere Baumhöhlen	Verlassene Greifvogelhorste
Jagdzeit	Fast nur in der Nacht	Dämmerung, Nacht	Dämmerung, Nacht	Dämmerung, Nacht
Länge	35	23	42	36
Masse	350	250	600	370

In der Tabelle sind vier Nischendimensionen von vier mitteleuropäischen Eulenarten zusammengefasst. Die Daten geben nur die Hauptaspekte der jeweiligen Nischendimension an und sind, zum Beispiel bezüglich der Nahrung, nicht vollständig.

In den beiden unteren Zeilen sind die ungefähren Werte für Körperlänge (in Zentimeter) und Körpermasse (in Gramm) der Weibchen angegeben. Männchen sind durchschnittlich etwas kleiner und leichter als Weibchen.

A1 Beschreiben und vergleichen Sie anhand der Angaben die ökologischen Nischen der aufgeführten Eulenarten!

A2 Zeichnen Sie für die vier Arten ein zweidimensionales Nischendiagramm für Lebensraum (Ordinate) und Jagdzeit (Abszisse) und erläutern Sie die daraus hervorgehenden Zusammenhänge! Beziehen Sie in Ihre Überlegungen die anderen Daten der Tabelle mit ein!

A3 Erläutern Sie, weshalb die vier Eulenarten in Mitteleuropa nebeneinander existieren können, obwohl sie eine ähnliche Hauptnahrung besitzen!

A4 Erklären Sie, weshalb in diesem Fall die singuläre Betrachtung einer einzigen Nische für die Charakterisierung einer Art nicht ausreicht!

Material B ▸ Kakteen-, Wolfsmilch- und Schwalbenwurzgewächse

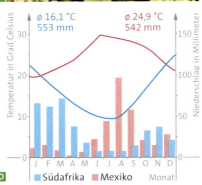

Die Abbildungen zeigen: **A** Das Kakteengewächs *Astrophytum asterias* (Mexiko), **B** das *Wolfsmilchgewächs Euphorbia obesa* (Südafrika) und **C** das Schwalbenwurzgewächs *Larryleachia cactiformis* (Südafrika).
In **D** sind die durchschnittlichen Jahrestemperaturen und Jahresniederschläge in Mexiko und in Südafrika angegeben.

B1 Beschreiben und vergleichen Sie die Wuchsform der drei Pflanzenarten und erläutern Sie ihre jeweiligen Umweltbedingungen!

B2 Erklären Sie die Ähnlichkeiten im Erscheinungsbild trotz Zugehörigkeit zu verschiedenen Pflanzenfamilien!

B3 Nennen Sie weitere Beispiele für das beschriebene Phänomen!

BIOTISCHE UMWELTFAKTOREN
BEZIEHUNGEN ZWISCHEN LEBEWESEN VERSCHIEDENER ARTEN

01 Löwin bei der Jagd

Räuber-Beute-Beziehungen

Der Betrachter dieses Bildes ist emotional berührt, weil er weiß, dass die Löwin im nächsten Augenblick das Zebra zu Boden reißen und dann töten wird. Allerdings sollte er sich auch in die Situation der Löwin versetzen, die mit dieser Aktion Nahrung erwirbt und so ihr eigenes Überleben und das ihrer Nachkommen sichert.

RÄUBER UND BEUTE · Zebras sind für Löwen die Beute, umgekehrt sind Löwen die Beutegreifer oder Räuber der Zebras. Eine solche zwischenartliche Beziehung heißt **Räuber-Beute-Beziehung.** Tiere wie Löwen, Hyänen oder Wölfe, die sich als echte Räuber fast ausschließlich von Fleisch ernähren, sind **Fleischfresser** oder Carnivore. Rehe oder Kaninchen hingegen ernähren sich rein pflanzlich und heißen demnach **Pflanzenfresser** oder Herbivore. Braunbären, Raben oder Wildschweine zählen zu den **Allesfressern** oder Omnivoren, weil sie pflanzliche und fleischliche Nahrung zu sich nehmen.

Wie auf dem Bild zu sehen, töten echte Räuber ihre Beute und fressen sie. Dies hat – auf verschiedenen Ebenen – Konsequenzen sowohl für die Räuber als auch für die Beute: Bezogen auf die Individuen sollten Beutetiere die Begegnung mit einem Räuber vermeiden, sonst könnten sie dies mit dem Leben bezahlen. Der Räuber indessen muss nicht unbedingt jedes Beutetier, das er verfolgt hat, auch erlegen. Entkommt ihm ein Beutetier, kann er in der Regel ein schwächeres finden und töten. Stark vereinfacht und nicht generell übertragbar spricht man von dem **Überleben-Abendessen-Prinzip.** Es besagt in etwa: Ein Hase läuft schneller als der Fuchs, weil er um sein Leben rennt, der Fuchs jedoch um sein Abendessen.

Auf der Ebene der Population jedoch hängt das Überleben der Räuber direkt von der Populationsdichte der Beute ab. Wenn viel Beute vorhanden ist, können mehr Räuber satt werden. Wenn es jedoch keine Beute mehr gibt, hat auch der Räuber keine Lebensgrundlage mehr. Räuber- und Beutepopulationen stehen also im einfachsten Fall in einem Verhältnis der **negativen Rückkopplung** zueinander: Je mehr Beute, desto mehr Räuber und je mehr Räuber, desto weniger Beute beziehungsweise je weniger Beute, desto weniger Räuber und je weniger Räuber, desto mehr Beute.

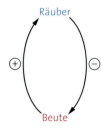

02 Räuber-Beute-Schema

LUCHS UND SCHNEESCHUHHASE · Das bekannteste Modell für die Beschreibung der Abhängigkeit zwischen Räuber- und Beutepopulationen basiert auf der Abgabe von Luchs- und Hasenfellen durch Trapper bei der kanadischen Hudson Bay Company zwischen 1845 und 1935. Stellt man diese Zahlen grafisch dar, ergibt sich ein Kurvenverlauf, der die negative Rückkopplung zu bestätigen scheint.

Die ermittelten Daten waren auch Grundlage für eine mathematische Beschreibung, die 1925/26 von A. J. LOTKA und V. VOLTERRA unabhängig voneinander erfolgte und als **Lotka-Volterra-Regeln** in die Literatur Eingang gefunden hat:

- *Erste Regel:* Die Zahlen von Beute- und Räuberindividuen schwanken periodisch, wobei Maxima und Minima der Räuber denen der Beute phasenverzögert folgen.
- *Zweite Regel:* Trotz der Schwankungen bleiben die Mittelwerte beider Populationen langfristig konstant, wobei die Zahlen der Beute durchschnittlich höher liegen.
- *Dritte Regel:* Werden Räuber und Beute gleich stark vermindert, so erholt sich die Population der Beute schneller als die der Räuber.

Diese Regeln gelten aber nur für idealisierte „Ein Räuber – Eine Beute"-Systeme. Ihre Gültigkeit ist für jeden Einzelfall zu prüfen, denn selbst dort, wo die Luchspopulation ausgerottet war, wurden dichteabhängige Schwankungen der Hasenpopulation beobachtet. Unter natürlichen Bedingungen sind die Zusammenhänge komplexer: Viele Räuber, wie Rotfüchse oder Wölfe, haben ein breiteres Beutespektrum. Für solche **Nahrungsgeneralisten** besteht keine direkte Abhängigkeit, da sie auf andere Nahrung ausweichen können. Man sagt, die Dynamik von Räuber und Beute ist entkoppelt. Selbst bei **Nahrungsspezialisten** sind die Verhältnisse komplizierter: Nach Beobachtungen von B. SITTLER ernähren sich Schnee-Eulen in Grönland zu 97 Prozent von Lemmingen, die alle vier bis fünf Jahre eine spektakuläre Massenvermehrung, auch **Gradation** genannt, durchlaufen. Danach bricht die Population zusammen. Eine Gradation tritt auf, wenn es nur wenige Hermeline gibt, die auch Lemminge erbeuten. Im nächsten Sommer finden Schnee-Eulen dann leicht Nahrung und viele Brutpaare können ihre Jungtiere großziehen. Da aber auch Polarfüchse und Raubmöwen von Lemmingen leben, ist das Nahrungsangebot bald erschöpft und Schnee-Eulen ziehen ab. Die Periodik der Schnee-Eulen-Population hat also viele Ursachen.

Untersuchungen des Zoologen P. ERRINGTON zeigen, dass die Populationsdichte von Bisamratten nur von ihrer Territorialität und nicht von ihrem Beutegreifer Mink abhängt. Minke leben zwar vorwiegend von Bisamratten, erbeuten aber praktisch nur alte und kranke sowie junge Tiere, die noch kein Revier besitzen.

Die Regulation der Beutedichte kann also auch unabhängig vom Räuber erfolgen. Nur wenn die Räuberpopulation in ihrer Vermehrung an die Beutepopulation gekoppelt ist, folgt ihre Dynamik den Schwankungen der Beutepopulation.

05 Mink

06 Bisamratte

1 Erläutern Sie, inwiefern die Trapper Einfluss auf die Beziehung zwischen Luchs und Schneeschuhhasen hatten!

03 Luchs jagt Schneeschuhhasen

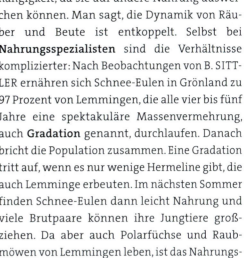

04 Von Trappern abgelieferte Felle

BIOTISCHE UMWELTFAKTOREN
BEZIEHUNGEN ZWISCHEN LEBEWESEN VERSCHIEDENER ARTEN

07 Chamäleon fängt Insekt

08 Schützenfisch schießt Insekt ab

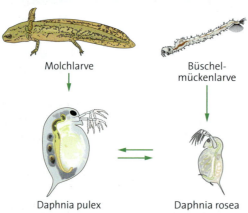

09 Einfluss eines Räubers auf die Konkurrenz zwischen Beuteorganismen

erbeuten Insekten mit ihrer Schleuderzunge. Netzbauende Spinnen sind Fallensteller, während Fledermäuse ihre Beute mit Ultraschall orten und im Flug fangen. Schützenfische schießen Insekten oder Spinnen auf Blättern der Uferzone mit einem scharfen Wasserstrahl ab. Solche Spezialisierungen auf bestimmte Beutefangmethoden sind Folge von Konkurrenzvermeidung und Einnischung.

Nicht jeder Angriff eines Räubers ist erfolgreich. So beträgt der Jagderfolg europäischer Greifvögel zum Beispiel nur etwa zehn Prozent. Außerdem setzen sich die Gejagten oft zur Wehr: Zebras traktieren die Verfolger mit Huftritten und Trampeltiere bespucken die Angreifer. Wacholderdrosseln bespritzen Nestfeinde gezielt mit Kot. Bienen und Wespen wehren sich durch Stechen. Eine japanische Bienenart umschließt angreifende Hornissen in einer Traube und erzeugt durch Muskelkontraktion so viel Wärme, dass die Hornissen durch Überhitzung sterben.

HERABSETZUNG VON KONKURRENZ · Bei Untersuchungen von Kleingewässern in Colorado stellte der Ökologe S. DODSON fest, dass die Anwesenheit eines Räubers ein Ökosystem erheblich beeinflussen kann: Die Wasserflohart *Daphnia pulex* ist mit drei Millimetern etwa doppelt so groß wie *Daphnia rosea*. Sie wird bevorzugt von Tigerzahnmolchlarven gefressen, während die kleinere Art von Büschelmückenlarven konsumiert wird. In Gewässern mit Tigerzahnmolchlarven lebten auch Büschelmückenlarven, *D. pulex* trat nur in geringer und *D. rosea* in höherer Individuenzahl auf. In Gewässern ohne Molchlarven gab es weder *D. rosea* noch Büschelmückenlarven, während die Individuendichte von *D. pulex* hoch war. Tigerzahnmolchlarven beeinflussen also offenbar die Konkurrenz zwischen den beiden Daphnienarten.

BEUTEERWERB UND FEINDABWEHR · Löwen jagen je nach Deckung allein oder in Rudeln. Da sie keine ausdauernden Läufer sind, aber sehr gut beschleunigen können, hängt ihr Jagderfolg oft vom Überraschungseffekt ab. Andere Räuber besitzen andere spezifische Angepasstheiten an ihre Beute in Bezug auf Mundwerkzeuge, Greif- und Fangapparate, Sinnesorgane, Verdauungssysteme oder Verhaltensweisen: Bartenwale zum Beispiel filtrieren das Wasser. Chamäleons

2 Recherchieren Sie Lebensweise, Vermehrung und Vorkommen von Daphnien!

3 Erklären Sie den Einfluss, den die Tigerzahnmolchlarven auf das Verhältnis der beiden Daphnienarten ausüben!

MATERIAL

Material A ▸ Räuber-Beute-Beziehung zwischen Marienkäfer und Blattlaus

Der Siebenpunktmarienkäfer ist als Larve und als Imago der größte Blattlausvertilger. Blattläuse bohren die Leitungsbahnen von Pflanzen an und ernähren sich von deren Zuckersaft. Da sie sich im Sommer ohne vorherige Befruchtung, also parthenogenetisch, fortpflanzen, können ihre Populationen sehr schnell anwachsen.

A1 Zeichnen Sie ein schematisiertes Diagramm zur Populationsentwicklung für beide Arten und begründen Sie die Kurvenverläufe!

A2 Erklären Sie anhand einer zusätzlichen Skizze, welche Folgen ein Insektizideinsatz hätte, der sowohl Räuber als auch Beute zu je 95 Prozent eliminieren würde!

A3 Bewerten Sie den Insektizideinsatz!

A4 Beurteilen Sie, ob der Einsatz von Marienkäfern in einem Gewächshaus zur Bekämpfung von Blattläusen empfehlenswert ist!

Material B ▸ Eicheln, Wildschweine und Eichhörnchen

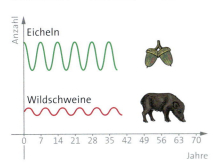

Etwa alle sieben Jahre tritt ein sogenanntes Mastjahr auf, in dem Eichen sehr viele Früchte produzieren. Im Jahr darauf ist die Eichelproduktion entsprechend geringer. Eicheln sind eine Hauptnahrung von Wildschweinen und Eichhörnchen. Die Abbildung zeigt schematisch die Beziehung zwischen Eicheln und Wildschweinen.

B1 Vergleichen Sie die Beziehung zwischen Wildschweinen und Eicheln mit einer klassischen Räuber-Beute-Beziehung!

B2 Erklären Sie das Verhältnis zwischen Wildschweinen und Eichhörnchen sowie den Einfluss eines Mastjahres auf ihre Populationen!

Material C ▸ Pisaster und die Artenvielfalt

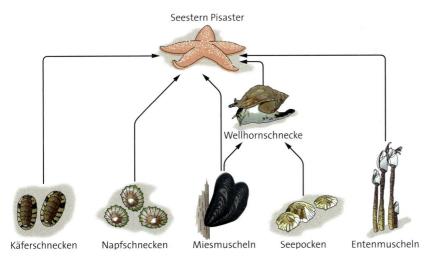

In Nordamerika ist die Gezeitenzone der felsigen Nordpazifikküste Lebensraum zahlreicher Arten. Innerhalb dieser Lebensgemeinschaft ernährt sich der Seestern *Pisaster* von einer Vielzahl wirbelloser Tiere. In einem Experiment entfernte man *Pisaster* aus den Versuchsflächen. Danach änderte sich die Zusammensetzung der Lebensgemeinschaft und die Vielfalt der Arten ging zurück: Von den anfangs 15 Arten blieben nur 8 übrig und die Miesmuschel gewann die Oberhand.

C1 Erläutern Sie die Beziehungen der verschiedenen Wirbellosen-Arten a) in Anwesenheit und b) in Abwesenheit des Seesterns *Pisaster*!

C2 Stellen Sie Vermutungen an, weshalb in Abwesenheit von *Pisaster* die Miesmuschel im Lebensraum dominiert!

BIOTISCHE UMWELTFAKTOREN
BEZIEHUNGEN ZWISCHEN LEBEWESEN VERSCHIEDENER ARTEN

01 Fangschrecke auf Orchidee

Tarnung, Warnung, Mimese, Mimikry

Auf den ersten Blick ist die auf Beute lauernde Fangschrecke nicht zu erkennen. Sie gleicht sowohl in Form als auch in Farbe den Blüten, auf denen sie sitzt. Erst bei genauerem Hinsehen erkennt man, dass es sich bei der in Ostafrika beheimateten Fangschrecke um ein Insekt handelt. Welche Bedeutung hat eine solch spezifische Gestalt und Farbe?

TARNEN · Fangschrecken sind tagaktive Lauerjäger, die mit eingeschlagenen Vordergliedmaßen auf Insekten warten und diese durch blitzschnelles Ausklappen der Unterschenkel erbeuten. Wegen dieser typischen Haltung heißt eine in Deutschland vorkommende Art Gottesanbeterin. Da die Teufelsblume in ihrem Aussehen Kronblättern von Blüten ähnelt, wird sie von ihrer Beute oft zu spät erkannt. Somit dienen ihre spezifische Gestalt und die typische Farbe der **Tarnung.** Das sichtbare Erscheinungsbild von Lebewesen, das die Tarnung bewirkt, heißt **Tarntracht.**

Ähneln Lebewesen nicht nur in Gestalt und Färbung, sondern auch in ihrer Haltung ihrer Umgebung und sind sie damit für optisch orientierte Mitbewohner dieses Lebensraumes kaum

02 Gottesanbeterin

03 Wandelndes Blatt

04 Lebende Steine

wahrnehmbar, so spricht man von **Mimese.** Diese Form der Tarnung ist besonders ausgeprägt bei dem zu den Gespenstschrecken gehörenden Wandelnden Blatt sowie bei Stabschrecken oder Spannerraupen, die wie dünne Zweige aussehen.

Tarnung ist im Tierreich weit verbreitet und kommt in fast allen denkbaren Ausprägungen vor. So sind zum Beispiel Vogelweibchen in der Regel unauffällig gefärbt und können somit ungestörter brüten. Schneehase, Hermelin oder Schneehuhn haben im Winter ein weißes Fell. Bei manchen Tieren, wie zum Beispiel bei Rehkitzen, verschmilzt durch ein bestimmtes Muster die Kontur vor dem Hintergrund.

Auch bei Pflanzen gibt es dieses Phänomen: Einige Sukkulenten der Gattung *Lithops* werden wegen ihrer Ähnlichkeit mit Steinen, zwischen denen sie leben, als „lebende Steine" bezeichnet.

WARNEN · Eine ganz andere Form der Feindabwehr ist bei Tieren zu beobachten, die giftig oder wehrhaft sind, wie zum Beispiel Feuersalamander oder Wespen und Hornissen: Ihre schwarz-gelbe **Warntracht** signalisiert den Beutegreifern ihre Giftigkeit oder ihre Wehrhaftigkeit. Schutz ist vor allem dann gewährleistet, wenn die betreffenden Beutegreifer schon einmal negative Erfahrungen mit solchen auffällig gefärbten und gemusterten Tieren gemacht haben. Daneben gibt es aber auch ungefährliche Tiere, bei denen sich im Verlauf der Evolution eine Gestalt, Färbung oder ein Muster entwickelt hat, das den gefährlichen Tieren sehr ähnlich ist. Eine solche **Scheinwarntracht** täuscht nur vor, dass von den betreffenden Lebewesen Gefahr ausgeht oder dass sie ungenießbar sind. Damit sind diese Nachahmer ebenso wie ihre Vorbilder relativ gut vor Beutegreifern geschützt. Diese Warntrachten und Scheinwarntrachten bezeichnet man auch als **Mimikry.** Das Phänomen der Nachahmung wurde 1862 von dem Naturforscher BATES am Beispiel von zwei brasilianischen Schmetterlingsarten entdeckte und wird daher *BATESsche Mimikry* genannt. Ein anderes Beispiel dafür ist die Nachahmung der Wespenfärbung durch Schwebfliegen und einige andere Insektenarten.

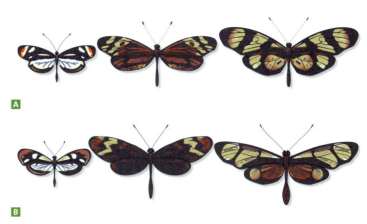

05 BATESsche Mimikry: **A** ungenießbare Arten, **B** Nachahmer

06 BATESsche Mimikry: **A** Wespe, **B** Schwebfliege

07 PECKHAMsche Mimikry: Seeteufel

griech. mimesis = Nachahmung

Eine weitere Form der Mimikry findet sich beim Seeteufel. Diese Meeresfischart besitzt am isoliert stehenden vorderen Strahl der Rückenflosse ein bewegliches Hautanhängsel, das wie ein Wurm bewegt werden kann. Dadurch werden Fische angelockt und leicht erbeutet. Wird also nicht der Angreifer, sondern die Beute getäuscht, bezeichnet man dies nach seinem Entdecker als *PECKHAMsche Mimikry* oder aggressive Mimikry.

engl. to mimic = nachahmen

1 ⌡ Stellen Sie Überlegungen dazu an, weshalb der Bauch eines Hais oder eines Reihers hell und der Rücken dunkel gefärbt ist!

IM BLICKPUNKT EVOLUTION

Koevolution

08 Gepard jagt Gazelle

Die Individuen von Populationen aller Lebewesen unterscheiden sich in Bezug auf die Beschaffenheit ihrer Merkmale. So können nur sehr schnelle Geparde genügend Gazellen schlagen. Andererseits können nur schnelle und wendige Gazellen Geparden entkommen. Damit haben die schnellsten Geparde und die schnellsten und wendigsten Gazellen bessere Überlebenschancen. Folglich ist bei beiden Arten auch die Fortpflanzungswahrscheinlichkeit für schnellere Tiere größer. Auf beide Tierarten wirkt demnach ein **Selektionsdruck,** der von Generation zu Generation zu durchschnittlich schnelleren beziehungsweise wendigeren Tieren führt. Dieser Prozess wird auch als **gerichtete Selektion** bezeichnet. Er findet in den anatomischen und morphologischen Voraussetzungen der Arten seine Grenzen. Führt dieser evolutionäre Vorgang, der sich in langen Zeiträumen in der Stammesgeschichte ereignet, zu einer wechselseitigen Anpassung zweier Arten, spricht man auch von **Koevolution.** Der Selektionsdruck hat bei beiden Arten zur Folge, dass spezifische Merkmalsausprägungen immer weiter optimiert werden. Da diese Verbesserungen jedoch bei beiden Arten gleichzeitig auftreten, ändert sich an der Chancenverteilung zwischen ihnen nichts. Koevolution begleitet in der Regel Beziehungen zwischen zwei voneinander abhängigen Arten wie Räuber und Beute, Blütenpflanze und Bestäuber, Parasit und Wirt oder zwischen Symbionten.

Ein klassisches Beispiel für die Koevolution zwischen Blütenpflanzen und Bestäubern ist die auf Madagaskar heimische Orchidee *Angraecum sesquipedale,* die einen 25 bis 30 Zentimeter langen Nektarsporn besitzt. Bereits 1862 vermutete Charles DARWIN, dass es auf Madagaskar ein Insekt mit einem gleich langen Rüssel geben müsse. Im Jahr 1903 wurde dieses Insekt, eine Schmetterlingsart, entdeckt. Der Name *Xanthopan morgani praedicta* (lat. *praedicere* = voraussagen) erinnert an die Vorhersage. Durch Koevolution ist eine Pflanzenart mit einem exklusiven Bestäuber entstanden, während sich gleichzeitig eine Schmetterlingsart mit einer konkurrenzlosen Nahrungsquelle entwickelt hat.

Insgesamt führt Koevolution häufig zu Spezialisierungen, wenn in der jeweilig herrschenden Umweltsituation Lebewesen mit speziellen Merkmalen begünstigt werden. Ändern sich jedoch die Umweltbedingungen erheblich und stirbt ein Partner aus, hat dies oft auch das Aussterben der anderen Art zur Folge. Dies ist besonders dann der Fall, wenn die Spezialisierungen extrem sind. Im obigen Beispiel würde der Pflanze der Bestäuber und dem Schmetterling die Nahrung fehlen.

09 *Xanthopan morgani praedicta*

10 *Xanthopan morgani praedicta* an Orchidee *Angraecum sesquipedale*

2) Erläutern Sie am Beispiel des Seeteufels und seiner Beute das Prinzip der Koevolution!

MATERIAL

Material A ▸ Schwarz-weiß-Streifung bei Zebras

Zur Erklärung, weshalb Zebras eine so auffällige schwarz-weiße Fellzeichnung besitzen, hat man folgende vier Hypothesen aufgestellt:

1. Zebras, die im Gras der Savanne stehen, verschwinden in der flimmernden Luft als konturenlose „Zebramasse". So entsteht ein relativer Schutz.
2. Die nachtaktive *Tsetsefliege* kann das Streifenmuster bei niedriger Lichtintensität nicht auflösen, sodass Zebras vor der Naganaseuche geschützt sind, die durch diese Stechfliegen übertragen wird.
3. Die Streifung dient der Regulation der Körpertemperatur. Indem sich die schwarzen Streifen in der Sonne aufheizen, während die weißen Streifen kühler bleiben, entsteht ein Temperaturunterschied, der mehr als 15 Grad betragen kann. Dieser verursacht eine kühlende Luftzirkulation.
4. Das markante Streifenmuster ist Artkennzeichen der drei verschiedenen Arten *Steppenzebra*, *Bergzebra* und *Grevyzebra*. Außerdem dient die Form und Linienführung des Dreiecks am Oberarm der Zebras zur Wiedererkennung von Sippenmitgliedern einer Art.

A1 Erläutern Sie die sachlichen Hintergründe, die zu den vier Hypothesen geführt haben, und formulieren Sie jeweils die zugehörige Fragestellung!

A2 Entwickeln Sie konkrete Vorschläge zur Überprüfung der vier verschiedenen Hypothesen!

A3 Beurteilen Sie, welche der vier Hypothesen Ihrer Meinung nach die Streifung der Zebras am besten erklärt!

Material B ▸ Bestäubung beim Aronstab

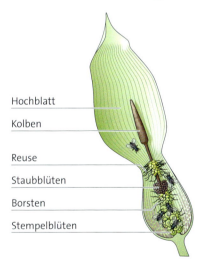
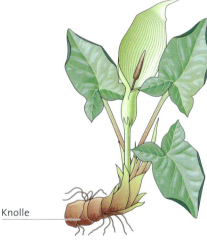

Der Aronstab ist eine krautige Pflanze feuchter Laubwälder. Im Mai treibt zwischen pfeilförmigen Blättern ein oben segelförmiges, spiegelglattes und unten bauchiges Hochblatt aus. Es umschließt die fruchtbaren Teile der Blüte mit oben stehenden, später reifenden Staubblüten und unten stehenden, früher reifenden Stempelblüten. Vor dem hellgrünen Hochblatt hebt sich ein brauner, verdickter Kolben ab, der eine erhöhte Temperatur besitzt und Aasgeruch verbreitet. Durch einen Reusenapparat oberhalb der Stempelblüten werden im bauchigen Teil des Hochblatts häufig kleine Aasfliegen gefangen, die mit Pollen eingestäubt sind und mit Zuckersaft gefüttert werden. Einige Tage später sind die Reusen geöffnet, die Aasfliegen sind verschwunden und das Hochblatt ist eingeknickt. Stattdessen gibt es an anderen Stellen im Wald Aronstabpflanzen mit jungen Blüten.

Im Herbst ist aus der Blüte ein Fruchtstand mit leuchtend roten Beeren entstanden.

B1 Beschreiben Sie anhand des Textes die Bestäubung beim Aronstab. Gehen Sie in diesem Zusammenhang auf die Vielzahl der Angepasstheiten ein, die die Fremdbestäubung gewährleisten!

B2 Erläutern Sie, ob und inwieweit es möglich ist, bei diesem Beispiel von Koevolution zu sprechen!

B3 Erläutern Sie den Nutzen, den der Aronstab beziehungsweise die Aasfliegen von dieser Beziehung haben, und beurteilen Sie, ob einer der beiden Partner mehr von dieser Beziehung profitiert!

BIOTISCHE UMWELTFAKTOREN
BEZIEHUNGEN ZWISCHEN LEBEWESEN VERSCHIEDENER ARTEN

01 Blattschneiderameisen

Symbiose und Parasitismus

griech. sym/syn = zusammen

griech. bios = Leben

obligat = verpflichtend

griech. endo = in, innerhalb

> *Unermüdlich tragen Abertausende von Blattschneiderameisen klein geschnittene Laubblätter in ihr Nest. Dabei transportiert ein Volk etwa 35 Tonnen Blattmaterial pro Jahr. In manchen Regenwaldgebieten „verschwinden" so bis zu 15 Prozent der Blattmasse. Welche Bedeutung hat dieses auffällige Verhalten der Ameisen?*

ZUSAMMENLEBEN VON LEBEWESEN · Blattschneiderameisen kommen in den tropischen und subtropischen Gebieten Amerikas vor. Alle 40 bekannten Arten besitzen eine gemeinsame Eigenschaft: Sie schneiden Blätter ab, die sie ins Nest tragen, dort zerkauen und für die Zucht eines Pilzes verwenden. Der Pilz wird über eine festgelegte Folge von Arbeitsgängen angebaut, die von bis zu 29 verschiedenen Gruppen von Arbeiterinnen, den Kasten, ausgeführt werden. Die dazu angelegten Pilzgärten werden belüftet, gepflegt, gedüngt und gesäubert. Da die Ameisen die Enden der Pilzhyphen abbeißen, unterbleibt die Bildung der Fruchtkörper und der Pilz ist alleine nicht mehr lebensfähig. Stattdessen bilden sich proteinreiche, knollenartige Verdickungen, von denen sich die Ameisen ernähren. Ein solches Zusammenleben von Lebewesen zweier Arten, das für beide Partner nützlich oder gar notwendig ist, nennt man **Symbiose.**

OBLIGATE SYMBIOSEN · Da symbiontische Beziehungen in allen Lebensgemeinschaften eine herausragende Bedeutung haben, sind ihre Ausprägungen entsprechend vielfältig.
Sehr eng leben zum Beispiel Wiederkäuer wie Rinder oder Schafe mit Bakterien und Protozoen zusammen. Wiederkäuer ernähren sich von Pflanzen, deren Hauptbestandteil das Polysaccharid Cellulose ist. Sie können, wie alle pflanzenfressenden Tiere, Cellulose jedoch nicht verdauen. Diese Aufgabe übernehmen die Kleinstlebewesen in ihrem Pansen, der Wohnraum und ein günstiges Mikroklima bietet. Allerdings wird der größte Teil der Mikroorganismen nach dem Wiederkäuen als eiweißreiche Nahrung verdaut. Lebt ein Symbiosepartner, wie die Mikroorganismen, im Inneren des anderen, so spricht man von **Endosymbiose.** Dabei wird der größere Partner in der Regel als **Wirt** und der kleinere als **Symbiont** bezeichnet. Das Ausmaß ihrer Tätigkeit wird deutlich, wenn man bedenkt, dass pflanzliche Trockenmasse zu

etwa 50 Prozent aus Cellulose besteht. Die Endosymbionten von Termiten können sogar den chemisch sehr stabilen Holzstoff Lignin abbauen. Sehr eng ist auch die Symbiose zwischen Bakterien der Gattung *Rhizobium* und Schmetterlingsblütlern: Sie leben in den Zellen der Wurzeln von Lupinen, Soja oder Bohnen, die eigens dafür **Wurzelknöllchen** ausbilden. Die Bakterien können Luftstickstoff in Ammonium-Ionen umwandeln, die von den Pflanzen für die Protein- und Nukleinsäuresynthese verwendet werden. Somit sind die Pflanzen von stickstoffhaltigen Mineralstoffen des Bodens unabhängig. Allerdings „bezahlen" sie dafür mit etwa zwölf Prozent ihrer ATP-Synthese.

Eine obligate Symbiose liegt auch bei **Flechten** vor: Hier lebt eine Pilzart mit einer oder mehreren Arten von Grünalgen oder Cyanobakterien zusammen. Während mehrere Algenarten vorhanden sein können, besteht eine Flechte immer nur aus einem Pilz. In der Symbiose profitiert der Pilz von den Fotosyntheseprodukten. Die Algen und Cyanobakterien werden im Gegenzug mit Wasser und Mineralstoffen versorgt und vor zu starker UV-Strahlung geschützt. Beide Partner haben einen Vorteil durch die gemeinsame Vermehrungsstrategie. Erst das enge Zusammenleben führt zu den typischen Wuchsformen der weltweit etwa 25 000 Arten. Flechten können Farbstoffe und Säuren produzieren, die die Einzelorganismen nicht herstellen können. Sie gehören zu den Pionierpflanzen, die auf Steinen leben oder extreme Temperaturen ertragen können.

Eine ähnlich enge Symbiose gibt es zwischen Pilzen und Wurzeln von Pflanzen. In dieser **Mykorrhiza** versorgen die Pflanzen den Pilz mit Assimilaten und Sauerstoff, während der Pilz entscheidend zum Wasser- und Mineralstoffhaushalt der Pflanze beiträgt. Etwa 95 Prozent aller Samen- und Farnpflanzen leben in einer solchen Symbiose. Ohne sie zeigen die betreffenden Pflanzen oft erhebliche Mangelerscheinungen.

1) Vergleichen Sie den Querschnitt einer Flechte mit dem Querschnitt durch ein Buchenblatt! Nehmen Sie dazu Abbildung 04 auf Seite 23 zu Hilfe!

griech. mykes = Pilz

griech. rhiza = Wurzel

02 Wurzelknöllchen bei der Bohne

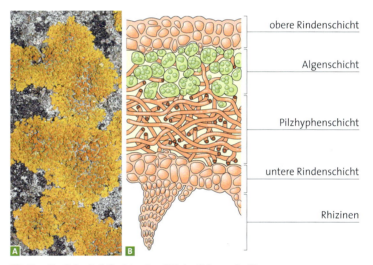

03 Gewöhnliche Gelbflechte: **A** auf Stein, **B** Querschnitt

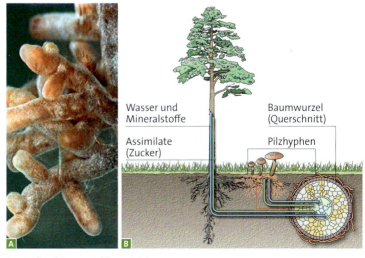

04 Mykorrhiza: **A** Habitus, **B** Schema

BIOTISCHE UMWELTFAKTOREN
BEZIEHUNGEN ZWISCHEN LEBEWESEN VERSCHIEDENER ARTEN

05 Symbiose: **A** Putzerfisch, **B** Madenhacker

fakultativ = freiwillig

griech. ekto = außen, außerhalb

FAKULTATIVE SYMBIOSEN · Es gibt auch Symbiosen, in denen die Partner weniger eng oder nur temporär miteinander kooperieren. Madenhacker zum Beispiel befreien das Fell von Büffeln oder Gnus von Maden. Putzerfische säubern das Maul größerer Fische von Speiseresten. In beiden Fällen profitieren die größeren Tiere von den „Hygienemaßnahmen" und die kleineren finden leicht Nahrung.

Eine ähnliche Beziehung besteht zwischen Einsiedlerkrebs und Seeanemone. Einsiedlerkrebse stecken ihren Hinterleib in leere Schneckengehäuse, auf die sie dann das Blumentier setzen. So wird ein sonst sesshaftes Tier mobil und der Krebs genießt Schutz. Da in diesen Beziehungen beide Partner außerhalb des anderen bleiben, spricht man von **Ektosymbiose**.

Von besonderer Bedeutung ist die Ektosymbiose zwischen Blütenpflanzen und ihren Bestäubern, die in den vergangenen etwa 100 Millionen Jahren durch Koevolution entstanden ist. Dabei haben sich bei den Blüten spezielle Lockmittel wie Form, Farbe oder Duft und aufseiten der Bestäuber spezifische Mundwerkzeuge oder „Sammelkörbchen" entwickelt. Die Fremdbestäubung erhöht bei den Pflanzen die Variabilität der Nachkommen. Die Bestäuber erhalten als Gegenleistung überschüssigen Pollen oder Nektar als Nahrung.

2 Erläutern Sie, welche Eigenschaften der Mykorrhizapilze der Pflanze nützen!

IM BLICKPUNKT EVOLUTION

Die Endosymbiontentheorie

Die Endosymbiontentheorie basiert auf den Beobachtungen, dass Chloroplasten und Mitochondrien besondere Baumerkmale besitzen. Dazu gehören die Struktur der inneren und äußeren Membran, die ringförmige DNA und die Beschaffenheit ihrer Ribosomen im Vergleich zu den Ribosomen des Zellplasmas. Diese Sachverhalte lassen sich am besten dadurch erklären, dass in der Frühzeit der Erdgeschichte große prokaryotische Zellen kleinere bakterienähnliche Zellen durch Phagocytose aufgenommen, aber nicht verdaut haben. Stattdessen nutzten die Zellen die Fähigkeiten der aufgenommenen Prokaryoten, Fotosynthese zu betreiben beziehungsweise Zellatmung durchzuführen. Die Beziehung wurde schließlich so eng, dass Mitochondrien und Chloroplasten allein nicht mehr lebensfähig waren. Als Modell für diese Theorie lassen sich bestimmte Amöben auffassen, die in ihren Zellen endosymbiontisch Grünalgen besitzen, die – wie die Chloroplasten – fotosynthetisch aktiv sind und die Amöben mit den Fotosyntheseprodukten versorgen.

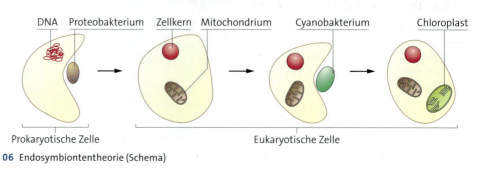

06 Endosymbiontentheorie (Schema)

PARASITISMUS · Wenn eine Art auf Kosten der anderen einseitig Nutzen zieht, nennt man diese Form des Zusammenlebens **Parasitismus** oder Schmarotzertum. Der Nutznießer heißt **Parasit**. Der Wirt erleidet dabei Nachteile, wird aber in der Regel nicht getötet. Auch die parasitische Lebensweise ist außerordentlich vielgestaltig.

Eine einseitige Beziehung liegt bereits vor, wenn Aasfresser der Savanne von Nahrungsresten der Großräuber leben. Dieser **Kommensalismus** ist sozusagen die passive Variante des Verhaltens von Raubmöwen, die Seeschwalben oder anderen Möwen ihre Beute abnehmen. Kuckucke lassen ihre Eier von anderen Singvögeln ausbrüten und die Jungtiere großziehen. Dabei wirft der Jungvogel seine Stiefgeschwister aus dem Nest, die dann sterben.

Auch bei Pflanzen gibt es Parasiten. Misteln zum Beispiel leben auf verschiedenen Baumarten. Sie treiben Saugorgane, sogenannte Haustorien, in deren Holz und entziehen ihnen Wasser und Nährstoffe. Da sie aber grüne Blätter besitzen, sind sie zur Fotosynthese befähigt und somit **Halbparasiten**. Ähnliches gilt für Wachtelweizen und Augentrost, die auf Wurzeln anderer Pflanzen schmarotzen. Nesselseide hingegen ist ein **Vollparasit,** weil ihre wurzel- und blattlosen Stängel sich um Brennnesseln und andere krautige Pflanzen winden und ihnen Nährstoffe, Wasser und Mineralstoffe entziehen.

Tiere wie Bettwanzen, Flöhe oder Bremsen, die ihre Wirte nur zur Nahrungsaufnahme aufsuchen, nennt man **temporäre Parasiten**. Kopfläuse oder Bandwürmer jedoch, die ständig in oder auf ihrem Wirt leben, sind **permanente Parasiten**. Kopfläuse sind flügellos, der Körper ist abgeplattet und die Extremitäten haben sich zu Klammerorganen entwickelt. Da sie außerhalb des Wirtskörpers leben, gehören sie zu den **Ektoparasiten**.

Noch spezieller sind die Angepasstheiten beim Rinder- oder Schweinebandwurm, die im Darm von Menschen leben und deshalb zu den **Endoparasiten** gehören. Beide Arten besitzen einen „Kopf" mit Hakenkranz, der der Befestigung im Darm dient, und viele Einzelglieder, die praktisch nur die Geschlechtsorgane sowie unzählig viele Eier enthalten. Bandwürmer sind resistent

altgriech. para = neben

altgriech. siteo = mästen, sich ernähren

07 Nesselseide

lat. mensa = Tisch

08 Kuckuck wird von Teichrohrsänger gefüttert

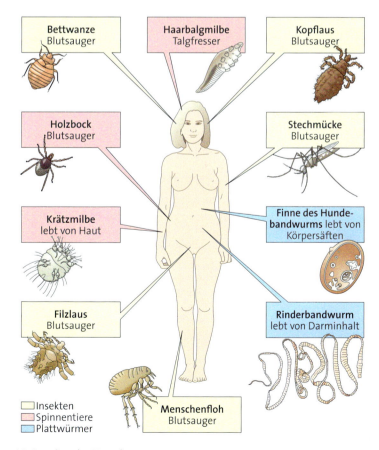

09 Parasiten des Menschen

BIOTISCHE UMWELTFAKTOREN
BEZIEHUNGEN ZWISCHEN LEBEWESEN VERSCHIEDENER ARTEN

gegen Verdauungssäfte und können Nährstoffe aus dem Darm resorbieren. Die befruchteten Eier gelangen mit dem Kot ins Freie und können unter bestimmten Bedingungen von Rindern oder Schweinen aufgenommen werden. Dort entwickeln sie sich zu Larven und setzen sich als sogenannte Finnen in den Muskeln fest. Die Finnen gelangen mit rohem Fleisch wieder in den menschlichen Darm. Bei diesem **Wirtswechsel** ist der Mensch **Endwirt**, weil in seinem Körper die sexuelle Fortpflanzung stattfindet. Rind oder Schwein sind **Zwischenwirte**. Beide Arten weisen eine enge Bindung an ihre Wirtstiere auf, was **Wirtsspezifität** genannt wird. Rinder- und Schweinebandwurm wurden im letzten Jahrhundert durch Hygienemaßnahmen und Fleischuntersuchungen nahezu völlig ausgerottet.

Beim Fuchsbandwurm ist der Fuchs Endwirt und Mäuse oder Ratten sind Zwischenwirte. Allerdings kann der Mensch Fehl-Zwischenwirt sein. Da die Finnen in Leber, Lunge und Gehirn knospen und so umliegendes Gewebe verdrängen können, kann die Infektion tödlich sein.

Die Tropenkrankheit **Malaria** hat sich infolge der Erderwärmung weiter verbreitet. Jährlich werden rund 250 Millionen Menschen infiziert, von denen etwa eine Million sterben. Die Symptome einer Malariaerkrankung ähneln anfangs denen einer Grippe. Bei zwei Formen der Malaria sind periodische Fieberschübe typisch. Später treten Blutarmut sowie Herz-, Nieren-, Lungen-, Magen- und Darmschädigungen auf. Malariaerreger können fünf verschiedene *Plasmodium*-Arten sein. Dies sind Einzeller, die einen Wirtswechsel durchlaufen, bei dem Menschen Zwischenwirte und Stechmücken der Gattung *Anopheles* Endwirte sind. Mit dem Stich einer infizierten Mücke gelangen die Einzeller in die Blutbahn von Menschen. Die Erreger setzen sich in der Leber fest und vermehren sich. Dabei entstehen andere Entwicklungsstadien, die erneut ins Blut gelangen und sich nun in roten Blutzellen vermehren. Drei oder vier Tage später platzen die Erythrozyten nahezu gleichzeitig und weitere rote Blutzellen werden infiziert. Dieser Zyklus wird mehrfach durchlaufen und schließlich entwickeln sich einige Einzeller zu Vorstufen von Geschlechtszellen, den Gametozyten. Diese verwandeln sich nach einem erneuten Mückenstich im Darm der Mücke zu Geschlechtszellen. Im Anschluss an die Befruchtung entstehen aus einer Zygote durch mehrfache Zellteilungen viele neue Erreger, die in die Speicheldrüse einwandern und bei einem weiteren Stich eine Neuinfektion bewirken können.

Eine sogenannte **parasitoide** Lebensweise kommt bei Grab- und Schlupfwespen vor. Sie legen ihre Eier bevorzugt an oder in Larven von Schmetterlingen ab. Die Eier entwickeln sich in den Raupen, wobei zunächst lebenswichtige Organe geschont werden. Spätestens bei der eigenen Verpuppung werden die Raupen jedoch getötet.

10 Entwicklungszyklus und Wirtswechsel bei *Plasmodium vivax*

11 Fieberkurve bei *Malaria tertiana*, hervorgerufen durch *Plasmodium vivax*

3 Beschreiben Sie den Entwicklungszyklus von *Plasmodium vivax* und erläutern Sie den Verlauf einer Malariaerkrankung!

MATERIAL

Material A ▸ Steinkorallen brauchen Zooxanthellen

Korallenriff

Korallenpolyp (Beschriftungen: Fangarme, Mundöffnung, Außenhaut, Innenhaut, Kalkskelett)

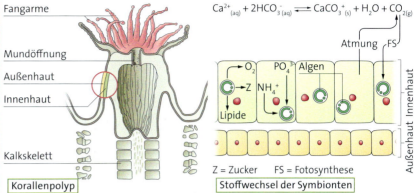

$Ca^{2+}_{(aq)} + 2HCO_3^-{}_{(aq)} \rightleftharpoons CaCO_3^+{}_{(s)} + H_2O + CO_{2(g)}$

Z = Zucker   FS = Fotosynthese
Stoffwechsel der Symbionten

Die meisten Korallen benötigen Wassertemperaturen über 20 Grad Celsius. Sie ernähren sich von Plankton, das sie mithilfe der Nesselzellen ihrer Fangarme fangen. Sie brauchen aber auch Sonnenlicht, da in ihren Zellen endosymbiontisch Algen leben. Diese Zooxanthellen liefern den Korallenpolypen zusätzliche Nahrung und begünstigen die Kalkabscheidung.

Sie fördern also wesentlich das Wachsen der Riffe. Höhere Wassertemperaturen und andere Umwelteinflüsse können die Zooxanthellen schädigen. Sie stellen dann die Fotosynthese ein und werden daraufhin von den Korallenpolypen ausgestoßen, die absterben, sodass nur noch das weiße Kalkskelett als sogenannte *Korallenbleiche* übrig bleibt.

A1 Erklären Sie das Wechselspiel zwischen Polyp und Symbiont und erläutern Sie, wie die Zooxanthellen die Kalkbildung fördern!

A2 Erklären Sie die Bedeutung der Korallen für das Ökosystem Riff!

A3 Diskutieren Sie die Folgen der Korallenbleiche für den Lebensraum Riff!

Material B ▸ *Euhaplorchis californiensis* manipuliert das Verhalten von Killifischen

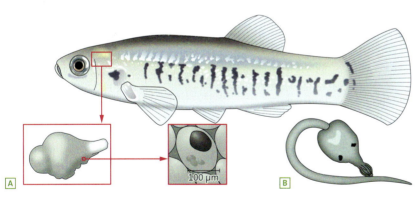

In ihnen entwickeln sich die Parasitenlarven, die die Schnecken verlassen, sich an den Kiemen der Killifische festsetzen und in ihr Gehirn vordringen. Bei Freilanduntersuchungen stellte man fest, dass Wasservögel bis zu 30-mal häufiger infizierte Fische erbeuten als nicht infizierte.

Die in südkalifornischen Salzmarschen lebenden Killifische **(A)** sind sehr scheu. Manche jedoch machen durch heftige Schwimmbewegungen, bei denen ihr silbriger Bauch blinkt, scheinbar auf sich aufmerksam. Bei Untersuchungen fand man im Gehirn solcher Fische Larven des Saugwurms *Euhaplorchis californiensis* **(B)**. Gleichzeitig war der Gehalt an Dopamin und Serotonin stark erhöht. Beides sind Botenstoffe, die an der Steuerung von Bewegungsabläufen sowie der Auslösung von Stressreaktionen beteiligt sind. Killifische werden von Wasservögeln erbeutet, in denen die Saugwürmer geschlechtsreif werden, sich paaren und Eier produzieren. Die mit dem Vogelkot ausgeschiedenen Eier werden von Hornschnecken gefressen.

B1 Entwerfen Sie ein Schema des Entwicklungszyklus von *E. californiensis* und vergleichen sie seine Entwicklung mit der von *Plasmodium vivax*!

B2 Stellen Sie Zusammenhänge her zwischen dem Parasitenbefall und der Verhaltensänderung der Killifische!

B3 Erläutern Sie Vor- und Nachteile eines Wirtswechsels im Lebenslauf eines Endoparasiten!

Training A ▸ Lärchenwickler im Oberengadin

A1 Individual- und Populationsentwicklung

Geschädigte Lärchen | Lärchenwickler | Larve des Lärchenwicklers
Populationsentwicklung des Lärchenwicklers

Der im Schweizer Oberengadin heimische Lärchenwickler ist ein Schmetterling, der in 1200 bis 2100 Meter über Meereshöhe lebt. Aus den im Vorjahr gelegten Eiern schlüpfen im späten Frühjahr Larven, die sich von jungen Lärchentrieben ernähren. Sie umgarnen die Nadelbündel und fressen diese von innen auf. Am Ende des fünften Stadiums seilen sich die Raupen vom Baum ab und verpuppen sich in der Streu. Nach vier Wochen schlüpfen die Falter und legen in den folgenden drei Wochen etwa 150 Eier in die Lärchenborke.

Wenn Lärchenwickler massenhaft auftreten, fressen sie die Lärchen der Region regelrecht kahl. Die Bäume überstehen diesen Kahlfraß, weil sie ab Juli neue härtere und kürzere Nadeln mit hohem Gerbstoffgehalt bilden, der vor Insektenfraß schützt. Erst mehrere Jahre später sinkt der Gerbstoffanteil und die Nadeln werden wieder länger.

Anhand der Jahresringe von altem Lärchenholz wies man nach, dass der Lärchenwickler bereits seit mindestens 1000 Jahren in regelmäßigen Zyklen im Oberengadin auftritt.

Seit den 1980er Jahren verlaufen die Massenvermehrungen nur noch in höheren Lagen extrem. In Regionen unterhalb 1600 Meter treten sie nur noch abgeschwächt auf.

a Beschreiben Sie die Individualentwicklung des Lärchenwicklers und geben Sie seine besonderen Angepasstheiten an!

b Erklären Sie mithilfe der angegebenen Informationen die Populationsentwicklung des Lärchenwicklers im Oberengadin und nennen Sie mögliche Gründe für das langfristig stabile Gleichgewicht zwischen Baum und Insekt!

c Erläutern Sie, weshalb Jahresringanalysen geeignet sind, das zyklische Vorkommen des Lärchenwicklers nachzuweisen!

d Erläutern Sie mögliche Ursachen, weshalb die Massenvermehrungen des Lärchenwicklers seit etwa 1980 weniger extrem sind!

A2 Experimente zur Abhängigkeit der Entwicklung des Lärchenwicklers

	Standort der Lärchen	
	A	B
Anzahl der Puppen	361	95
Masse der Puppen/mg	15	24
Anzahl der Falter	217	81

Abhängigkeit vom Standort: **A** = Standort mit Kahlfraß, **B** = Standort ohne Kahlfraß

Pro Zuchtgefäß:	Puppen	Falter
5 Raupen	65	64
10 Raupen	52	50
25 Raupen	42	35
50 Raupen	33	24

Abhängigkeit von der Individuendichte

Im Jahr 1972 wurden die Puppen aus der Waldbodenstreu verschiedener Standorte eingesammelt, ihre Anzahl und ihr durchschnittliches Gewicht bestimmt. Außerdem wurde ermittelt, wie viele Falter aus den eingesammelten Puppen schlüpften. In einer weiteren Versuchsreihe wurden 100 Lärchenwicklerraupen des fünften Stadiums auf gleich große Zuchtgefäße verteilt, in denen jeweils genügend Nahrung vorhanden war. Die Gefäße wurden mit unterschiedlich vielen Raupen besetzt. Dann wurde ausgezählt, wie viele Puppen und wie viele Falter sich aus diesen 100 Raupen entwickelten.

a Formulieren Sie mögliche Fragestellungen, die mit den Experimenten beantwortet werden sollten!

b Werten Sie die Experimente zusammenfassend aus!

c Ziehen Sie aus den Ergebnissen Schlüsse auf die Populationsentwicklung des Lärchenwicklers und setzen Sie diese in Beziehung zu allgemeinen Prinzipien der Populationsentwicklung!

A3 Parasitierung des Lärchenwicklers durch Schlupfwespen

	Raupen insgesamt	davon befallen
1954	6304	520
1955	1457	590
1956	290	120

Befall durch Schlupfwespen

	Juni	Juli	Aug.	Sept.
	R1 R2	R3 R4	R5	Puppe
P1				
P2				
P3				
P4				

Zeitliches Muster des Schlupfwespenbefalls:
— Eiablage, — Raupenentwicklung

Lärchenwickler können von mehreren Schlupfwespenarten befallen werden, die ihre Eier in die Raupen und Puppen der Schmetterlinge legen.

Die Tabelle zeigt den Anteil der befallenen Raupen in den Jahren 1954 bis 1956. Das Diagramm gibt die Zeiten der Eiablage und der Entwicklung von vier Schlupfwespenarten (P1 bis P4) in den fünf Raupenstadien (R1 bis R5) und den Puppen des Lärchenwicklers wieder.

a Untersuchen Sie anhand der Tabelle, ob die Beziehung zwischen Lärchenwickler und Schlupfwespen den Regeln von LOTKA und VOLTERRA folgt!

b Erklären Sie mithilfe des Diagramms, weshalb es mehrere Schlupfwespenarten gibt, die den Lärchenwickler parasitieren können!

c Beurteilen Sie anhand aller Materialien die Bedeutung des Lärchenwicklers als Schädling der Lärchenwälder im Oberengadin!

GRUNDWISSEN ▸ BIOTISCHE UMWELTFAKTOREN

Wachstum von Populationen

Population: Gruppe von Lebewesen, die in einem bestimmten Areal eine Fortpflanzungsgemeinschaft bildet.

Populationsgröße: Gesamtanzahl aller Individuen einer Population.

Populationsdichte: Anzahl der Individuen einer Population pro Flächeneinheit.

Geburtenrate und Sterberate: Anteil der Lebendgeburten beziehungsweise Sterbefälle in einer Population in Bezug auf eine bestimmte Individuenzahl pro Zeiteinheit.

Zuwachsrate: Differenz zwischen Geburten- und Sterberate. Sie ist im Fall eines Geburtenüberschusses positiv.

Exponentielles Wachstum: Wachstum einer Population mit einer konstanten Zuwachsrate in jeweils gleichen Zeitabständen.

Umweltkapazität (K): maximale Anzahl von Individuen einer Art, die in einem bestimmten Gebiet vorkommt. Sie hängt von abiotischen und biotischen Faktoren ab.

Logistisches Wachstum: Durch die Umweltkapazität begrenztes exponentielles Wachstum. Dabei nimmt die Zuwachsrate mit steigender Populationsgröße ab.

Fortpflanzungsstrategie: Eigenschaft einer Art, den zur Verfügung stehenden Lebensraum auf eine bestimmte Weise zu besiedeln.

r-Strategen und K-Strategen: r-Strategen produzieren in kurzer Zeit viele Nachkommen, in deren Aufzucht sie nur wenig investieren. K-Strategen besiedeln den Lebensraum nahe dessen Umweltkapazität. Sie besitzen nur wenige Nachkommen, in deren Aufzucht sie viel investieren. Zwischen beiden Strategien gibt es Übergänge.

Intra- und interspezifische Beziehungen

Intraspezifische Beziehungen: Beziehungen zwischen Individuen einer Art.

Interspezifische Beziehungen: Beziehungen zwischen Individuen verschiedener Arten.

Tierverband: Gruppe von Individuen einer Art, die miteinander kooperieren. In individualisierten Formen wie Familien oder Sippen kennen sich die Mitglieder untereinander. In anonymen Verbänden, die für andere Tiere offen oder geschlossen sein können, ist dies nicht der Fall.

Dauerehe und Saisonehe: Beziehung zwischen den Geschlechtspartnern, die ein Leben lang andauern oder nur auf eine Fortpflanzungsperiode begrenzt ist.

Dichteabhängige und dichteunabhängige Umweltfaktoren: Faktoren, die die Populationsgröße regulieren. Je nachdem, ob diese Faktoren von der Populationsdichte abhängig sind, unterscheidet man zwischen dichteabhängigen oder dichteunabhängigen Faktoren.

Ressourcen: Umweltgegebenheiten, die Lebewesen zum Leben benötigen. Dazu gehören Raum, Nahrung oder Nistplatz.

Territorialität und Revier: Verhalten von Tieren, das zu einer Aufteilung des Lebensraumes in Reviere führt und damit Konkurrenz vermeidet. Reviere verhindern dauernde Auseinandersetzungen um knappe Ressourcen und sichern ihren Inhabern exklusive Nutzungsmöglichkeiten.

Interspezifische Konkurrenz: Beanspruchung der gleichen Ressourcen durch Individuen verschiedener Arten.

Konkurrenzausschluss: Individuen verschiedener Arten können in einem Lebensraum nicht nebeneinander existieren, wenn sie alle Ressourchen identisch nutzen.

Konkurrenzvermeidung: Unterschiedliche Ressourcennutzung durch zwei Arten, die dazu führt, dass diese Arten nebeneinander in einem Lebensraum existieren können.

Ökologische Potenz: Durch Konkurrenz eingeschränkte physiologische Potenz verschiedener Arten.

Die ökologische Nische

Ökologische Nische: Gesamtheit aller Beziehungen einer Art zu ihrer Umwelt.

Fundamentalnische: Ausbreitung einer Art unter optimalen Bedingungen in den Grenzen ihrer physiologischen Möglichkeiten. Sie hängt nur von abiotischen Faktoren ab.
Realisierte Nische: Nutzung nur eines Teils des Umweltangebots durch eine Art infolge von Konkurrenz, Fressfeinden oder Parasitenbefall.
Ökologische Planstellen: Alle möglichen Kombinationen von abiotischen und biotischen Faktoren, die ein Ökosystem bietet.
Stellenäquivalenz: Nicht verwandte Arten bilden in geografisch getrennten Gebieten die gleiche ökologische Nische.
Lebensformtypen: Nicht verwandte Arten weisen bei ähnlichen Lebensraummerkmalen ähnliche Eigenschaften auf.
Kontrastbetonung: Spezialisierung von nah verwandten Arten in gleichen Gebieten. Dadurch kommt es zur Ausbildung verschiedener ökologischer Nischen.

Räuber-Beute-Beziehungen

Räuber-Beute-Beziehung: Beziehung zwischen Populationen verschiedener Arten, bei denen die Beutepopulation als Nahrung für die Räuberpopulation dient.
Lotka-Volterra-Regeln: Drei Regeln zur quantitativen Beschreibung von Räuber-Beute-Beziehungen. Sie gelten als Modell für idealisierte „Ein-Räuber-Eine-Beute-Systeme" und sind für jeden realen Fall zu überprüfen.
Negative Rückkopplung: Verfahren in der Regelkreistechnik, das Größen konstant hält. Umschreiben lässt es sich mit: je mehr... desto weniger... beziehungsweise je weniger... desto mehr...

Tarnung, Warnung, Mimese, Mimikry

Tarntracht und Warntracht: Sichtbares Erscheinungsbild von Lebewesen, das der Tarnung beziehungsweise der Warnung dient.
Mimese: Tiere ähneln nicht nur in Gestalt und Färbung, sondern auch in ihrer Haltung ihrer Umgebung.
Mimikry: Form der Ähnlichkeit zweier Arten, die es einer dritten Art unmöglich macht, die beiden Arten zu unterscheiden.
BATES'sche Mimikry: Ungefährliche Tiere sehen gefährlich oder giftig aus.
PECKHAM'sche Mimikry: Täuschung der Beute durch einen Räuber.
Koevolution: Evolutionärer Prozess des wechselseitigen Angepasstwerdens zweier interagierender Arten.

Symbiose und Parasitismus

Symbiose: Räumlich nahes Zusammenleben von Lebewesen zweier Arten zu gegenseitigem Nutzen.
Obligate Symbiose: Ein Partner ist für den anderen lebensnotwendig.
Fakultative Symbiose: Beide Partner sind nicht unbedingt aufeinander angewiesen.
Endosymbiose: Ein kleinerer Symbiosepartner, der Symbiont, lebt in dem größeren Symbiosepartner, dem Wirt.
Ektosymbiose: Beide Partner leben außerhalb des anderen.
Parasitismus: Zusammenleben zweier Arten, bei dem die eine auf Kosten der anderen einseitig Nutzen zieht. Der Nutznießer heißt Parasit, der Geschädigte heißt Wirt.
Temporäre und permanente Parasiten: Gelegentlich oder dauernd parasitisch lebende Organismen.
Kommensalismus: Eine Art überlässt einer anderen Nahrung oder Lebensraum.
Wirtsspezifität: Spezifische Angepasstheiten eines Parasiten an seinen Wirt.
Endwirt und Zwischenwirt: Verschiedene Arten von Wirten, die die geschlechtliche beziehungsweise die ungeschlechtliche Generation eines Parasiten beherbergen.
Parasitoide: Tiere, die während ihrer Entwicklung parasitisch leben und den Wirt schließlich töten.

Aufbau und Merkmale von Ökosystemen

1 Stoffwechselphysiologische Grundlagen **82**

2 Trophieebenen **92**

3 Stoffkreisläufe **100**

4 Dynamik und Stabilität von Ökosystemen **104**

In diesem Kapitel beschäftigen Sie sich mit

- dem Prozess der Fotosynthese und seiner Bedeutung für den Stoffwechsel;

- dem funktionalen Aufbau von Ökosystemen sowie den Nahrungsbeziehungen und Biomassestufen verschiedener Organismengruppen;

- der Art und Weise, wie Energie in Lebewesen und im Ökosystem umgewandelt, für die eigenen Lebensprozesse nutzbar gemacht und dabei schließlich entwertet wird;

- dem Kreislauf bestimmter Atome wie Kohlenstoff, Sauerstoff oder Stickstoff durch die Organismen im Ökosystem;

- den Formen und Ursachen kurzfristiger Dynamik und langfristiger Veränderung sowie den unterschiedlichen Vorstellungen von Stabilität in Ökosystemen.

Eine Fliege wird in einem Blatt der Venusfliegenfalle festgehalten. Venusfliegenfallen und andere fleischfressenden Pflanzen decken mit der tierischen Nahrung einen Teil ihres Stickstoffbedarfs.

AUFBAU UND MERKMALE VON ÖKOSYSTEMEN
STOFFWECHSELPHYSIOLOGISCHE GRUNDLAGEN

01 Krone einer Rotbuche im Gegenlicht

Fotosynthese

Sonnenlicht fällt auf das grüne Blätterdach einer Rotbuche und nur ein geringer Teil kommt auf dem Boden an. Einen Teil des Lichtes benutzen Pflanzen zur Produktion von körpereigenen Stoffen und zum Wachsen. Was geschieht aber in einer Pflanze bei diesem als Fotosynthese bezeichneten Prozess genau?

Spektralfarben: siehe Seite 22

LICHT UND ABSORPTION · Licht, das auf einen Gegenstand trifft, wird entweder hindurchgelassen, reflektiert oder aufgenommen. Welcher dieser Vorgänge eintritt, hängt von der Wellenlänge des Lichts und von der Struktur des Gegenstandes ab, auf den das Licht fällt. Die Lichtaufnahme bezeichnet man als **Absorption**. Anhand eines einfachen Modells lässt sich beschreiben, was dabei passiert: Die Elektronen in der Hülle von Atomen haben in der Regel einen bestimmten Energieinhalt, den man **Grundzustand** nennt. Durch Energieaufnahme können sie in einen sogenannten angeregten Zustand „springen". Da der Abstand zwischen Grundzustand und **angeregtem Zustand** je nach Atom- oder Molekülart eine ganz bestimmte Größe hat, ist auch zum „Anheben" eines Elektrons ein ganz bestimmter Energiebetrag erforderlich. Diese Energiemenge kann von Licht bestimmter Wellenlänge stammen. Fällt also weißes Licht auf solche Moleküle, wird aus dem Spektrum genau eine Wellenlänge absorbiert. Die Mischung der nicht absorbierten Farben wird reflektiert und lässt die Stoffe farbig aussehen. Licht trifft also nicht auf grüne Blätter. Vielmehr lässt es Blätter grün erscheinen, weil sie Stoffe enthalten, deren Moleküle bestimmte Wellenlängen aus dem weißen Licht absorbieren.

Das angeregte Elektron fällt meistens wieder zurück in den Grundzustand und gibt dabei die aufgenommene Energie in Form von Wärme oder Licht ab. Im Fall von Chlorophyll jedoch können Elektronen auf andere Verbindungen übertragen werden. Diese Elektronenübertragung setzt eine Kette von Folgereaktionen in Gang, bei denen organische Stoffe produziert werden. Alle diese Prozesse, die mit der Lichtabsorption beginnen, sind Bestandteile der **Fotosynthese**.

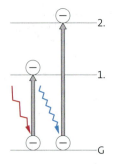

02 Elektronen „springen" aus dem Grundzustand in angeregte Zustände

1) Erklären Sie mithilfe des Modells, weshalb Laubblätter grün, Tomaten rot oder Bananen gelb gefärbt sind!

WIRKUNGSSPEKTREN · Um herauszufinden, bei welchen Wellenlängen des Lichtes Fotosynthese besonders gut abläuft, führte Theodor Wilhelm ENGELMANN bereits in den 1980-er Jahren einen klassischen Versuch durch: Er bestrahlte einen Algenfaden, *Spirogyra spec.*, mit Licht, das er mit einem Prisma in die Spektralfarben zerlegt hatte. Danach konnte er beobachten, dass sich Bakterien, die Sauerstoff zum Leben benötigen, besonders an den Stellen der Alge aufhielten, auf die blaues und rotes Licht fiel. Auch wenn man zum Beispiel Blau-, Gelb-, Grün- oder Rotfilter in den Lichtstrahl einer starken Lampe hält und damit Wasserpestsprosse belichtet, kann man anhand der jeweils entstehenden Gasbläschen auf die Sauerstoffproduktion bei der Fotosynthese schließen. Wertet man diese Versuche grafisch aus, erhält man das **Wirkungsspektrum** der Fotosynthese. Daraus geht hervor, dass blaues und rotes Licht für die Fotosynthese besonders wirksam sind.

ABSORPTIONSSPEKTREN · Die Licht absorbierenden Stoffe in den Laubblättern nennt man **Blattpigmente**. Fotosynthetisch aktiv sind vor allem Chlorophyll a und b sowie Carotinoide und Xanthophyll. Man kann sie aus den Blättern extrahieren und durch chromatografische Verfahren isolieren.

Bestrahlt man nun die Lösung eines Blattpigments mit Licht einer bestimmten Wellenlänge, so kann man messen, wie viel des eingestrahlten Lichts (I_0) durch die Probe hindurchgeht (I) und wie viel absorbiert wird. Der Logarithmus des Quotienten aus I_0 und I ergibt einen Wert, den man als **Extinktion** (E) bezeichnet. Sie ist ein Maß für die Absorption. Eine Apparatur, mit deren Hilfe man diese Messung mit sich ändernden Wellenlängen durchführen und gleichzeitig die jeweilige Extinktion grafisch darstellen kann, heißt **Spektralfotometer**. Das Ergebnis einer solchen Messung ist das sogenannte **Absorptionsspektrum** des jeweiligen Pigments. Aus ihm kann man ablesen, bei welchen Wellenlängen das Pigment besonders gut absorbiert. Die Absorptionsspektren der beiden Chlorophylle zeigen, dass dies vor allem im roten und im blauen Spektralbereich der Fall ist.

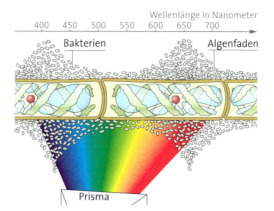

03 ENGELMANNscher Versuch

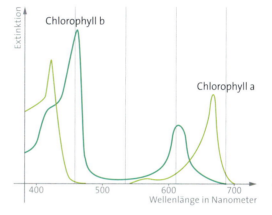

04 Absorptionsspektren von Chlorophyll a und b

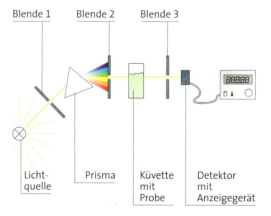

05 Spektralfotometer: Strahlengang

Aus diesen Beobachtungen geht also hervor, dass Fotosynthese vor allem bei denjenigen Wellenlängen stattfindet, bei denen die Blattpigmente Chlorophyll a und b Licht absorbieren. Das Wirkungsspektrum der Fotosynthese stimmt demnach mit dem Absorptionsspektrum von Chlorophyll überein.

$$E = \lg \frac{I_0}{I}$$

2 Erläutern Sie, worauf man beim Kauf einer Gewächshausbeleuchtung achten sollte!

IM BLICKPUNKT CHEMIE

Chromatografie

Die Chromatografie ist eine der wichtigsten Methoden zur Trennung von Stoffgemischen. Sie wurde Anfang des 20. Jahrhunderts von dem russischen Botaniker Michael TSWETT entdeckt, der damit zum ersten Mal Blattfarbstoffe trennte. Heute versteht man darunter eine ganze Reihe von Verfahren, die nach dem gleichen Prinzip arbeiten. In der Biologie ist der Fortschritt der physiologischen Forschung eng mit der Anwendung und Weiterentwicklung der Chromatografie verbunden.

Wird ein Stoffgemisch durch eine feinporige oder poröse Trägerschicht bewegt, können die Komponenten getrennt werden. Dabei wird eine Flüssigkeit oder ein Gas, die sogenannte **mobile Phase,** an einem Feststoff, der sogenannten **stationären Phase,** vorbeitransportiert. Eine chromatografische Trennung des Stoffgemisches ist immer dann erfolgreich, wenn die verschiedenen Bestandteile des Gemisches

- unterschiedlich fest an die stationäre Phase binden und/oder
- sich unterschiedlich gut in der mobilen Phase lösen.

Ein Stoff wird also umso weiter transportiert, je besser er sich in der mobilen Phase löst und je weniger gut er an der stationären Phase adsorbiert. Dieses Wechselspiel von **Löslichkeit** und **Adsorption** sorgt somit dafür, dass die Stoffe aus dem Gemisch unterschiedlich weit „wandern". Der Trennvorgang lässt sich bei Farbstoffgemischen direkt beobachten. Farblose Stoffe können – nach der chromatografischen Trennung – mit speziellen Farbreagenzien oder mithilfe von UV-Licht sichtbar gemacht werden.

Nach der eingesetzten mobilen Phase unterscheidet man Gas- und Flüssigkeitschromatografie. Die Flüssigkeit wird auch **Laufmittel** oder Fließmittel genannt. Je nach verwendeter stationärer Phase gibt es Papier-, Dünnschicht-, Säulen- und Gelchromatografie. Bei der Dünnschichtchromatografie werden Folien eingesetzt, die mit einer dünnen Trägerschicht, zum Beispiel Kieselgel oder Cellulose, beschichtet sind. Führt man eine Dünnschichtchromatografie, kurz DC, eines Aceton-Extrakts aus grünen Blättern auf Kieselgelplatten durch und verwendet man ein Laufmittel aus 100 Milliliter Petroleumbenzin, 10 Milliliter Isopropanol und einem Tropfen (!) Wasser, so erkennt man nach etwa 40 Minuten neben der Start- und Frontlinie die aufgefächerten Zonen der einzelnen Pigmente. Man erhält ein Chromatogramm.

Zu den Kenngrößen eines Chromatogramms zählt der R_f-**Wert.** Dieser gibt die Laufstrecke eines bestimmten Stoffes im Verhältnis zum Abstand zwischen Start- und Frontlinie wieder. Er ist jedoch von sehr vielen standardisierten Bedingungen abhängig. Da diese nur schwer reproduzierbar sind, lässt man in der Praxis zur Identifizierung bestimmter Substanzen oft den bekannten Stoff mit dem Stoffgemisch mitlaufen. Dann lässt sich der gesuchte Stoff einfach zuordnen.

3 Erläutern Sie, weshalb Carotin unter den angegebenen Bedingungen weiterläuft, also einen größeren R_f-Wert hat als Chlorophyll a oder Chlorophyll b!

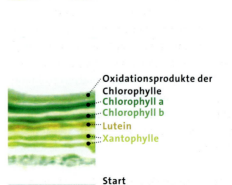

06 Chromatogramm von Blattpigmenten

ORT DER FOTOSYNTHESE · Alle grünen Pflanzenteile besitzen Zellen, in denen bis zu 100 **Chloroplasten** enthalten sein können. Die Chloroplasten in den Zellen des Palisadengewebes von Laubblättern sind linsenförmig und haben eine Größe von etwa fünf bis zehn Mikrometern. Auch Moose und Algen verfügen über Chloroplasten, jedoch von abweichender Form und Größe. Elektronenmikroskopische Untersuchungen zeigen, dass diese Zellbestandteile von einer Hülle umgeben sind, die einen als *Stroma* bezeichneten Bereich einschließt. Die innere Membran der Hülle geht in ein zusammenhängendes, in sich geschlossenes Membransystem über. Diese **Thylakoidmembran** durchzieht das Stroma als *Stromathylakoid*. Sie weist aber auch Abschnitte auf, die geldrollenartig gestapelt aussehen und Grana heißen (Singular: Granum). Wie alle Membranen besteht die Thylakoidmembran aus einer etwa sechs Nanometer dicken Lipiddoppelschicht mit integrierten Proteinen. Von anderen Membranen unterscheidet sie sich durch einen überdurchschnittlich hohen Proteinanteil und den Gehalt an Pigmenten. Diese fotosynthetisch wirksamen Farbstoffe, vor allem Chlorophyll a und b sowie Carotin und Xanthophyll, sind an spezielle Proteinkomplexe gebunden, die man insgesamt als **Fotosysteme** bezeichnet.

In einem Fotosystem stehen sich zwei Chlorophyllmoleküle gegenüber. Sie sind von mindestens einhundert anderen Pigmentmolekülen umgeben. Die äußeren Chlorophyll- und Carotinmoleküle wirken dabei als Antennenpigmente, die Energie aus Licht bestimmter Wellenlänge absorbieren und diese den beiden zentralen Chlorophyllteilchen zuleiten. Ausschließlich diese Chlorophylle können angeregte Elektronen auf andere Nichtpigmentmoleküle übertragen. Das Chlorophyllmolekül besteht aus einem flächig ausgerichteten Porphyrinring mit einem Magnesium-Ion im Zentrum. Ein langer Kohlenwasserstoffrest verankert das Chlorophyll in der Thylakoidmembran.

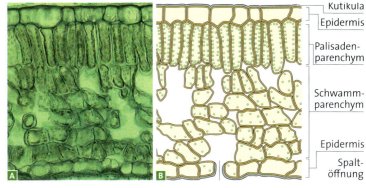

07 Querschnitt eines Laubblatts: **A** Foto, **B** Schema

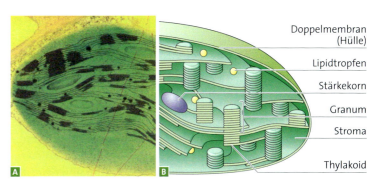

08 Chloroplast: **A** EM-Bild, **B** Schema

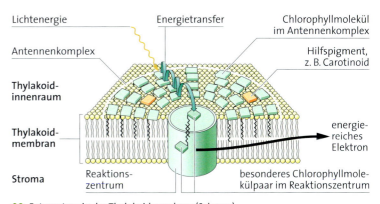

09 Fotosystem in der Thylakoidmembran (Schema)

10 Fotosynthesepigmente

4 Beschreiben Sie die Struktur der Thylakoidmembran und erläutern Sie die Funktionsweise der Fotosysteme!

AUFBAU UND MERKMALE VON ÖKOSYSTEMEN
STOFFWECHSELPHYSIOLOGISCHE GRUNDLAGEN

Redoxsystem = Molekülpaar, das Elektronen aufnehmen oder abgeben kann

$NADP^+/NADPH+H^+$ = Nicotinamid-Adenin-Dinukleotidphosphat

ADP = Adenosindiphosphat

P_i = Phosphat

ATP = Adenosintriphosphat

LICHTABHÄNGIGE REAKTION · Der bei der Fotosynthese zu beobachtende Verbrauch von Kohlenstoffdioxid und Wasser sowie die Produktion von Sauerstoff und Kohlenhydraten erfolgen innerhalb der Chloroplasten in zwei verschiedenen Reaktionen: Auf eine lichtabhängige **Primärreaktion** folgt eine lichtunabhängige **Sekundärreaktion**. Im Jahr 1937 konnte der britische Chemiker R. HILL zeigen, dass isolierte Chloroplasten bei Belichtung künstliche Farbstoffe reduzierten, wobei gleichzeitig Sauerstoff entstand. In den 1950-er Jahren wurde durch weitere Experimente bewiesen, dass dabei die zelleigenen Stoffe $NADP^+$ zu $NADPH+H^+$ reduziert und ADP und P_i in ATP umgewandelt wurden. $NADP^+/NADPH+H^+$ ist ein Redoxsystem, das Elektronen aufnimmt oder abgibt. $ADP+P_i/ATP$ ist ein System, das Energie aufnehmen, transportieren und abgeben kann. P_i steht dabei für Phosphat. Untersuchungen an isolierten Thylakoiden belegten schließlich, dass die lichtabhängige Reaktion an die Thylakoide gebunden ist, während die lichtunabhängige Reaktion im Stroma abläuft.

Das grundlegende Problem bei der lichtabhängigen Reaktion besteht darin, fest gebundene Elektronen aus dem Wassermolekül auf $NADP^+$ zu übertragen und es somit zu reduzieren. Da Elektronen energetisch nur „abwärtsfließen" können, müssen sie vorher Energie aufnehmen. Der Energiebedarf ist jedoch so groß, dass zwei hintereinandergeschaltete Fotosysteme angeregt werden müssen. Erst diese von dem amerikanischen Biologen R. EMERSON im Jahr 1957 herausgefundene zweifache Energieaufnahme reicht für die Reduktion des $NADP^+$ aus. An der Primärreaktion sind neben den Fotosystemen weitere Redoxsysteme und das Enzym ATP-Synthase beteiligt. Die Redoxsysteme sind über eine zweistufige **Elektronentransportkette** miteinander verbunden. Die dabei transportierten Elektronen stammen aus dem Wasser. Bei dessen Spaltung mithilfe eines Enzymkomplexes werden außerdem H^+-Ionen, also Protonen, und elementarer Sauerstoff freigesetzt. Diesen Vorgang nennt man **Fotolyse des Wassers**.

Gleichzeitig mit den Elektronentransporten werden vom Redoxsystem Plastochinon H^+-Ionen in das Innere der Thylakoide transportiert. Diese erzeugen zusammen mit den aus der Wasserspaltung stammenden H^+-Ionen einen Protonengradienten zwischen Thylakoidinnenraum und Stroma. Die Diffusion von H^+-Ionen ins Stroma liefert Energie für die ATP-Synthese, die durch die ATP-Synthase katalysiert wird. Dieser Prozess heißt **Fotophosphorylierung**. Er

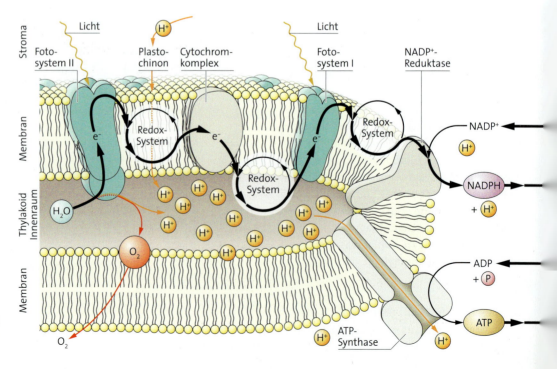

11 Lichtabhängige Reaktion (Schema mit Elektronentransport) → Protonenfluss

liefert die erforderlichen H⁺-Ionen zur Komplettierung des NADPH+H⁺. Durch Wiederholung der Reaktionsfolgen entsteht in der Primärreaktion aus Wasser, NADP⁺ und ADP+P_i Sauerstoff, NADPH+H⁺ und ATP. Das reduzierte Kosubstrat NADPH+H⁺ und der Energieträger ATP sind Ausgangsstoffe für die nachfolgenden Reaktionen.

LICHTUNABHÄNGIGE REAKTION · Kern der lichtunabhängigen Reaktion der Fotosynthese ist ein zyklischer Reaktionsablauf, der nach seinen Entdeckern Calvin-Benson-Zyklus oder kurz **Calvin-Zyklus** genannt wird. In diesem Zyklus, der ohne Licht auskommt, werden die vorab in der lichtabhängigen Reaktion gebildeten Stoffe NADPH+H⁺ und ATP zur Reduktion von Kohlenstoffdioxid verwendet. Er besitzt einen Eingang für Kohlenstoffdioxid und einen Ausgang für Produkte. Sein Reaktionsablauf lässt sich in drei Phasen gliedern:

In der **Carboxylierung** reagiert Kohlenstoffdioxid unter Wirkung des Schlüsselenzyms Ribulose-1,5-bisphosphat-Carboxylase, kurz Rubisco, mit dem C_5-Zucker Ribulosebisphosphat. Das entstehende Produkt zerfällt sofort in zwei Moleküle 3-Phosphoglycerat, kurz 3-PGS.

Die **Reduktion** wird eingeleitet mit der Reaktion von 3-PGS mit ATP zu Bis-Phosphoglycerinsäure und ADP. Diese „energiereiche" 3-PGS kann nun von dem in der lichtabhängigen Reaktion gebildeten NADPH+H⁺ zu 3-Phosphoglycerinaldehyd (3-PGA) reduziert werden. Das dabei entstehende NADP⁺ und das ADP stehen für die lichtabhängige Reaktion wieder zur Verfügung.

Wenn hinreichend 3-PGA entstanden ist, findet in einer komplexen Reaktionsfolge die **Regeneration** des Ribulosebisphosphats statt: Zehn Moleküle 3-PGA reagieren zu sechs Molekülen Ribulosebisphosphat. Gleichzeitig kann aus zwei 3-PGA-Molekülen ein Glukosemolekül entstehen.

Für die lichtunabhängige Reaktion lässt sich demnach folgende Gleichung formulieren:
$6\ CO_2 + 12\ NADPH+H^+ + 18\ ATP$
$\rightarrow C_6H_{12}O_6 + 6\ H_2O + 12\ NADP^+ + 18\ ADP+P_i$

Die Produkte der lichtabhängigen Reaktion gehen also als Edukte in die lichtunabhängige Reaktion ein. Es besteht jedoch nur formal ein Glukosemolekül, denn ein großer Teil des 3-PGA fließt sofort in andere Stoffwechselwege.

Die Ergebnisse führen zu einer Gesamtgleichung der Fotosynthese, in der die Herkunft des Sauerstoffs erkennbar ist:
$12\ H_2O + 6\ CO_2 \rightarrow C_6H_{12}O_6 + 6\ O_2 + 6\ H_2O$

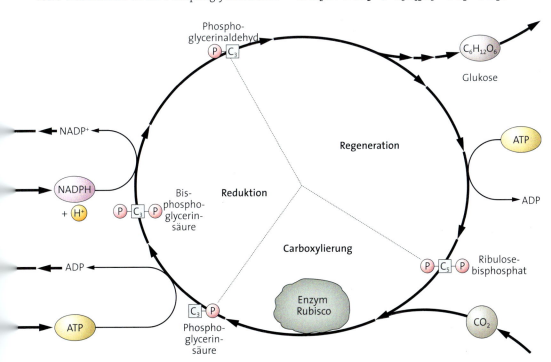

12 Lichtunabhängige Reaktion (Calvin-Zyklus), stark vereinfacht

MATERIAL

Material A ▸ Fluoreszenz in einer Rohchlorophylllösung

Man stellt eine Rohchlorophylllösung her, indem man grüne Blätter mit Seesand und Aceton im Mörser zerreibt, den entstehenden Extrakt mit Aceton verdünnt und die Lösung in ein Becherglas dekantiert. Anschließend bestrahlt man die Lösung mit blauem Licht, indem man einen Blaufilter in den Strahlengang einer starken Lampe hält.

A1 Beschreiben Sie das beobachtete Ergebnis!

A2 Deuten Sie die Beobachtungen mithilfe des Modells zur Absorption von Licht!

A3 Stellen Sie Vermutungen darüber an, was bei Bestrahlung mit grünem Licht geschieht!

Material B ▸ Fotosyntheserate unter Starklicht und Schwachlicht

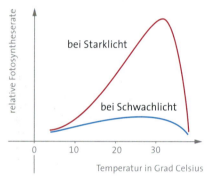

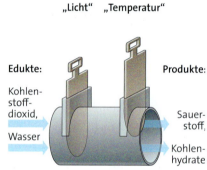

Das Diagramm zeigt die Temperaturabhängigkeit der Fotosynthese unter Starklicht- und unter Schwachlichtbedingungen. Die Abbildung stellt modellhaft ein Reaktionsrohr dar, in dem Stoffe umgewandelt werden können. Mithilfe von zwei Verschlusseinrichtungen lässt sich der Durchfluss kontinuierlich regulieren.

B1 Beschreiben Sie die Versuchsergebnisse! Vergleichen Sie dabei die grafisch dargestellten Werte!

B2 Erläutern Sie die modellhafte Abbildung, indem Sie erklären, welche Konsequenzen verschiedene Positionen der Verschlusseinrichtungen auf den Durchlass der Stoffe haben!

B3 Erläutern Sie die Einflüsse von Licht und Temperatur auf die Fotosyntheserate und vergleichen Sie diese mit den Aussagen des Modells!

Material C ▸ Emerson-Effekt

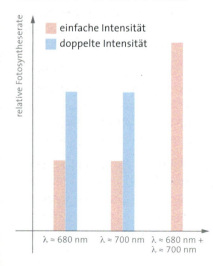

Robert EMERSON bestrahlte im Jahr 1957 Kulturen einzelliger Algen mit Licht unterschiedlicher Wellenlängen und unterschiedlicher Lichtintensität:

a) Wellenlänge $\lambda \approx 680$ Nanometer, einfache und doppelte Intensität

b) Wellenlänge $\lambda \approx 700$ Nanometer einfache und doppelte Intensität

c) Wellenlänge $\lambda \approx 680$ Nanometer + Wellenlänge $\lambda \approx 700$ Nanometer, je einfache Intensität

Das Diagramm zeigt die Ergebnisse der Versuche, die unter dem Begriff „Emerson-Effekt" bekannt sind.

C1 Beschreiben Sie die Versuchsergebnisse und werten Sie die Daten aus!

C2 Begründen Sie mithilfe der Ergebnisse die These, dass die lichtabhängige Reaktion aus zwei Einzelreaktionen besteht!

Material D ▶ Fotosynthese bei Schwefelpurpurbakterien

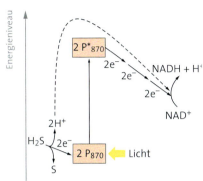

Lichtabhängige Reaktionen bei Schwefelpurpurbakterien (Schema)

Die Abbildung zeigt schematisch, wie die Elektronenanregung und der Elektronentransport in der lichtabhängigen Reaktion bei den zu den Archaeen gehörenden Schwefelpurpurbakterien ablaufen. Nicht dargestellt sind Protonenfluss und ATP-Synthese. Beide finden analog zu den entsprechenden Vorgängen bei Pflanzen statt. Dies gilt auch für die lichtunabhängige Reaktion, die praktisch in gleicher Weise wie bei den grünen Pflanzen verläuft.

D1 Vergleichen Sie die lichtabhängige Reaktion bei Schwefelpurpurbakterien und bei Pflanzen!

D2 Formulieren Sie die Gesamtgleichung der Fotosynthese bei Schwefelpurpurbakterien!

D3 Begründen Sie, weshalb die Fotosynthese bei Schwefelpurpurbakterien die Erkenntnis unterstützt, dass bei Pflanzen der Sauerstoff aus dem Wasser entsteht!

Material E ▶ Tracerexperimente zur Aufklärung des Calvin-Zyklus

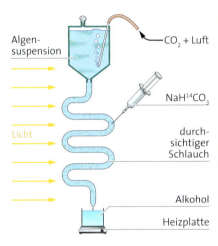

A Algenkultur mit NaH^{14}CO$_3$ behandelt

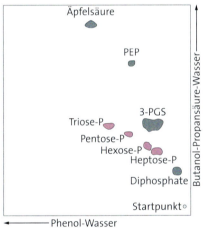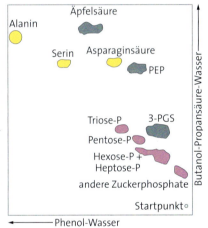

B Fotosyntheseprodukte 0,5 Sekunden und 2 Sekunden nach Zugabe von ^{14}CO$_2$

Zur Aufklärung der lichtunabhängigen Reaktion wurde eine NaH^{14}CO$_3$-haltige Lösung in eine Algenkultur gespritzt. Aus NaHCO$_3$ wird CO$_2$ freigesetzt.

Durch Ablassen der Algenkultur nach definierten Zeitspannen wurden die Algen in siedendem Alkohol abgetötet und die entstandenen radioaktiven Produkte analysiert. Da radioaktive ^{14}C-Isotope genauso reagieren wie andere Kohlenstoffatome, kann man den Weg des Kohlenstoffs im Stoffwechsel verfolgen. Dazu wurde der Algenextrakt punktförmig auf Papier aufgetragen und im ersten Fließmittel chromatografiert. Nach dem Trocknen wurde das Chromatogramm um 90 Grad gedreht und in einem zweiten Fließmittel chromatografiert. Danach wurde dieses zweidimensionale Chromatogramm im Dunkeln auf eine Röntgenplatte gelegt. Die dabei entstandenen Bilder mit Schwärzungen der Fotoplatte zeigen die Abbildung B. Dieses Verfahren heißt Autoradiografie.

E1 Beschreiben Sie den Versuchsablauf und erläutern Sie, auf welche Weise verschiedene Reaktionszeiten für den Einbau des Kohlenstoffdioxids erreicht werden!

E2 Beschreiben Sie die Ergebnisse, die man aus Abbildung B gewinnen kann, und erläutern Sie das experimentelle Verfahren!

E3 Erläutern Sie anhand des durchgeführten Versuchs den Begriff „Tracerexperiment", indem Sie von der Wortbedeutung (engl. trace = Spur) ausgehen!

E4 Werten Sie die Autoradiogramme aus und leiten Sie anhand der Schwärzungen die Reihenfolge der Bildung von Stoffen im Calvin-Zyklus begründet ab!

01 Mikroaufnahme eines Moosblättchens (400-fache Vergrößerung)

Fotosynthese im Zellstoffwechsel

In grünen Pflanzenzellen findet unter günstigen Bedingungen Fotosynthese statt: Aus anorganischen Stoffen werden organische Stoffe hergestellt und Sauerstoff wird freigesetzt. Welche Bedeutung haben diese stoffaufbauenden Prozesse der Fotosynthese für den weiteren Stoffwechsel?

BEDEUTUNG DER FOTOSYNTHESE · Viele Menschen sehen den Sauerstoff als wichtigstes Fotosyntheseprodukt an. Auch wenn heutiges Leben auf der Erde Sauerstoff voraussetzt, so ist doch die entscheidende Leistung der Fotosynthese die Produktion von organischen Stoffen. Das kann man auch daran erkennen, dass es andere Fotosyntheseformen gibt, bei denen kein Sauerstoff produziert wird. Allen Fotosyntheseformen gemeinsam ist jedoch die Bildung von organischen Stoffen, vorwiegend Kohlenhydraten. In ihnen ist Lichtenergie in Form chemischer Bindungen gespeichert. Pflanzen, aber auch andere Lebewesen nutzen diese energiereichen Stoffe für den eigenen Stoffwechsel. Daher ist die Fotosynthese die entscheidende treibende Kraft des Lebens auf der Erde.

FOTOSYNTHESE UND ZELLATMUNG · Bereits in den fotosynthetisch aktiven Pflanzenzellen kommt es zu einem erheblichen Ab- und Umbau des primären Fotosyntheseprodukts 3-PGA. Ein großer Teil dieses im Calvin-Zyklus entstandenen Stoffes wird ins Cytoplasma der Zelle transportiert und in Pyruvat umgewandelt. Pyruvat gelangt in Mitochondrien und wird dort in den Zitratzyklus eingeschleust. Dieser zentrale Stoffwechselprozess liefert einerseits reichlich Reduktionsmittel NADH+H$^+$ und FADH$_2$ für die Zellatmung und damit für die ATP-Synthese. Andererseits gehen aus dem Pyruvat und Bestandteilen des Zitratzyklus auch die Ausgangsstoffe für den Aminosäure- und Fettstoffwechsel hervor. An dieser Stelle ist der Kohlenhydratstoffwechsel mit dem Protein- und Fettstoffwechsel verknüpft. Auch die Synthesewege anderer Pflanzeninhaltsstoffe haben hier ihren Ursprung.

Die Zellatmung läuft nicht nur nachts ab, wenn kein Licht für die Fotosynthese zur Verfügung steht, sondern auch tagsüber. So bleibt die Konzentration von ATP in den Zellen immer relativ hoch, auch wenn es dauernd für viele andere Reaktionen benötigt wird.

TRANSPORT UND SPEICHERUNG · Ein anderer Teil des 3-PGA wird noch im Stroma der Chloroplasten in Fruktosephosphat und Glukosephosphat umgebaut. Aus diesen energiereichen Monosacchariden kann das Disaccharid Saccharose oder auch Cellulose gebildet werden. Cellulose ist als Hauptbestandteil pflanzlicher Zellwände die häufigste organische Verbindung. Saccharose ist bei den Pflanzen analog zur Glucose bei Tieren die Transportform für Zucker. Sie wird über die Siebzellen der Gefäßbündel aus den Blättern in solche Pflanzenzellen befördert, die – wie die Zellen von Wurzel, Spross oder Knospen – keine Chloroplasten besitzen und somit keine Fotosynthese betreiben können. Die Zuckerkonzentration in den Siebröhren kann dabei 25 Prozent betragen und die Transportgeschwindigkeit bis zu einem Meter pro Stunde. In Speicherorganen wie Knollen oder Samen wird die Saccharose in das Polysaccharid Stärke umgewandelt, die man dann **Reservestärke** nennt. Sie wird in Leukoplasten gelagert. Stärke ist als Makromolekül osmotisch praktisch unwirksam.

Auch das in den Chloroplasten verbleibende 3-PGA wird im Stroma zum größten Teil in Stärke umgewandelt, die dann als **Assimilationsstärke** bezeichnet wird. Bei hoher Fotosyntheseaktivität entstehen große Stärkekörner, die nachts teilweise wieder abgebaut werden.

ÜBERSCHUSSPRODUKTION · Die Stoffproduktion in der Fotosynthese geht meistens über den Bedarf der Zelle für den eigenen Bau- und Betriebsstoffwechsel hinaus. Die Überschüsse werden von verschiedenen Pflanzen sehr unterschiedlich verwendet:
Einjährige Pflanzen nutzen günstige Bedingungen zu schneller Produktion und investieren die Überschüsse anfangs in Blätter, später in Blüten und Samen. Mehrjährige Kräuter sammeln Überschüsse häufig in unterirdischen Speicherorganen an und bilden dann erst Blüten aus. Bäume und Sträucher lagern ihre Überschüsse vorwiegend in Sprosse und Stämme ein. Einzellige Algen setzen überschüssige Produktion unmittelbar in Zellteilung und Zellwachstum um.

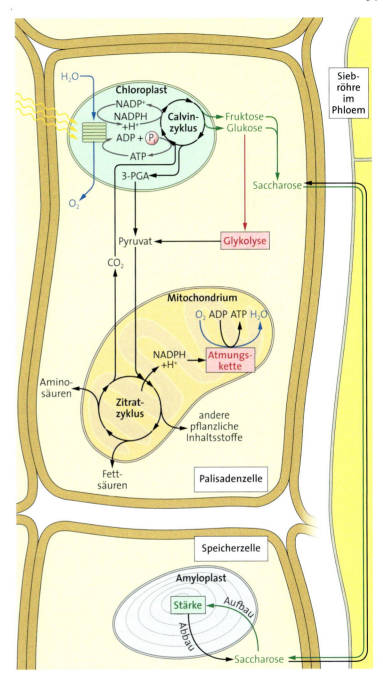

02 Reaktionen des primären Fotosyntheseprodukts

Die pflanzliche Produktion ist in ihrer Gesamtheit Lebensgrundlage für Pflanzen- und Allesfresser und damit Ausgangspunkt der Nahrungsketten.

1) Erläutern Sie die verschiedenen Reaktionswege des primären Fotosyntheseprodukts 3-PGA!

01 Fressen und gefressen werden

Nahrungsbeziehungen

Der Austernfischer ist ein typischer Vogel der Nordseeküste. Anders als der Name vermuten lässt, ernährt er sich überwiegend von kleineren Muscheln, Würmern, Krebsen und Insekten. Eine beliebte Nahrung sind Miesmuscheln. Diese sind Filtrierer und ernähren sich von Kleinstlebewesen, die im Wasser schweben. Dabei handelt es sich vorwiegend um Kieselalgen, die in großen Mengen das Watt besiedeln und organische Substanz durch Fotosynthese aufbauen.

NAHRUNGSKETTEN · Am Beispiel von Kieselalgen, Miesmuscheln, Austernfischern und Seeadlern, die im Ökosystem Wattenmeer leben, lässt sich die einfachste Form von Nahrungsbeziehungen zeigen. Hierbei werden analog der Vorstellung einer Kette die sich jeweils fressenden Lebewesen hintereinander aufgereiht. Deshalb werden solche Darstellungsformen als **Nahrungsketten** bezeichnet.

Kieselalgen sind *autotrophe* Organismen. Im Prozess der Fotosynthese bauen sie aus anorganischen Stoffen energiereiche organische Stoffe auf. Die dazu notwendige Energie gewinnen Algen mithilfe des Sonnenlichts. Kieselalgen werden deshalb **Produzenten** genannt. Kleinkrebse wie die Wasserflöhe sind *heterotrophe* Organismen und ernähren sich von Algen. Sie werden als **Konsumenten 1. Ordnung** bezeichnet. Ihre Biomasse wird also aus der Biomasse von anderen Organismen produziert. Kleinkrebse werden wiederum von kleinen Fischen gefressen, die sich den **Konsumenten 2. Ordnung** zuordnen lassen. Je nach Größe des Ökosystems können weitere Konsumenten höherer Ordnung vorkommen. Am Ende einer solchen Nahrungskette steht in jedem Ökosystem in der Regel ein **Endkonsument.** So kann ein Austernfischer beispielsweise von einem Seeadler gefressen werden. Der Seeadler kann in diesem Fall als Endkonsument bezeichnet werden, weil er im erwachsenen Alter keine direkten Fressfeinde mehr hat.

NAHRUNGSNETZE · Im Ökosystem Wattenmeer wurden bisher über 450 Arten von Kieselalgen gefunden. Diese können beispielsweise von Wattschnecken gefressen werden, die wiederum als Nahrung für Wattvögel wie dem Knutt dienen können. Kieselalgen sind aber auch die Nahrungsgrundlage vieler Muscheln wie Miesmuscheln, die wiederum von Seesternen gefressen werden. Miesmuscheln können aber auch zahlreichen Vögeln, wie zum

Beispiel Austernfischern und Eiderenten, als Nahrung dienen. Letztendlich nutzen zersetzende Bakterien im Wattboden die organischen Stoffe, bauen diese ab und führen so anorganische Bestandteile wieder in das System zurück. Die Nahrungsbeziehungen in einem Ökosystem sind also sehr verzweigt: Einzelne Nahrungsketten stehen miteinander in Verbindung und bilden **Nahrungsnetze.**

TROPHIESTUFEN · Lebewesen werden aufgrund ihrer Ernährungsweise bestimmten Stufen zugeordnet. Alle Organismen, die zu einem Glied der Nahrungskette gehören, fasst man zu einer **Trophiestufe** zusammen. Produzenten bilden die erste Stufe. Die einzelnen Stufen der Konsumenten schließen sich an. In Ökosystemen wie dem Wattenmeer sind in der Regel nur zwei oder drei Trophiestufen ausgeprägt. Eine übliche Form der Veranschaulichung von Trophiestufen sind **ökologische Pyramiden.** Je nach gewünschter Aussage werden diese nach der kennzeichnenden Größe dargestellt. Am gängigsten sind die Darstellungen von Verhältnissen der Faktoren *Biomasse* (Masse/Fläche), *Produktion* (Masse/Fläche × Zeit) oder *Flächenbedarf* (Fläche/Individuum) jeweiliger Trophiestufen. Ökologische Pyramiden sind grafische Darstellungen bestimmter ökologischer Verhältnisse zwischen den Trophiestufen.

BIOMASSEPRODUKTION · Die Nahrungsbeziehungen lassen sich auf Grundlage der umgesetzten Biomasse abschätzen. Biomasse besteht aus organischen Verbindungen, in denen Energie gespeichert ist. Dabei entspricht ein Gramm Biomasse (Trockengewicht) einem Energiegehalt von etwa 20 Kilojoule. Der Zugewinn an Biomasse pro Fläche und Zeiteinheit wird als **Produktion** verstanden. Auf dem Weg vom Produzenten zum Endkonsumenten kann aber jeweils nur ein gewisser Teil der chemisch gebundenen Energie in neue Biomasse umgebildet werden. Grund dafür ist, dass ein großer Teil dieser Energie für die Atmung genutzt und dabei schließlich in Wärme umgewandelt wird. Außerdem werden unverdauliche organische Substanzen ausgeschieden und stehen zur weiteren Produktion nicht mehr zur Verfügung. Schätzungsweise verringert sich der Energiegehalt von Glied zu Glied der Nahrungskette um den Faktor 10.

PRODUKTIVITÄT IN TROPHIESTUFEN · Im Ökosystem Wattenmeer nimmt die Biomasse ausgehend von den Algen als Produzenten über die verschiedenen Stufen der Konsumenten wie Wattschnecken, Wattvögel und Seeadler ab. Biomassenpyramiden verdeutlichen in der Regel, dass die produzierte Masse meist geringer ist als diejenige der darunterliegenden

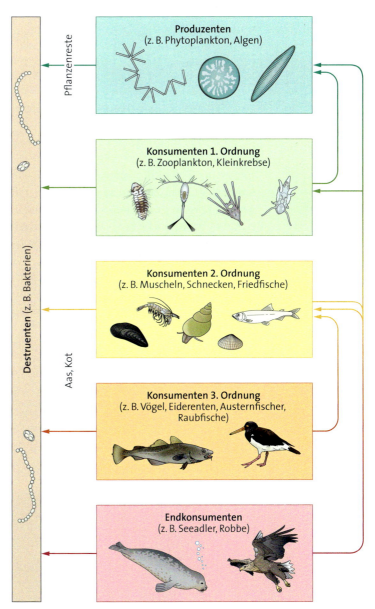

02 Nahrungskette und Nahrungsnetz

AUFBAU UND MERKMALE VON ÖKOSYSTEMEN
TROPHIEEBENEN

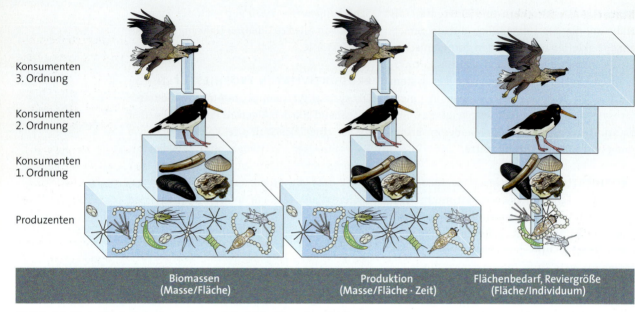

03 Beispiele für drei ökologische Pyramiden am Beispiel des Ökosystems Wattenmeer

Trophiestufe. Auf gleicher Fläche erreichen Pflanzenfresser höhere Biomassen als Fleischfresser. In diesem Fall nimmt die Biomasse von Stufe zu Stufe ab. Zellatmung, Wachstum und Reproduktion der jeweiligen Individuen wirken sich zusammen auf die Produktion in der jeweiligen Trophiestufe aus. So zeichnen sich Konsumenten „höherer" Ordnung oft dadurch aus, dass sie nur wenige Nachkommen hervorbringen. Die aufgenommene Biomasse entspricht also nicht der Produktion einer höheren Trophiestufe.

Ein ganz anderes Bild einer ökologischen Pyramide zeigt sich im Ökosystem See: Scheinbar finden sich hier bei mehrstufigen Darstellungen abweichende Verhältnisse, denn die Biomassen des tierischen und pflanzlichen Planktons bilden eine umgekehrte Pyramide. Es ist in manchen Fällen möglich, dass sich Produzenten – wie insbesondere kleine Algen – bei guter Versorgung am Tag mehrfach teilen. Sie können so ein Vielfaches ihrer Biomasse herstellen und eine viel höhere Produktion aufweisen, als es die Konsumenten höherer Ordnung vermögen. Für die Beurteilung von Ökosystemen ist also die Produktion von entscheidender Bedeutung und weniger die Biomasse selbst. Auch jahreszeitliche Einflüsse sind zusätzlich zu berücksichtigen. Eine typische pyramidenartige Form weisen daher auch nur Produktionspyramiden auf, da Produzenten immer eine höhere Produktion als Konsumenten aufweisen.

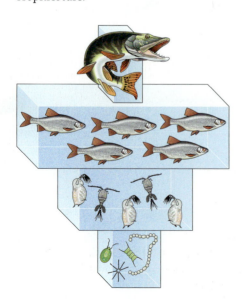

04 Ökologische Pyramide im Ökosystems See

1 Begründen Sie, weshalb in Ökosystemen in der Regel nur vier Trophiestufen ausgebildet sind!

2 Erörtern Sie mithilfe der Abbildungen Vor- und Nachteile der Darstellung von ökologischen Verhältnissen in Form von Pyramiden!

MATERIAL

Material A ▸ Bioakkumulation

Marine Lebensräume sind durch menschlichen Einfluss mit zahlreichen Schadstoffen und Derivaten, Schwermetallen, radioaktiven Substanzen oder Krankheitskeimen belastet.

Einige dieser Stoffe verteilen sich im Wasser nicht, sondern lagern sich an Partikel und kleinere Lebewesen an. Im freien Meerwasser ist deshalb ihre Konzentration so gering, dass sie für den Stoffwechsel dieser kleinen Lebewesen ungefährlich sind.
Zu den Schadstoffen zählen auch polychlorierte Biphenyle, kurz PCB, die in vielen technischen Verfahren Anwendung finden. PCB sind lipophil und lagern sich deshalb vorwiegend in Fettgeweben an. In höherer Konzentration blockieren sie im Organismus unter anderem die Bildung von Vitamin A und schwächen das Immunsystem. Sie haben daher negative Auswirkungen auf die Überlebensrate und die Entwicklung des Nachwuchses.

Bei Untersuchungen an gestrandeten Großen Tümmlern wurden zum Teil extrem hohe PCB-Werte gemessen. Diese sind wahrscheinlich mitverantwortlich für die gesunkene Reproduktionsrate oder sogar für den Tod der Tiere.

A1 Ordnen Sie Heringe, Kieselalgen, Zooplankton, Sardinen, Große Tümmler, Meerforellen und Krill den verschiedenen Trophieebenen des Ökosystems zu!

A2 Stellen Sie die Nahrungsbeziehungen dieser Lebewesen in Form eines Nahrungsnetzes als Pfeildiagramm dar!

A3 Erklären Sie mithilfe des Textmaterials, wie es zu der Bedrohung des Großen Tümmlers kommen konnte!

Material B ▸ Landnutzung und Getreideproduktion

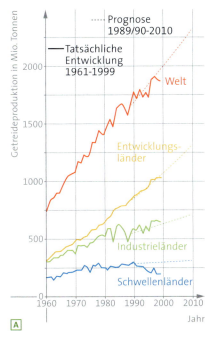

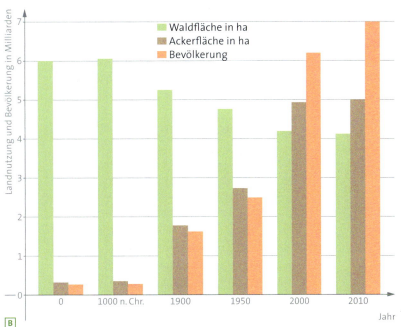

B1 Beschreiben Sie die Diagramme und setzen Sie sie miteinander in Beziehung!

B2 Diskutieren Sie Schlussfolgerungen über die ökologischen Folgen aus der Getreideproduktion für die Entwicklungs-, Industrie- und Schwellenländer!

AUFBAU UND MERKMALE VON ÖKOSYSTEMEN
TROPHIEEBENEN

01 Raupe am Blatt

Energieumwandlungen

Wenn im Frühling die ersten Blätter sprießen, kann man schon bald vielerorts Raupen beobachten, die von dem frischen Grün fressen. Mit der Nahrung nehmen sie energiereiche Stoffe auf, die sie zum Leben benötigen. Was passiert eigentlich mit der Energie, wenn die Stoffe verdaut, umgewandelt und schließlich abgebaut werden?

ZELLSTOFFWECHSEL UND ENERGIE · Schmetterlingsraupen fressen unaufhörlich Blätter und verdauen die darin enthaltenen energiereichen Stoffe. Dabei nehmen einige von ihnen in nur acht Tagen von 7 auf 45 Gramm zu. Diese Gewichtszunahme ist die Folge von Stoffwechselvorgängen, die in den Zellen ablaufen. Alle diese Prozesse benötigen Energie. Quelle der Energie ist die Sonnenstrahlung, die Pflanzen zur Fotosynthese nutzen. Aus den energiearmen anorganischen Stoffen Wasser, Mineralstoffe und Kohlenstoffdioxid entstehen energiereiche organische Stoffe wie Kohlenhydrate, Fette und Proteine. Ursprünglich im Licht enthaltene Strahlungsenergie wird in Form von chemischer Bindungsenergie in diesen Stoffen fixiert.

In Zellen aller Lebewesen sind diese energiereichen Stoffe Basis für alle weiteren Um- und Abbauvorgänge. Sie liefern sowohl das Material als auch die Energie für den gesamten Stoffwechsel, der in allen Lebewesen prinzipiell gleich abläuft.

Die Gewinnung körpereigener Substanz nennt man **Assimilation**, ihren Abbau **Dissimilation**. Pflanzen und einige Bakterienarten können ihre Biomasse aus anorganischen Verbindungen herstellen. Man nennt sie *autotroph*. Tiere oder Pilze hingegen müssen energiereiche organische Verbindungen mit der Nahrung aufnehmen. Sie werden als *heterotroph* bezeichnet. Unabhängig davon, ob Biomasse auf autotrophem oder heterotrophem Weg aufgebaut wird, ist es für den Energiehaushalt aller Lebewesen typisch, dass die Energie an Stoffe gebunden ist. Was nun in Lebewesen mit dieser chemisch gebundenen Energie passiert, lässt sich erst mit einem Blick auf Prozesse in der Zelle erläutern. Am Beispiel der Zellatmung wird deutlich, wie Energie umgewandelt und für den Stoffwechsel verfügbar wird: Glukose reagiert in einer ganzen Reihe von Einzelreaktionen mit Sauerstoff und es entstehen schließlich Kohlenstoffdioxid und Wasser. Aus energetischer Sicht sind bei diesen Reaktionen zwei Prozesse von entscheidender Bedeutung:

Der erste Prozess ist die Übertragung von Elektronen auf Stoffe, die diese aufnehmen und bei anderen Reaktionen wieder abgeben können. Diese **Redoxsysteme** stellen die für chemische Reaktionen erforderlichen Elektronen zur Verfügung oder nehmen sie auf. Bei der Zellatmung ist dies das $NAD^+/NADH+H^+$-System. Als Elektronendonator wird das $NADH+H^+$ dabei für viele weitere Vorgänge in der Zelle benötigt.

Der zweite Prozess ist die Synthese von ATP aus ADP und Phosphat, abgekürzt P_i. Diese Reaktion kann nur erfolgen, wenn sie mit einer Energie liefernden, also *exergonischen* Reaktion verknüpft ist. Da das gebildete ATP eine energiereiche Verbindung ist, kann die Spaltung von ATP zu ADP und P_i nun eine Energie benötigende, also *endergonische* Reaktion ermöglichen. Mithilfe von ATP werden also endergonische Reaktionen an vorausgegangene exergonische Reaktionen gekoppelt. Dies bezeichnet man als **energetische Kopplung**.

Bei allen Reaktionen wird ein Teil der in den Stoffen enthaltenen Energie in Wärme umgewandelt. Wärme lässt sich jedoch nicht direkt für Stoffwechselvorgänge nutzen, sondern wird an die Umwelt abgegeben. Einen weiteren Teil der Energie benötigen Lebewesen für ihre Bewegung. Auch diese Energie ist für den weiteren Stoffwechsel des Lebewesens verloren. Zudem werden einige der durch die Nahrung aufgenommenen Stoffe unverdaut ausgeschieden. Für die Raupen bedeutet das, dass ihre Biomasse deutlich geringer ist als die Biomasse der gefressenen Blätter.

TROPHIESTUFEN UND ENERGIE · Bei der Betrachtung von Stoffwechselvorgängen in Lebewesen wie der Raupe können grundlegende energetische Prozesse auf zellulärer und organismischer Ebene geklärt werden. Die Lebewesen mit ihrem Stoffwechsel sind allerdings auch in Ökosysteme eingebunden. Eine für energetische Betrachtungen wichtige Verknüpfung von Lebewesen geschieht durch die Nahrungsaufnahme. Dabei kann man verschiedene Lebewesen in Trophiestufen zusammenfassen. Dies sind sinnvolle Bezugspunkte für Energieumwandlungen in Ökosystemen, weil der Energieumsatz dadurch bilanziert werden kann.

In Mitteleuropa trifft eine Globalstrahlung von etwa 12 000 Kilojoule pro Quadratmeter und Tag auf die Erde. Diese Strahlungsenergie wird ungefähr je zur Hälfte reflektiert und absorbiert. Ein großer Teil der absorbierten Energie wird ohne Beteiligung biologischer Prozesse in Wärme überführt. Nur einen sehr kleinen Anteil von etwa 300 Kilojoule können Pflanzen für die sogenannte **Bruttoprimärproduktion** nutzen. Davon wird etwa die Hälfte von ihnen wieder veratmet. In der **Nettoprimärproduktion** ist letztlich nur noch etwa 1 Prozent der Energie der Globalstrahlung enthalten. Die produzierte Biomasse und die in ihr enthaltene Energie sind Nahrungsgrundlage für Tiere aller nachfolgenden Trophiestufen. In Mitteleuropa stehen damit etwa 120 Kilojoule pro Tag und Quadratmeter zur Verfügung.

Die in der pflanzlichen Biomasse enthaltene Gesamtenergiemenge kann allerdings nicht mit in nachfolgende Trophiestufen gelangen. Von der als 100 Prozent gesetzten Energie, die in den

$NAD^+/NADH+H^+$ = Nicotinamid-Adenin-Dinukleotid

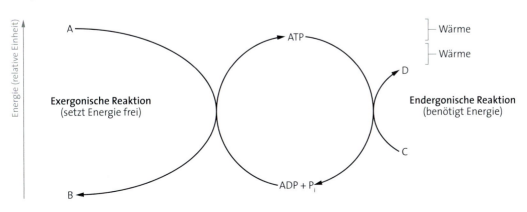

02 Energetische Kopplung

AUFBAU UND MERKMALE VON ÖKOSYSTEMEN
TROPHIEEBENEN

Produzenten vorhanden ist, bleibt für die zur zweiten Trophiestufe gehörenden Pflanzenfresser, die Primärkonsumenten, nur ein Teil für den Biomasseaufbau übrig: Etwa 50 Prozent der Nahrung wird nicht verdaut und zum Beispiel als Kot abgegeben. Wenn zudem etwa ein Drittel der Energie durch Stoffwechselprozesse in Form von Wärme abgegeben wird, beträgt die nutzbare Energiemenge in der zweiten Trophiestufe, also der Stufe der Sekundärkonsumenten, nur noch etwa 15 Prozent. Der Energiegehalt der jeweiligen Biomasse nimmt nun in gleicher Weise mit jeder Trophiestufe ab. Daher gibt es nur wenige Trophiestufen in Ökosystemen. Als Faustregel merkt man sich eine Abnahme um den Faktor 10.

Da schließlich alle Stoffwechselprodukte abgebaut werden, lassen sich Konsumenten und Destruenten für die Betrachtung des Energieflusses zusammenfassen.

Der Abbau erfolgt so lange, bis das organische Material keine energiereichen Verbindungen mehr enthält. Erreicht wird dieser Zustand aber erst, wenn nur noch Wasser, Kohlenstoffdioxid und Mineralstoffe vorhanden sind. Es bleiben also schließlich diejenigen Stoffe zurück, die zuvor in der Fotosynthese fixiert wurden. Sie stehen später wieder den Primärproduzenten zur Verfügung. Als finale Energie entsteht immer Wärme, die für den Stoffwechsel der Lebewesen nutzlos geworden ist. Daher benötigt das Leben eine stetige Zufuhr von verwertbarer Energie aus der Sonnenstrahlung.

ENERGIEFLUSS UND ENERGIEENTWERTUNG ·
Vergleicht man nun, was in einem Ökosystem mit den beteiligten Stoffen und mit der jeweiligen Energie geschieht, so stellt man fest, dass Stoffe auf-, um- oder abgebaut werden. Sie befinden sich in einem dauernden Stoffkreislauf und gehen nicht verloren. Auch Energie geht nicht verloren. Ihre Summe bleibt ebenfalls immer gleich. Die Strahlungsenergie der Sonne wird in chemische Bindungsenergie umgesetzt. Bei allen weiteren Stoffumwandlungen wird ein Teil der chemischen Bindungsenergie übertragen. Der andere Teil der Energie wird in Wärme umgewandelt. Da auf allen Trophiestufen Stoffwechsel stattfindet, entsteht schließlich aus der gesamten verfügbaren Energie Wärme. Aus der verwertbaren Sonnenenergie ist letztlich über die Stufen chemischer Bindungen eine Energieform entstanden, die von Lebewesen für weitere Stoffwechselprozesse nicht mehr zur Verfügung steht. Man spricht daher von **Energiefluss** oder **Einbahnstraße der Energie**. In Bezug auf den „Wert" der Energie für Lebensvorgänge verwendet man auch den Begriff **Energieentwertung**.

03 Energiefluss im Ökosystem

1 Erläutern Sie auf zellulärer Ebene, weshalb Schmetterlingsraupen mehr fressen müssen, als sie an Gewicht zunehmen können!

Material A ▸ Assimilation und Dissimilation

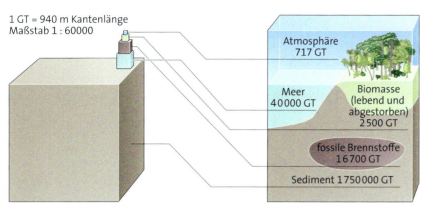

1 GT = 940 m Kantenlänge
Maßstab 1 : 60000

Fotosynthese und Zellatmung sind gegenläufige Prozesse: Bei der Zellatmung entsteht genau die gleiche Men-ge Kohlenstoffdioxid und Wasser wie bei der Fotosynthese benötigt wird. Vor der Evolution von grünen Pflanzen gab es keinen freien Sauerstoff in der Atmosphäre.

A1 Erläutern Sie anhand der Fotosynthesegleichung, wie Sauerstoff in der Atmosphäre angereichert wurde!

A2 Erklären Sie mithilfe der Abbildung, wie die Massen von Kohlenstoffverbindungen im Laufe der Zeit entstehen konnten!

A3 Erläutern Sie aus energetischer Sicht, was passiert, wenn die Massen an Kohlenstoffverbindungen durch den Menschen abgebaut werden!

VERSUCH B ▸ Energieausbeute von C_4-Pflanzen

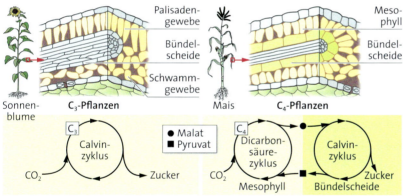

$CO_2 + 2NADPH + 3ATP \rightarrow [CH_2O] + 2NADP^+ + 3ADP + P_i$ $CO_2 + 2NADPH + 5ATP \rightarrow [CH_2O] + 2NADP^+ + 5ADP + P_i$

	C_3	C_4
optimale Temperatur in °C	15 – 25	30 – 45
Lichtsättigung in μmol Photonen pro m² und s	1 000 – 11 500	< 1 500
CO_2-Aufnahme in mg pro dm² und Stunde	15 – 35	40 – 80
Wasserbedarf in ml pro g Trockensubstanz	450 – 950	230 – 250

C_4-Pflanzen, zum Beispiel Mais und Hirse, sind an trockene, heiße und sonnige Standorte angepasst. In ihren Mesophyllzellen wird Kohlenstoffdioxid an Pyruvat gebunden. Dabei entsteht Malat, ein C_4-Körper. Da diesen Zellen das Enzym Rubisco fehlt, findet der Calvin-Zyklus erst in den Bündelscheidenzellen statt und wird von dem Malat aus den Mesophyllzellen gespeist, das dabei wieder zu Pyruvat reagiert. Diese Hin- und Rückreaktion von Pyruvat und Malat erfordert zusätzliche Energie. Um das Wachstum von C_3- und C_4-Pflanzen zu vergleichen, wird der folgende Versuch durchgeführt: Eine etwa 20 Zentimeter hohe Sonnenblume und eine Maispflanze werden jeweils unter einer luftdicht abschließbaren Glasglocke eingepflanzt und mit einer Starklichtlampe belichtet. Zur Kontrolle verfährt man mit je zwei Sonnenblumen- und zwei Maispflanzen in gleicher Weise und belichtet sie getrennt unter je einer Glasglocke. Für ausreichend Bewässerung ist zu sorgen. Die Temperatur soll gleichbleibend etwa 25 Grad Celsius betragen. Nach 10 Tagen werden Länge und Masse der Pflanzen bestimmt.

B1 Vergleichen Sie den Blattaufbau und den Stoffwechsel von C_3- und C_4-Pflanzen!

B2 Formulieren Sie Argumente, die für ein besseres Wachstum von C_3- oder C_4-Pflanzen sprechen!

B3 Vergleichen Sie Ihre Messergebnisse mit Ihren Argumenten und erörtern Sie die Bedeutung der Kontrollansätze!

B4 Deuten Sie Ihre Ergebnisse hinsichtlich der Energieverwertung!

AUFBAU UND MERKMALE VON ÖKOSYSTEMEN
STOFFKREISLÄUFE

01 Kohleabbau

Stoffkreisläufe im Ökosystem

Im heutigen Ruhrgebiet fand einer Sage nach vor langer Zeit ein Schweinehirt glühende schwarze Steine in einer Feuerstelle. Dies soll der erste Fund von Steinkohle gewesen sein. Inzwischen werden weltweit jährlich etwa 5,7 Milliarden Tonnen dieses „schwarzen Goldes" abgebaut. Steinkohle wird beim Hochofenprozess, zur Erzeugung von elektrischer Energie und zur Wärmegewinnung genutzt. Woher aber stammt diese Kohle?

KREISLÄUFE IN ÖKOSYSTEMEN · In der Fotosynthese wird der Kohlenstoff des gasförmigen Kohlenstoffdioxids von Pflanzen in Kohlenhydrate eingebaut. Primärproduzenten binden anorganische Stoffe in Biomasse ein. Konsumenten und Destruenten setzen sie wieder frei. Wird sie jedoch nicht zersetzt, entsteht unter Druck und bei anaeroben Bedingungen Kohlenstoff. Dieser kann im Boden langfristig gespeichert werden. Auch durch andere Prozesse können chemische Elemente dem Kreislauf entzogen und in Stoffspeichern wie den Ozeanen oder in Sedimenten langfristig eingelagert werden. Andere Elemente wie Stickstoff durchlaufen ebenfalls je nach biotischen und abiotischen Faktoren einen solchen Kreislauf. So löst sich bei Temperaturanstieg in den Ozeanen weniger das gasförmige Stickstoff aus der Atmosphäre. An diesen Beispielen zeigt sich, dass chemische Elemente in unterschiedlichen Formen auf der Erde vorkommen. Kohlenstoff, Stickstoff und andere chemische Elemente werden bei diesen Prozessen aber nicht verbraucht. Vielmehr durchlaufen sie einen von der Sonnenenergie angetriebenen **Stoffkreislauf**.

02 Kreisläufe in Ökosystemen

KOHLENSTOFFKREISLAUF · Eine 80-jährige Buche mit einer Höhe von 25 Metern besitzt eine Trockenmasse von etwa 12 Tonnen. Darin enthalten ist die Menge von etwa 6 Tonnen Kohlenstoff, die aus 22 Tonnen Kohlenstoffdioxid gebildet wurde. Die Biomasse der Buche und anderer Pflanzen wird aus anorganischem Kohlenstoffdioxid aus der Luft aufgebaut. Konsumenten und Destruenten bauen daraus durch Fraß oder Abbau eigene Biomasse auf oder nutzen sie als Energiequelle, wobei wieder Kohlenstoffdioxid gebildet wird. Die Aufnahme und Abgabe von Kohlenstoffdioxid entsprechen sich bei dieser Kreislaufvorstellung weitestgehend. Da diese Prozesse innerhalb von Jahrzehnten stattfinden, spricht man von einem **Kurzzeitkreislauf**.

Tatsächlich wird ein Großteil der Kohlenstoffverbindungen insbesondere auf dem Land oder in den Ozeanen langfristig fixiert. So entstehen in langen geologischen Prozessen aus den Kohlenstoffverbindungen der abgestorbenen Organismen Torf, Erdöl, Kohle oder Erdgas. Weiterhin kann Kohlenstoffdioxid auch in Kalk eingebaut werden. Insbesondere im Meer werden etwa 80 Prozent des Kohlenstoffes der Erde durch Bildung von Kalkgestein festgelegt. Dieser Kreislauf, der Jahrmillionen beansprucht, heißt **Langzeitkreislauf**.

Innerhalb des Kohlenstoffkreislaufes stellt sich nur dann ein Fließgleichgewicht zwischen der Atmosphäre, Hydrosphäre und Lithosphäre ein, wenn sich Assimilation und Dissimilation als gegenläufige Prozesse entsprechen. Global gesehen zeigt sich aber momentan ein anderes Bild: Die Menschen verbrennen immer mehr fossile kohlenstoffhaltige Brennstoffe als auch rezente kohlenstoffhaltige Brennstoffe wie Holz. Bei diesen Verbrennungsprozessen wird mehr Kohlenstoffdioxid freigesetzt, als in der gleichen Zeit durch Fotosynthese und Lösung von Kohlenstoffdioxid im Meerwasser gebunden wird. So werden durch die Verbrennung fossiler Brennstoffe jährlich etwa 6 Gigatonnen Kohlenstoff in die Atmosphäre abgegeben. Der Gehalt an Kohlenstoffdioxid in der Atmosphäre steigt pro Jahr um etwa 3 Gigatonnen. Dieser menschliche Eingriff hat den globalen Kohlenstoffkreislauf erheblich verändert. Insbesondere mit der Verbrennung von Kohle, Öl und Erdgas wird der Langzeitkreislauf verändert und erhebliche Mengen Kohlenstoffdioxid freigesetzt. Diese Veränderung ist problematisch, da sie den Gehalt an Kohlenstoffdioxid in der Atmosphäre beeinflusst und damit auch eine Klimaveränderung bewirkt. Durch Fotosynthese und Aufbau von Biomasse kann ein Ökosystem diesen Kohlenstoff zurückgewinnen. Dieser Prozess benötigt aber sehr viel Zeit.

1 Erörtern Sie anhand der Abbildung, wie Menschen in den globalen Kohlenstoffkreislauf eingreifen!

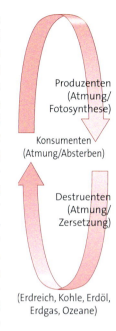

Produzenten (Atmung/Fotosynthese)
Konsumenten (Atmung/Absterben)
Destruenten (Atmung/Zersetzung)
(Erdreich, Kohle, Erdöl, Erdgas, Ozeane)

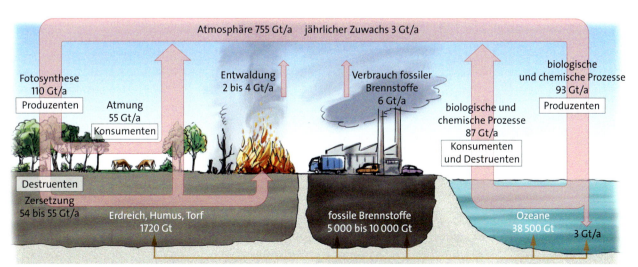

03 Globaler Kohlenstoffkreislauf

AUFBAU UND MERKMALE VON ÖKOSYSTEMEN
STOFFKREISLÄUFE

STICKSTOFFKREISLAUF · Als wesentliches Bauelement von Proteinen, Aminosäuren und Nukleotiden wird Stickstoff in großen Mengen von Lebewesen benötigt. So bestehen zwar 78 Prozent der erdnahen Atmosphäre aus Stickstoff, dieser ist für Pflanzen und Tiere in elementarer Form aufgrund seiner chemischen Eigenschaften aber nicht direkt nutzbar. Zugänglich sind hingegen Stickstoffverbindungen des Bodens, die von Ausscheidungen von Tieren stammen. Wie kommen Pflanzen also zu ihrem dringend benötigten Stickstoff? Produzenten nehmen aus dem Boden Nitrat, kurz NO_3^-, oder Ammonium, kurz NH_4^+, auf. Durch diesen Prozess werden jährlich etwa 175 Millionen Tonnen Stickstoff assimiliert. Tiere scheiden überschüssigen Stickstoff meistens in Form von Harnstoff oder Harnsäure aus. Konsumenten und Destruenten mineralisieren die Aminogruppe der Proteine, $-NH_2^-$, zu Ammonium. Diesen Prozess nennt man **Ammonifikation.**

In Gegenwart von Sauerstoff können bestimmte aerobe Mikroorganismen das Ammonium schrittweise über Nitrit, kurz NO_2^-, zu Nitrat, kurz NO_3^-, oxidieren. Diesen Prozess nennt man **Nitrifikation.** Dabei gewinnen diese nitrifizierenden Bakterien Energie und binden so Kohlenstoffdioxid in organische Substanz ein. Sie betreiben also *Chemosynthese*. Ist aber kein Sauerstoff vorhanden, können bestimmte denitrifizierende Bakterien Nitrat- oder Nitritverbindungen für ihren eigenen Stoffwechsel benutzen. Sie reduzieren aus Nitraten wieder elementaren Stickstoff, kurz N_2. Durch diese Abgabe an die Atmosphäre verarmt die Biosphäre sukzessiv an für die Lebewesen verfügbaren Stickstoffverbindungen.

Stickstoff fixierende Symbionten, wie zum Beispiel Cyanobakterien, wirken diesem Prozess entgegen. Manche dieser Bakterien leben auch in Symbiose mit höheren Pflanzen. So besitzen Schmetterlingsblütler oder Erlen Stickstoff fixierende *Knöllchenbakterien*. Sie können elementaren Stickstoff aufnehmen und verbinden somit den **Stickstoffkreislauf** mit der Atmosphäre.

Knöllchenbakterien siehe Seite 71

2) Begründen Sie, weshalb Stickstoff für Pflanzen in der Regel einen Minimumfaktor darstellt, obwohl er hinreichend in der Atmosphäre vorhanden ist!

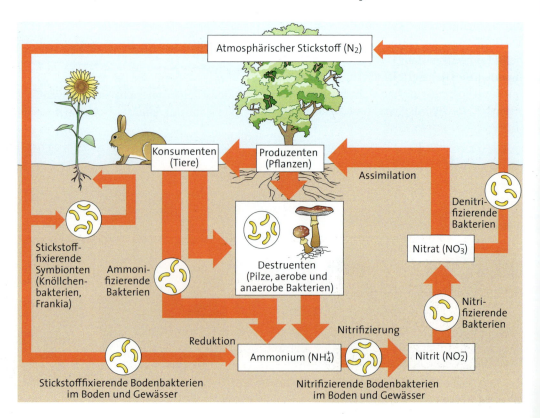

04 Stickstoffkreislauf

MATERIAL

Material A ▸ Leguminosen im Landbau

In der ökologischen Landwirtschaft wird auf Mineraldünger verzichtet. Stattdessen gibt es häufig Felder, die mit Linsen und anderen Leguminosen bepflanzt sind. Sie sollen insbesondere für eine Anreicherung des Bodens mit Stickstoff sorgen.

A1 Erklären Sie die Funktion der Leguminosen für die Anreicherung des Bodens mit Stickstoff!

A2 Informieren Sie sich über Möglichkeiten, Ackerböden Stickstoff zuzuführen. Nennen Sie Vor- und Nachteile der jeweiligen Methode gegenüber dem Anbau von Leguminosen!

Material B ▸ Experiment zur Anreicherung der Kohlenstoffdioxidkonzentration

Mithilfe von Experimenten untersuchten Forscher, wie sich eine höhere Kohlenstoffdioxidkonzentration in der Atmosphäre auf die Aufnahme und Speicherung von Kohlenstoffdioxid ober- und unterirdisch in Ökosystemen auswirkt.
Dazu wurde drei Jahre lang in einem Graslandökosystem in getrennten, oben offenen Kammern so lange kohlenstoffdioxidreiche Luft eingeleitet, bis die Konzentration 720 ppm betrug. In andere Kammern wurde als Kontrolle reine Luft eingeleitet.
Nach drei Jahren wurde in jeder Kammer die Biomasse der Schösslinge und der Streuschicht gemessen. Zusätzlich wurde aus jeder Kammer eine Bodenprobe entnommen und der Kohlenstoffgehalt der Wurzeln und des Detritus bestimmt.

B1 Formulieren Sie eine Hypothese dazu, ob bei einer erhöhten Kohlenstoffdioxidkonzentration in der Atmosphäre mehr Kohlenstoff ober- und unterirdisch gespeichert wird!

B2 Beschreiben Sie das Experiment und die Ergebnisse!

B3 Deuten Sie die Ergebnisse des Experiments und geben Sie an, welche Erklärung sich für die Aufnahme und Speicherung von Kohlenstoffdioxid im Ökosystem finden lässt!

B4 Beschreiben Sie, welche Rückschlüsse das Experiment auf den globalen Kohlenstoffkreislauf erlaubt!

Material C ▸ Phytoplankton bei verschiedenen Kohlenstoffdioxidkonzentrationen

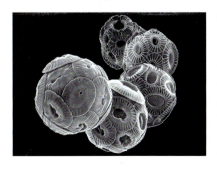

Die im Meer lebende Kalkalge *Emiliania huxleyi* ist mit kalkigen Plättchen umhüllt. Diese bildet die Alge aus Kohlenstoff, den sie als Hydrogencarbonat aus dem Wasser aufnimmt und als Kalzit ausfällt. Das Foto zeigt im Vordergrund eine Kalkalge bei normaler CO_2-Konzentration im Wasser. Die CO_2-Konzentration nimmt nach hinten ab.

C1 Beschreiben Sie die Auswirkungen des globalen CO_2-Anstieges für die Atmosphäre und die Ozeane!

C2 Erläutern Sie anhand der Experimente mögliche Effekte, die sich aus der Erhöhung der CO_2-Konzentration im Ozean ergeben!

AUFBAU UND MERKMALE VON ÖKOSYSTEMEN
DYNAMIK UND STABILITÄT VON ÖKOSYSTEMEN

01 Stillgelegter Bahnhof

Formen und Ursachen von Entwicklung

Auf dem alten Bahnhof fuhr vor Jahrzehnten der letzte Zug ab. Nach der Stilllegung wuchsen zuerst Gräser, dann Sträucher und schließlich Bäume. Der Standort der Bahngleise hat also eine Geschichte. Als der Bahnhof noch in Betrieb war, sorgten Eisenbahner dafür, dass keine Pflanzen in die Höhe kamen. Weshalb stehen jetzt Bäume zwischen den Gleisen?

NATÜRLICHE ENTWICKLUNG · Wurden Areale wie ein alter Bahnhof nicht mehr genutzt, änderten sich die Standortbedingungen: Pflanzen, die zuvor immer wieder zerstört oder abgetötet wurden, konnten sich nun entwickeln. Sie überwucherten die Gleise. Nach wenigen Jahren entstand ein Gebüsch und schließlich wuchsen sogar Bäume empor. Eine solche zeitliche Abfolge von Organismengruppen wird als **Sukzession** bezeichnet. Damit geht ein Wandel der jeweiligen Standort- und Nutzungsbedingungen einher. Den sich schließlich bildenden Pflanzenbestand, im Beispiel ein Wald, bezeichnet man als **Klimaxvegetation.** Sie ist eine Modellvorstellung, denn eigentlich bleibt sie nicht stabil bestehen.

STABILITÄT UND WANDEL · Ökosysteme würden nur dann stabil bleiben, wenn die Standortbedingungen und die Populationen gleich blieben. In der Realität gibt es aber keine Stabilität: Neue Pflanzen- und Tierarten breiten sich aus. Der menschliche Einfluss auf die Ökosysteme verändert sich. Pflanzen- und Tierpopulationen werden an die sich wandelnden Standort- und Konkurrenzbedingungen angepasst. Deshalb wandelt sich jedes Ökosystem mit seiner jeweiligen Klimaxvegetation unaufhörlich, auch wenn man lange Zeit die gleichen Arten von Tieren und Pflanzen darin sieht. Niemals sind aber genau identische Individuen am Aufbau des Ökosystems beteiligt. Individuen haben nicht nur ein unterschiedliches Aussehen, sondern sie gedeihen in einem Ökosystem auch unterschiedlich gut.

ABLAUF EINER TYPISCHEN SUKZESSION · Solange ein Acker bewirtschaftet wird, wachsen dort nur wenige Wildkräuter. Wenn die Nutzung endet, können sie sich üppig entwickeln. Die Wildkräuter, die man auch als Unkraut bezeichnet, haben zahlreiche Nachkommen und können sich somit gut ausbreiten. Es handelt sich also um *r-Strategen*. Weil sie sich am Anfang einer Entwicklung ausbreiten, nennt man sie auch **Pionierpflanzen.**

Mehrjährige Gräser und Kräuter, Sträucher und Bäume entwickeln sich später. Ihr Wachstum wird nun nicht mehr durch die Ernte abgebrochen. Nach mehreren Jahren gewinnen sie die Oberhand gegenüber den Pionierpflanzen: Langlebige Holzgewächse sind *K-Strategen*, die wenige Nachkommen haben. Sie können sich aber gegenüber anderen Pflanzen behaupten, denn in ihrem Schatten wachsen nur noch wenige krautige Pflanzen.

Während der gesamten Entwicklung sammelt sich im Boden Humus an, der Säuren enthält. Diese Säuren bewirken, dass weitere Mineralstoffe aus dem Untergrund freigesetzt werden, die Pflanzen zum Wachstum benötigen. Zwischen den Wurzeln wird mehr Wasser festgehalten als zuvor. Im Gehölz wird es immer schattiger. Das lokale Klima entwickelt sich schließlich immer stärker zu dem eines Waldes. Der Wald ist das Endstadium der in diesem Beispiel beschriebenen Sukzession.

Viele Tiere leben nur in bestimmten Sukzessionsstadien. Eidechsen brauchen sonnige Standorte. Bestimmte Schmetterlinge kommen nur dann vor, wenn ihre Futterpflanzen am Standort wachsen. Der Neuntöter findet sich nur dann ein, wenn er seine Beute an stacheligen oder dornigen Gewächsen wie Weißdorn und Schlehe aufspießen kann. Schreitet die Sukzession voran, verschwindet dieser Vogel wieder. Der Neuntöter muss dann andere Gebiete finden, in denen die für ihn wichtigen Sträucher wachsen. Auf Dauer bleibt der Neuntöter dann, wenn dafür gesorgt ist, dass es stets dornige oder stachelige Sträucher gibt.

1 Planen Sie ein Schutzprojekt für Neuntöter auf einem ehemaligen Bahnhof!

02 Ablauf einer Sukzession: Vom aufgegebenen Getreidefeld zum Wald

AUFBAU UND MERKMALE VON ÖKOSYSTEMEN
DYNAMIK UND STABILITÄT VON ÖKOSYSTEMEN

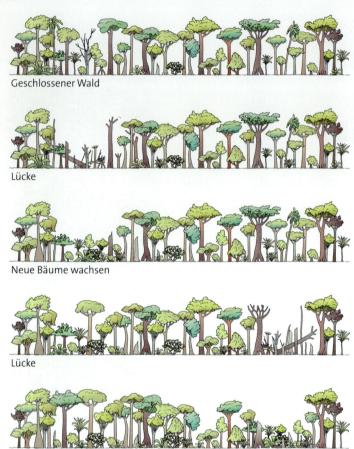

03 Mosaikzyklus im Wald

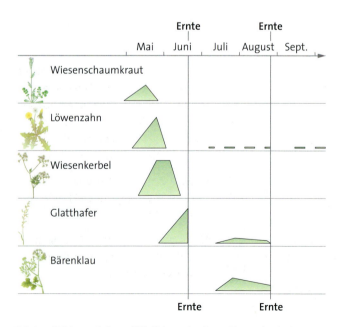

04 Aspektfolge auf einer alljährlich zweimal gemähten Glatthaferwiese

DYNAMIK IN ÖKOSYSTEMEN · Ökosysteme wie beispielsweise ein Wald unterliegen einem steten Wandel: Bäume wachsen, altern und brechen zusammen. An immer wieder anderen Stellen werden sie durch Sturm, Schneebruch oder Brände zerstört. Auf den Lichtungen kommt es anschließend zu Sukzessionen. Dort breiten sich zuerst r- und dann K-Strategen aus, genauso wie auf einem stillgelegten Bahnhof oder einem nicht mehr genutzten Getreidefeld. Auf Lichtungen wachsen zum Beispiel Springkraut, Fingerhut und Himbeere. Man beobachtet sie auch dort, wo Wald geschlagen wurde, und bezeichnet sie daher als *Schlagflur*. Samen von Schlagflurpflanzen können Jahrzehnte im Boden überdauern – so lange, bis der Baum über ihnen abstirbt und eine Lichtung entsteht. Betrachtet man ein größeres Waldstück, so lässt sich beobachten, dass verschiedene Waldbereiche aneinandergrenzen, in denen die Sukzession unterschiedlich weit fortgeschritten ist. Sie bilden ein Mosaik. Weil dies immer wieder neu entsteht, spricht man von einem **Mosaikzyklus**. Tiere, die auf Lichtungen ein gutes Angebot an pflanzlicher Nahrung finden, müssen in Abhängigkeit von der Ausbildung bestimmter Stadien im Mosaikzyklus des Waldes immer wieder neue Nahrungsplätze finden.

JÄHRLICHE VERÄNDERUNGEN · Der langfristige Wandel im Lauf einer Sukzession darf nicht mit anderen jährlich auftretenden Veränderungen verwechselt werden.
Auf einer zweimal jährlich gemähten Wiese blühen stets andere Pflanzen: Im Frühjahr prägen nacheinander Wiesenschaumkraut, Löwenzahn und Scharfer Hahnenfuß das Bild der Wiese. Sie bilden sogenannte „Blühwellen". Vor dem ersten Wiesenschnitt im Juni dominieren Wiesenkerbel, Knäuelgras und Glatthafer. Im Hochsommer öffnen sich die Blüten des Bärenklaus. Nach der zweiten Mahd im Spätsommer kommen nur noch wenige Pflanzen zur Blüte, darunter Wiesenklee und Gänseblümchen. Dieser charakteristische Wandel heißt **Aspektfolge**.

2 Vergleichen Sie Sukzession und Aspektfolge miteinander!

MATERIAL

Material A ▸ Breitwegerich auf einem Fußballfeld

Breitwegerich

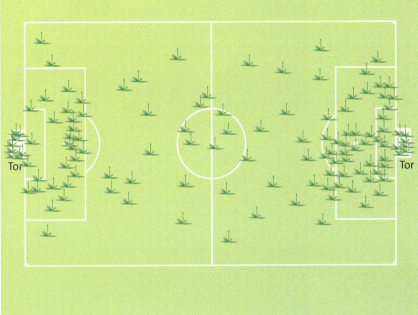

Auf einem Fußballfeld gibt es an einigen Stellen besonders viel Breitwegerich.

A1 Erklären Sie, wie das Verbreitungsbild des Breitwegerichs auf dem Fußballfeld zustande gekommen ist!

A2 Formulieren Sie Hypothesen, wie sich die Vegetation entwickeln wird, wenn man künftig nur noch den Rasen mähen, aber nicht mehr Fußball spielen würde!

A3 „Breitwegerich wächst nur dort, wo andere Pflanzen zerstört werden!" Überprüfen Sie diese Aussage auf einem anderen Rasengelände, zum Beispiel im Stadtpark, auf einem Parkplatz oder in einem Garten!

Material B ▸ Sukzession an einem Waldrand

Auf dem Bild sind drei unterschiedliche Standorte zu erkennen. Links wird gemäht, in der Mitte befinden sich der Waldsaum mit höher gewachsenen Gräsern und der Waldmantel mit Sträuchern, rechts ist der Wald.

B1 Formulieren Sie Hypothesen, wie sich die verschiedenen Standorte entwickeln!

B2 Beschreiben Sie, wie Vögel an der Entwicklung der Standorte beteiligt sein könnten!

01 Eine Rasenfläche sieht immer gleich aus, wenn sie regelmäßig gemäht wird

Stabilität und Regulation

> *Auf einer frisch gemähten Rasenfläche sind die Spuren des Rasenmähers deutlich zu erkennen. Der Rasen sieht gleichförmig aus. Nur wenige Pflanzenarten wachsen hier, andere können sich nicht entfalten. Weshalb wird aus dem Rasen keine bunte Sommerwiese?*

REGULATION DURCH DEN MENSCHEN · Durch ständig regulierende Eingriffe des Menschen wird auf der Rasenfläche eine Stabilität erreicht, die dazu führt, dass der Rasen stets gleich aussieht. Nur einige Gräser überdauern, vor allem Einjähriges Rispengras, Weißklee und Gänseblümchen. Wer jedoch nur Gras in seinem Rasen sehen will, beseitigt die anderen Gewächse durch Jäten. Man erhält schließlich einen „Englischen Rasen", den sich viele wünschen und als stabil beschreiben.

REGULATION IN DER NATUR · Wenn man den Rasen dagegen nicht mäht, laufen natürliche Prozesse ab: Es entsteht eine Blumenwiese, später durch natürliche Sukzession Gebüsch und Wald. Natürliche Ökosysteme sehen also nicht immer gleich aus, stattdessen kommt es stets zu Veränderungen. Das lässt sich im Wald sehr gut beobachten: Wenn ein alter Baum abstirbt, entsteht eine Lichtung mit Platz für lichtbedürftige Kräuter. Einige Jahre später ist die Lichtung kaum noch zu erkennen, weil dort Sträucher und schließlich neue Bäume herangewachsen sind. An den vielfältigen Veränderungen sind auch Tiere beteiligt, die sich von Pflanzen ernähren. Die Pflanzenfresser werden ihrerseits von anderen Tieren erbeutet, sodass sich die Tierpopulationen ebenfalls unaufhörlich verändern.

Obwohl diese Veränderungen kleinräumig permanent ablaufen, besteht der Wald grundsätzlich in Abhängigkeit von abiotischen Faktoren weiter. Allerdings können immer wieder andere Pflanzen und Tiere darin dominieren. Man hat also den Eindruck von **Stabilität,** obwohl sich im Kleinen dauernd etwas verändert. Ohne diese Dynamik wäre das Ökosystem anfällig gegenüber sich wandelnden klimatischen und anderen Einflüssen.

STABILE UNGLEICHGEWICHTE · In der Realität verändern sich natürliche Ökosysteme also ständig. Immer dann, wenn scheinbar ein stabiles Gleichgewicht ausbalanciert ist, entwickelt sich das Ökosystem bereits wieder in eine neue Richtung, weil sich die Standortbedingungen sowie die Populationen von Tieren und Pflanzen verändert haben.

Jedes Ökosystem behält bestimmte Eigenschaften. Der Wald zum Beispiel bleibt stets schattig. Aber er verändert sich auch, weil immer wieder andere Pflanzen und Tiere darin vorkommen. Unter dem Einfluss sich ändernder Standortfaktoren und variabler Populationen von Lebewesen kommt es zu leicht abgewandelten Sukzessionen. Paradoxerweise sind es gerade Ungleichgewichte und immer wieder neue Entwicklungen, die die Stabilität eines Ökosystems gewährleisten. Weil Änderungen die Regel sind, spricht man von **stabilen Ungleichgewichten** in natürlichen Ökosystemen. Ein **biologisches** oder **ökologisches Gleichgewicht** hingegen gibt es in der Natur nicht. Solche Gleichgewichte sind nur theoretische Vorstellungen.

Im Geflecht sehr verschiedener Ökosysteme wirken sich die stabilen Ungleichgewichte weitreichend aus: Ökosysteme, die auf den ersten Blick nichts miteinander zu tun haben, beispielsweise ein See und eine Wiese, stehen darüber in einer Beziehung zueinander.

Die Stabilität von Ökosystemen hängt nicht allein von der Anzahl an Tier- und Pflanzenarten ab. Buchenwälder, Hochmoore und Inseln in der Arktis sind zwar sehr arm an Arten, aber dennoch vergleichsweise ebenso stabil wie der artenreiche tropische Regenwald. Die ständig eintretenden geringfügigen Änderungen von Ökosystemen bringen es allerdings mit sich, dass man immer wieder überprüfen muss, welche Tier- oder Pflanzenarten noch an bestimmten Standorten vorkommen. Will man einzelne Ökosysteme, Tier- oder Pflanzenarten besonders schützen, braucht man einen Plan, wie dabei vorzugehen ist. Die darauf beruhende Pflege von Ökosystemen soll weitreichende Veränderungen verhindern und damit ein dauerhaftes Vorkommen der Arten sichern. Im Naturschutz geht es also häufig nicht nur darum, Ökosysteme vor menschlichem Zugriff zu bewahren, sondern auch um die schwierigen Aufgaben der Entwicklung und Umsetzung von Pflegeplänen für Schutzgebiete.

1 Erläutern Sie, weshalb es kein biologisches oder ökologisches Gleichgewicht gibt!

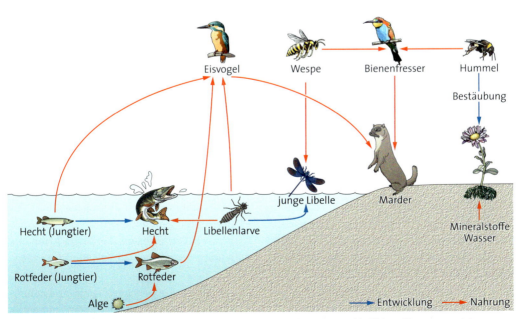

02 Stabile Ungleichgewichte: Beziehungen zwischen Lebewesen, die in unterschiedlichen Ökosystemen leben

AUFBAU UND MERKMALE VON ÖKOSYSTEMEN
DYNAMIK UND STABILITÄT VON ÖKOSYSTEMEN

03 Intensive Landwirtschaft

04 Strukturierte Landschaft

05 Neuntöter

06 Kartoffelkäfer

STABILITÄT IN DER LANDWIRTSCHAFT · Auf dem Acker strebt der Landwirt Produktivität an. Durch Pflügen, Düngung und den Einsatz von Pestiziden entstehen immer wieder die gleichen Wachstumsbedingungen für Kulturpflanzen und keine stabilen Ungleichgewichte. Der Landwirt schafft dabei eine Form von Stabilität, die nicht natürlich ist. Er fördert durch seine Tätigkeit das Wachstum von Kulturpflanzen und nicht das Ablaufen einer natürlichen Sukzession. Deshalb sieht ein Getreidefeld in jedem Jahr gleich aus. Dies ist ein wichtiges Ziel von Landwirtschaft. Auf diese Weise können die Landwirte die Bevölkerung kontinuierlich mit Lebensmitteln versorgen.

Wenn nur eine Kulturpflanze angebaut wird, entwickelt sich ein Massenbestand in Form einer **Monokultur**. Insekten, die an dieser einen Pflanzenart fressen, können sich dann stark ausbreiten. Ein Beispiel dafür ist der Kartoffelkäfer. Wenn es seine Nahrungspflanze, die Kartoffel, in großen Mengen gibt, vermehrt sich der Käfer enorm, und die Pflanze wird erheblich geschädigt. Diesem Risiko kann man durch den Einsatz von Pestiziden begegnen. Oder man legt kleine Felder an und führt einen konsequenten **Fruchtwechsel** durch, sodass die Käfer, die im Boden überwintern, im folgenden Jahr ihre Futterpflanze nicht mehr vorfinden und sich deshalb nicht weiterentwickeln können.

Eine Alternative dazu ist der Aufbau oder die Bewahrung einer reich strukturierten Landschaft. Zwischen einzelnen Feldern gibt es hier Hecken und Feldgehölze. In diesen vielfältigen Lebensräumen siedeln sich zahlreiche Vögel an, die bestimmte Insektenarten verzehren, bevor sie sich massenhaft vermehren und landwirtschaftliche Kulturen schädigen. Daher kann auch eine Vielfältigkeit von Nutzen für die Landwirtschaft sein. In einer solchen abwechslungsreichen Landschaft können sich Lebewesen in sehr weit auseinanderliegenden Ökosystemen gegenseitig beeinflussen, wie zum Beispiel Lebewesen im See und auf der Wiese.

Hecken und Feldgehölze solcher reich strukturierten Landschaften benötigen allerdings Pflege. Viele Vogelarten wie der Neuntöter leben darin nur so lange, wie die Gehölze klein sind. Heckenpflanzen müssen daher regelmäßig geschnitten werden. Auch auf Wiesen hängt die Artenanzahl von der Pflege ab. Wird häufig gemäht, überdauern nur wenige Arten, die in sehr kurzer Zeit blühen und reife Samen ausbilden. Wenn nur selten gemäht wird, verschwinden bestimmte Arten, weil sie von kräftigeren überwuchert werden. Bei einer zwei- bis dreimaligen Grasernte pro Jahr wären Wiesen am vielfältigsten und buntesten, weil dann besonders viele Pflanzenarten genügend Zeit für ihre Entwicklung haben. Die jeweilige Vielfalt an Arten und Individuen bezeichnet man als **Biodiversität**.

2 Erläutern Sie, welche Vorteile eine hohe Biodiversität für einen Standort haben kann!

MATERIAL

Material A ▸ Damhirsche und Pflanzen im Gehege

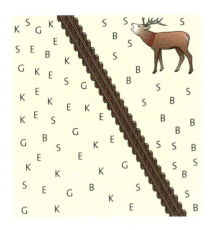

Ein Teil eines Waldes ist durch ein Wildgatter abgegrenzt. Dort leben seit Jahrhunderten Damhirsche.

- **B** Brennnessel
- **E** Efeu
- **G** Goldnessel
- **K** Knoblauchsrauke
- **S** Kleines Springkraut

A1 Beschreiben Sie das Untersuchungsergebnis!

A2 Formulieren Sie Hypothesen, mit denen die unterschiedlichen Häufigkeiten bestimmter Pflanzen innerhalb und außerhalb des Gatters erklärt werden können!

A3 Entwerfen Sie ein Kontrollexperiment für Ihre Hypothese!

Material B ▸ Löwenzahnwiese

Viele Wiesen werden so stark gedüngt, dass sich dort Pflanzen ausbreiten können, die viel Stickstoff benötigen. Sie wachsen, blühen und fruchten schnell. Zu diesen Gewächsen gehört zum Beispiel der Löwenzahn. Neben blühenden Pflanzen stehen bereits fruchtende Exemplare. Nur wenn die Früchte vor dem Mähen verbreitet werden, bleibt Löwenzahn auf der Wiese dominant.

B1 Formulieren Sie jeweils eine Hypothese, wie sich die Vegetation entwickelt, wenn der Landwirt die Löwenzahnwiese:
a) sofort mäht
b) erst in einigen Wochen mäht
c) nicht mäht

B2 Erörtern Sie an diesem Beispiel die Unterschiede zwischen menschlicher und natürlicher Regulation!

Material C ▸ Rotbuchenwald und Niederwald

Pflanzenart	Rotbuchenwald	Niederwald
Waldveilchen	+	+
Buschwindröschen	(+)	+
Brombeere	+	–
Hainsimse	+	–
Gelber Eisenhut*	–	+
Akelei*	–	+
Türkenbundlilie*	–	+
Goldhahnenfuß	–	+
Bingelkraut	–	+
Aronstab	–	+
Männliches Knabenkraut*	–	+

* geschützte Pflanzen; + vorhanden, – nicht vorhanden

Zwei Waldstücke grenzen aneinander. In dem einen stehen hohe, Schatten spendende Rotbuchen. Das andere ist ein Hainbuchenwald, der bis vor einigen Jahrzehnten als Niederwald bewirtschaftet wurde. Hier holten Bauern regelmäßig Brennholz. Nach jedem Holzeinschlag trieben die Bäume wieder aus.

Rotbuchen vertragen im Gegensatz zu Hainbuchen keine intensive Nutzung. Nach Beendigung der Niederwaldnutzung breiten sich auf seiner Fläche Rotbuchen aus.

C1 Werten Sie die Tabelle aus!

C2 Erläutern Sie, welche Folgen die Beendigung der Niederwaldnutzung für die dort wachsenden Pflanzen hat!

C3 Formulieren Sie Vorschläge, wie man den Schutz der Pflanzen des Niederwaldes mit der Nutzung seines Holzes verbinden könnte!

C4 Erläutern Sie an diesem Beispiel die Entwicklung der Biodiversität!

KLAUSURTRAINER — AUFBAU UND MERKMALE VON ÖKOSYSTEMEN

Training A ▸ Veränderungen in Ökosystemen

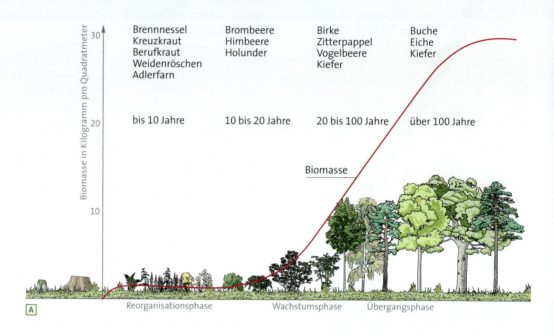

A

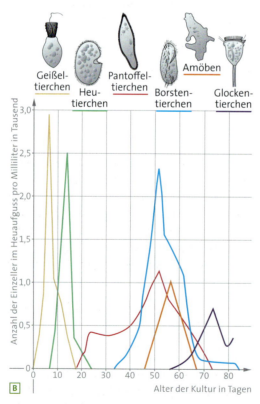

B

Die Abbildung A zeigt schematisch die Veränderung, die im Verlauf von mehr als 100 Jahren auf einem Kahlschlag eintritt. Das Diagramm B zeigt das Vorkommen von Einzellern in einem Heuaufguss im Verlauf von 90 Tagen. Einen Heuaufguss stellt man her, indem man trockenes Heu in einem Glas mit Tümpelwasser übergießt und das Glas mit einer Glasplatte bedeckt. In der Flüssigkeit entwickeln sich sehr schnell Bakterien und an der Oberfläche entsteht eine bakterienreiche Kahmhaut.

a Beschreiben und erläutern Sie die dargestellte Entwicklung nach einem Kahlschlag und benennen Sie den Vorgang!

b Übertragen Sie die Biomassekurve in ein Koordinatensystem und zeichnen Sie eine daraus abgeleitete Kurve für die Nettoproduktion!

c Vergleichen Sie den Vorgang nach einem Kahlschlag mit der Veränderung einer Wiese im Verlauf eines Jahres!

d Erläutern Sie die im Diagramm B gezeigten Vorgänge im Heuaufguss und entwickeln Sie Hypothesen zu deren Erklärung!

e Vergleichen Sie die Veränderung nach einem Kahlschlag mit der Veränderung im Heuaufguss!

Training B ▸ Biomassenumsatz in Ökosystemen

B1 Nahrungsbeziehungen

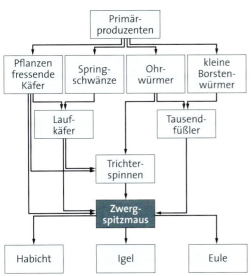

	Zwerg-spitz-maus	Mensch (40 Jahre)
Körpermasse in Gramm	ca. 10	ca. 70
Kopf-Rumpf-Länge in Zentimetern	ca. 6	ca. 75
Herzschläge pro Minute (Herzschlagfrequenz)	ca. 1000	ca. 80
Energieumsatz in Kilojoule pro Kilogramm und Stunde	ca. 160	ca. 4

Die Zwergspitzmaus ist das kleinste Säugetier nördlich der Alpen. Ihre Nahrung besteht vorwiegend aus Insekten, aber auch anderen Wirbellosen. Die tägliche Nahrungsmenge der Tiere ist größer als das eigene Körpergewicht.

a Ordnen Sie die Angaben aus dem Nahrungsnetz in ein allgemeines Schema zur funktionalen Gliederung von Ökosystemen ein!

b Werten Sie die Tabelle aus!

c Charakterisieren Sie das Ökosystem, in dem Zwergspitzmäuse leben!

B2 Biomassenproduktion im Silver-Springs-Ökosystem

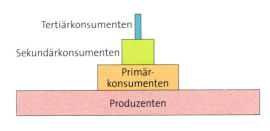

	gebildete Biomasse	Verluste durch	
		Atmung	Ausscheidung
Feuersalamander	49	32	19
Kurzschwanzspitzmaus	1,5	89	9,5

Biomassenumsatz von Kurzschwanzspitzmaus und Feuersalamander in Prozent der aufgenommenen Nahrung

Die Kurzschwanzspitzmaus, eine verwandte Art der Zwergspitzmaus, lebt im Ökosystem von Silver Springs in Nordamerika. Beide Arten haben ein ähnliches Nahrungsspektrum. Ein weiterer Bewohner in Silver Springs ist der Feuersalamander, der sich vorwiegend von Wirbellosen wie Insekten, Ringelwürmern oder Schnecken ernährt.

a Erklären Sie unter Einbezug der Abbildung die Konstruktion von Biomassenpyramiden!

b Erläutern Sie die dargestellten Ergebnisse!

c Entwerfen Sie ausgehend vom Original zwei Biomassenpyramiden, bei denen die Sekundärkonsumenten ausschließlich entweder homoiotherme oder poikilotherme Tiere sind!

GRUNDWISSEN ▸ AUFBAU UND MERKMALE VON ÖKOSYSTEMEN

Stoffwechselphysiologische Grundlagen

Absorption: Aufnahme von Strahlungsenergie durch Anregung von Elektronen.

Absorptionsspektrum: Grafische Darstellung der Absorption in Abhängigkeit von eingestrahlten Wellenlängen. Absorptionsspektren werden mit einem Spektralfotometer aufgenommen.

Wirkungsspektrum: Grafische Darstellung, aus der die Abhängigkeit der Fotosyntheserate von den eingestrahlten Wellenlängen hervorgeht.

Fotosynthese: Umwandlung von Lichtenergie in chemische Energie und Aufbau von organischer Substanz aus anorganischen Stoffen. Besteht aus lichtabhängiger Primär- und lichtunabhängiger Sekundärreaktion.

Blattpigmente: Licht absorbierende Farbstoffe in Blättern, beispielsweise Chlorophyll.

Chromatografie: Methode zur Trennung eines Stoffgemisches, bei der Stoffe aufgrund unterschiedlicher Löslichkeit in einem Fließmittel und unterschiedlicher Adsorption an einen Träger getrennt werden.

Chloroplast: Von Chlorophyll grün gefärbter Zellbestandteil, Ort der Fotosynthese.

Thylakoidmembran: Membransystem der Chloroplasten.

Fotosysteme: Fotosynthetisch wirksame Farbstoffe, die an Proteinkomplexe gebunden sind.

Elektronentransportkette: Reaktionskette von Redoxsystemen, in der Elektronen transportiert werden.

Fotolyse des Wassers: Fotochemische Spaltung von Wasser, bei der Elektronen, Protonen und elementarer Sauerstoff freigesetzt werden.

Fotophosphorylierung: Aufbau von ATP aus ADP und P_i durch Nutzung absorbierter Strahlungsenergie.

Calvin-Zyklus: Zyklischer Reaktionsablauf der lichtunabhängigen Reaktion der Fotosynthese, in dem Kohlenstoffdioxid reduziert und in organische Substanz eingebaut wird.

Carboxylierung: Verlängerung eines Moleküls um eine Carboxylgruppe.

Trophieebenen

Nahrungskette: Vereinfachte Darstellung von Nahrungsbeziehungen als Abfolge von Lebewesen oder Gruppen von Lebewesen in einem Ökosystem.

Nahrungsnetz: Modellhafte Darstellung miteinander verbundener Nahrungsketten aufgrund meist vielfältiger Nahrungsbeziehungen in einem Ökosystem.

Produzent: Lebewesen, das aus anorganischen Stoffen organische Substanzen aufbauen kann. Wichtige Produzenten sind grüne Pflanzen.

Konsument: Lebewesen, das darauf angewiesen ist, organische Substanz mit der Nahrung aufzunehmen. Zu den Konsumenten zählen Menschen, Tiere und Pilze.

Destruent: Lebewesen, der organische Substanz aufnimmt und in anorganische Stoffe überführt, die Produzenten für die Synthese organischer Stoffe benötigen. Der Begriff ist nicht eindeutig, weil Destruenten gleichzeitig auch Konsumenten sind.

Autotroph: Bezeichnung von Lebewesen, die körpereigene Stoffe aus anorganischen Stoffen aufbauen können.

Heterotroph: Bezeichnung für Lebewesen, die bereits vorhandene organische Stoffe aufnehmen müssen, um daraus körpereigene Stoffe aufzubauen.

Trophiestufe: Zusammenfassende Einordnung von Lebewesen zu Gruppen entsprechend ihrer Ernährung.

Ökologische Pyramiden: Verknüpfung der verschiedenen Trophiestufen, mit deren Hilfe Stoff- und Energieumsätze im Ökosystem bilanziert werden können.

Stoffkreisläufe

Stoffkreislauf: Kreislauf, in dem Produzenten, Konsumenten und Destruenten miteinander in Verbindung stehen und anorganische und organische Stoffe auf-, um- und abbauen.

Ammonifikation und Nitrifikation: Vorgänge im Stickstoffkreislauf, bei denen aus organisch gebundenem Stickstoff zunächst Ammonium-Ionen und dann Nitrat-Ionen gebildet werden.

Assimilation: Aufbau von körpereigenen Substanzen aus aufgenommenen Stoffen. Die zugeführte Energie wird in den aufgebauten Substanzen gespeichert.

Dissimilation: Abbau von Stoffen, in denen Energie gespeichert wurde, zum Beispiel in der Zellatmung.

Energetische Kopplung: Verknüpfung von endergonischen mit exergonischen Reaktionen. Dabei dient das ADP^+P_i/ATP-System als Akzeptor, Transportmittel und Donator von Reaktionsenergie.

Energiefluss: Umwandlung von Strahlungsenergie der Sonne in Wärmeenergie über die Energie chemischer Bindung.

Energieentwertung: Eingrenzung des Begriffs Energiefluss in Bezug auf die Verwertbarkeit von Energie für Stoffwechselprozesse. Im Gegensatz zur Strahlungsenergie oder der Energie chemischer Bindung können Lebewesen die Wärmeenergie für Stoffwechselvorgänge nicht nutzen.

Dynamik und Stabilität von Ökosystemen

Sukzession: zeitliche Abfolge verschiedener aufeinanderfolgender Stadien von Ökosystemen, die mit einem Vegetationswandel verbunden ist. Dieser geht mit der Entwicklung von Böden und der Tierwelt einher.

Klimax-Vegetation: Statische Modellvorstellung einer Vegetation, die sich in Beziehung zu Klima und Boden gesetzmäßig einstellt und am Ende einer Sukzession Bestand haben soll. Da sich Ökosysteme jedoch dynamisch weiterentwickeln, gibt es eine solche beständige Vegetation in Wirklichkeit nicht.

Mosaikzyklus: Etwa in Zyklen ablaufende Vegetationsentwicklung in Wäldern, in deren Verlauf immer wieder Gehölze aufwachsen und absterben, sodass Lichtungen entstehen. Auf diesen Lichtungen setzt dann sofort wieder eine Sukzession ein, die zur Bildung eines dichten Waldes führt.

Aspektfolge: Regelmäßige Abfolge der Entwicklung bestimmter Pflanzen in einem Gebiet im Verlauf eines Jahres.

Pionierpflanze: Kurzlebige r-Strategen, die massenhaft am Beginn einer Sukzession auftreten können und später von langlebigeren Lebewesen verdrängt werden.

Stabilität und Regulation

Stabiles Ungleichgewicht: Modellvorstellung vom Zustand eines Ökosystems, die aufgrund dauernder Veränderungen von abiotischen und biotischen Faktoren auf variablen und dynamischen Beziehungen zwischen den Lebewesen beruht. Der Begriff ersetzt die statische Vorstellung von einem biologischen oder ökologischen Gleichgewicht in einem Ökosystem. Einen solchen Dauerzustand gibt es nicht.

Monokultur: Anbau von nur einer einzigen Kulturpflanzenart in einem größeren Gebiet, welcher der Entwicklung einer großen Biodiversität entgegensteht.

Biodiversität: Vielfalt an Pflanzen- und Tierarten, an Individuen oder Ökosystemen in einem bestimmten Gebiet. Eine Vielfalt an Ökosystemen garantiert, dass eine große Diversität an Arten und Individuen existieren kann.

Ausgewählte Ökosysteme

1 **Ökosystem Wald** **118**

2 **Ökosystem See** **136**

3 **Ökosystem Fließgewässer** **152**

4 **Ökosystem Siedlung** **162**

In diesem Kapitel beschäftigen Sie sich mit

- den Merkmalen der Ökosysteme Wald, See, Fließgewässer und Siedlung;
- den Lebensbedingungen in den Ökosystemen;
- dem Einfluss von Lebewesen auf ihr jeweiliges Ökosystem;
- dem Mineralstoff-, Nährstoff- und Energietransport in den Ökosystemen;
- der Untersuchung der Ökosysteme Wald, See und Fließgewässer.

Der Schwarzmilan *Milvus migrans* nutzt als weltweit häufigster Greifvogel für den Nestbau und die Nahrungssuche sehr verschiedene Ökosysteme.

AUSGEWÄHLTE ÖKOSYSTEME
ÖKOSYSTEM WALD

01 Buchenwald

Vom Wald zum Forst

> „Jahrtausende standst du schon,
> O Wald, so dunkel kühn,
> Sprachst allen Menschen künsten Hohn
> Und webtest fort dein Grün."
>
> So dichtete in der Romantik Friedrich Schlegel. Aber der Wald, wie wir in heute kennen, ist nicht von „Menschenkünsten" unberührt. Er ist vielmehr das Ergebnis geplanter, intensiver Nutzung. Seit Jahrtausenden sind Wälder die am einfachsten zugängliche Quelle für Energie, Baustoffe und Nahrung.

WALDGESCHICHTE · Bis weit in das 20. Jahrhundert war Holz auch in Europa der Hauptenergie- und Baustofflieferant. Es wurde aber nicht nur direkt zum Kochen, Heizen und Bauen verwendet, sondern auch von Köhlern zu Holzkohle verarbeitet. Diese diente in den ersten industriellen Anfängen als Energiequelle zum Beispiel bei der Herstellung von Glas. Im Bergbau wurden ebenfalls große Mengen Holz zum Abstützen der Stollen und Holzkohle zum Befeuern der Schmelzöfen verbraucht. Außerdem wurde Vieh in dorfnahe Wälder getrieben, wo es Bucheckern, Eicheln und Blätter fraß. Das Laub der Wälder diente Bauern als Einstreu im Viehstall und auch als Füllung für Kissen und Bettbezüge. Des Weiteren wurden Pilze, Kräuter und Beeren im Wald gesammelt. Für solche Formen der Kleinnutzung hatten die Menschen freien Zugang zum Wald, auch wenn dieser ihnen nicht gehörte. Der Holzeinschlag und die Jagd waren dagegen den oft adligen Besitzern vorbehalten.

FORSTWIRTSCHAFT · In Europa existieren nur noch wenige Urwaldreste. Die meisten unserer heutigen Wälder sind das Ergebnis jahrhundertelanger, intensiver und vor allem geplanter Nutzung. Es handelt sich also um Wirtschaftswälder, die man als **Forst** bezeichnet. Rund 11 Millionen Hektar, ungefähr ein Drittel der Fläche Deutschlands, sind heute bewaldet. Fast die Hälfte der deutschen Wälder ist in Privatbesitz, etwa 35 Prozent gehören dem Staat. Der Rest ist Kircheneigentum, im Besitz von Körperschaften des öffentlichen Rechts, wie Städte, Gemeinden oder Universitäten, oder befindet sich noch im Prozess der Privatisierung des

Volkseigentums der damaligen DDR. Die örtlichen Forstämter überwachen die Bewirtschaftung der Wälder nach streng festgelegten ökonomischen und ökologischen Richtlinien. Durch unterschiedliche Bewirtschaftung entstehen unterschiedliche Waldtypen. Im sogenannten **Niederwald** werden alle 10 bis 25 Jahre Bäume abgesägt. Bei geeigneten Arten wie Hasel, Esche oder Ahorn schlagen die Baumstümpfe wieder aus. Dieser Stockausschlag diente früher zum Korbflechten. Reisig diente zum Anfeuern und Rinde wurde zum Gerben verwendet. Durch ständige Nutzung entstehen so im Niederwald strauchartige Bäume von drei bis zehn Meter Höhe.

Dagegen kennzeichnet ein mehr oder weniger geschlossenes Baumkronendach den **Hochwald**. Die Bäume können durch Pflanzung gleichaltrig oder durch natürliche Verjüngung über Samenanflug ungleichaltrig sein. Heute sind in Deutschland fast alle Wälder Hochwälder.

Ein **Mittelwald** steht in der forstlichen Nutzung zwischen Hoch- und Niederwald. Ein Teil der Bäume oder deren Stockausschläge werden im Mittelwald immer wieder genutzt, während man einzelne Bäume mit einer dem Hochwald entsprechenden Umtriebszeit, also der Zeit von der Pflanzung bis zur Ernte von 80 bis 120 Jahren, hochwachsen lässt. Während es Anfang des 20. Jahrhunderts noch viele Nieder- und Mittelwälder gab, ist ihr Anteil heute auf etwa 4 Prozent gesunken.

INTENSIVIERUNG DER NUTZUNG · Die Forstwirtschaft wurde ab dem 19. Jahrhundert intensiviert. Technische Geräte wie Kettensägen und Traktoren ersetzten Handsägen und Pferde. Auf großen Flächen wurden schnell wachsende Nadelbäume in Monokultur angepflanzt. Nach etwa 80 Jahren erntete man alle Bäume mit Kahlschlag und forstete die freie Fläche wieder auf. Monokulturen haben jedoch einige schwerwiegende Nachteile. Sie sind relativ arm an ökologischen Nischen und anfällig für Schädlinge und Sturmschäden. Daher geht man heute wieder vermehrt zu Mischwaldwirtschaft mit standortgerechten Bäumen über.

Schnell wachsende Plantagenwälder mit Monokulturcharakter werden heute vor allem zur Nutzung von Holz als kohlenstoffdioxidneutraler Energiequelle in Form von Holzchips und Pellets angepflanzt.

In naturnah bewirtschafteten Wäldern kommen hingegen alle Altersklassen von Bäumen vor. Die Nutzung erfolgt meist durch die Entnahme einzelner Bäume und so entsteht ein naturnaher **Stockwerkbau:** Die oberste *Baumschicht* besteht aus den Hauptbaumarten des Standorts, die eine Gesamthöhe von etwa 40 Meter erreichen. Darunter befindet sich eine zweite, niedrigere Baumschicht mit jüngeren Bäumen und Begleitbaumarten. Als Nächstes folgt die *Strauchschicht* und in Bodennähe die *Kraut-* und die *Moosschicht*.

02 Köhlerei

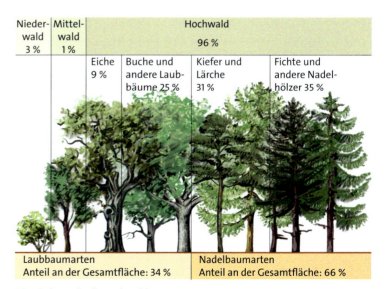

03 Nieder-, Mittel-, Hochwald

AUSGEWÄHLTE ÖKOSYSTEME
ÖKOSYSTEM WALD

NUTZUNGSKONFLIKTE · Bereits im Jahr 1713 verfasste Hans Carl VON CARLOWITZ ein Manifest zur nachhaltigen Nutzung der Wälder, das die Grundlage der deutschen Forstwirtschaft bildet. Diesem Prinzip verdanken wir, dass auch heute noch weite Teile von Deutschland bewaldet sind. Zunächst beinhaltete der Begriff der Nachhaltigkeit rein ökonomische Überlegungen. Seit den 1980-er Jahren wurde das Prinzip um die ökologische und soziale Dimension erweitert und damit viel komplexer. Denn neben den bereits genannten Nutzungsmöglichkeiten erfüllt der Wald noch viele andere Bedürfnisse. Er ist ein Ökosystem und bietet Lebensraum für etwa ein Fünftel aller in Deutschland heimischen Arten. Als Kohlenstoffdioxidspeicher kommt den Wäldern in der Klimawandeldebatte eine völlig neue Bedeutung zu. Die Vielseitigkeit der Nutzung führt jedoch häufig zu Konflikten zwischen ökonomischen, ökologischen und sozialen Ansprüchen an die Waldbewirtschaftung. Dies bedeutet, dass der Wert des Waldes heute nicht nur im potenziell zu erwirtschaftenden Gewinn durch Nutzung des Holzes gemessen wird. Auch der finanziell schwer festlegbare Wert als Ort der Erholung, für sportliche Aktivitäten aller Art oder als Lebensraum für gefährdete Arten wird indirekt berücksichtigt. Wichtig ist, möglichst viele Interessengruppen an einen Tisch zu bringen und eine breite Basis von Zustimmung für die Konfliktlösung zu erreichen.

STECKBRIEF

Hans Carl VON CARLOWITZ (1645–1714)

gilt als Begründer des Prinzips der Nachhaltigkeit. Als Oberhauptmann war er für verschiedene Erzbergwerke und Schmelzhütten zuständig. Der akute Holzmangel infolge des Dreißigjährigen Krieges war damals eines der größten Probleme. Der Bergbau, für den große Mengen Holz und Holzkohle benötigt wurden, war dadurch in seiner Existenz bedroht. CARLOWITZ erkannte, dass sich kurzfristiges Streben nach Profit im Wald, dessen Bäume mehrere Jahrzehnte zum Wachsen brauchen, besonders zerstörerisch auswirkt. Er schrieb 1713 in seinem Buch Sylvicultura Oeconomica, dass man mit Verkauf von Holz in kurzer Zeit „ziemlich viel Geld heben" kann, aber sind die Wälder erst einmal zerstört, „so bleiben auch die Einkünfte daraus auff unendliche Jahre zurücke … sodaß unter dem scheinbaren Profit ein unersetzlicher Schade liegt". Er empfahl daher, „daßwegen sollten wir unsere oeconomie … dahin einrichten, daß wir keinen Mangel daran [an Holz] leiden, und wo es abgetrieben ist, dahin trachten, wie an dessen Stelle junges wieder wachsen möge".

1 Stellen Sie die verschiedenen Funktionen des Waldes in einer Übersicht dar!

2 Diskutieren Sie anhand der Fotos die Wichtigkeit des Waldes. Berücksichtigen Sie dabei die drei Dimensionen der Nachhaltigkeit!

3 Geben Sie begründet zwei weitere Bereiche menschlicher Aktivitäten an, für die das Prinzip der Nachhaltigkeit zentral ist!

04 Nutzungsmöglichkeiten des Waldes: **A** Forstmaschine, **B** schlafende Wildkatze, **C** Mountainbiker

MATERIAL

Material A ▸ Pollenanalyse

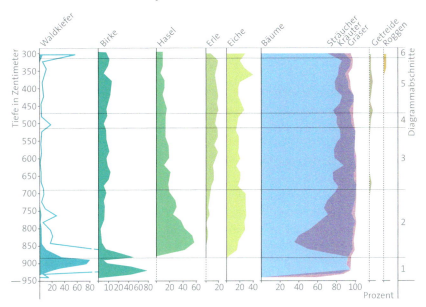

Seen oder Moore sind gewissermaßen historische Archive, weil in ihren Sedimenten Pollenkörner konserviert wurden. Die Sedimentschicht, in der die Pollenkörner gefunden werden, entstand in derselben Zeit, in der die Pollenkörner liefernden Bäume wuchsen. In jeder Schicht eines Profils, das meist in Form eines Bohrkerns entnommen wird, findet man ein charakteristisches Mengenverhältnis von Pollenkörnern. Diese lassen Rückschlüsse auf die Häufigkeit verschiedener Baumarten und damit auch indirekt auf die früher vorhandenen Standorteigenschaften zu.

A1 Beschreiben Sie das nebenstehende Pollendiagramm und werten Sie aus, was es über die Geschichte des Standorts aussagt!

A2 Stellen Sie begründete Vermutungen an, wie sich Ihrer Meinung nach der derzeitige Klimawandel in zukünftigen Pollenanalysen bemerkbar machen könnte!

Material B ▸ Holzproduktion

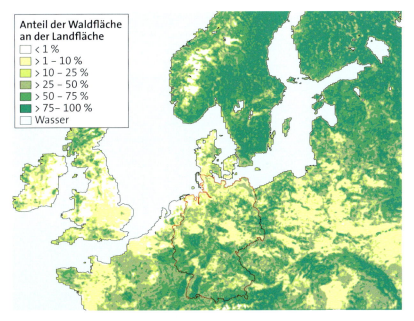

Stellen Sie sich vor, Sie sind ein Manager, der den Bau einer neuen Papierfabrik plant. Für Ihre Entscheidungen nutzen Sie Bilder wie die Abbildung oben. Sie werden mit sogenannten Geografischen Informationssystemen (GIS) erstellt. Raumbezogene Daten, wie zum Beispiel Sattelitenbilder oder Statistiken, werden so digital erfasst, analysiert und grafisch präsentiert.

B1 Recherchieren Sie, welche Baumarten bei der Papierherstellung genutzt werden und wo diese hauptsächlich wachsen!

B2 Analysieren Sie die Karte und begründen Sie, wo im geografischen Europa Sie diese Fabrik bauen würden! Berücksichtigen Sie auch politische und wirtschaftliche Zusammenhänge sowie Transportwege!

B3 Präsentieren Sie Ihre Ergebnisse und versuchen Sie die anderen Kursteilnehmer von Ihrem Vorschlag zu überzeugen!

AUSGEWÄHLTE ÖKOSYSTEME
ÖKOSYSTEM WALD

IM BLICKPUNKT GEOGRAPHIE

Wälder der Erde

BEDEUTUNG · Die Wälder der Erde haben eine Gesamtfläche von 35 bis 40 Millionen Quadratkilometern. Das entspricht etwa einem Viertel der Landfläche. Ein Teil davon befindet sich noch in einem urwüchsigen Zustand und heißt **Primär-** oder **Urwald**. Andere Wälder wurden vom Menschen mehr oder weniger stark verändert. In einigen solchen **Sekundärwäldern** kommen noch ursprüngliche Gehölzarten vor, in Deutschland zum Beispiel die Rotbuche und in einigen Gebirgen auch die Weißtanne. Einige Wälder, zum Beispiel viele Fichtenwälder, wurden vom Menschen vollständig verändert und bestehen nur aus Baumarten, die dort von Natur aus nicht wachsen würden.

NUTZEN DER WÄLDER · Holz ist ein sehr wichtiger Rohstofflieferant. Es dient als *nachwachsender Rohstoff* zum Bauen, zur Herstellung von Werkzeug und Papier sowie zum Heizen. Wälder speichern große Mengen an Kohlenstoff und Wasser. Sie regulieren das Klima, auch in ihrer Umgebung. Im Gebirge schützen Wälder Siedlungen vor Lawinen und Erdrutschungen. Viele Menschen schätzen den Erholungswert eines Waldes.

WALDZONEN · Es gibt drei Waldzonen auf der Erde: tropische Regenwälder entlang des Äquators, Wälder der gemäßigten Zonen auf der Nord- und der Südhalbkugel. Zu ihnen zählen boreale Nadelwälder in kälteren und trockenen Gebieten, nemorale Laubwälder, die sich bei mildem Klima ausbilden, und mediterrane Hartlaubwälder in warmen und trockenen Regionen. In den noch trockeneren Gebieten zwischen den Tropen und den gemäßigten Zonen wachsen keine Bäume. Auch in arktischen Breiten gibt es keine Bäume, weil Bäume zu Eis gefrorenes Wasser nicht aufnehmen können.

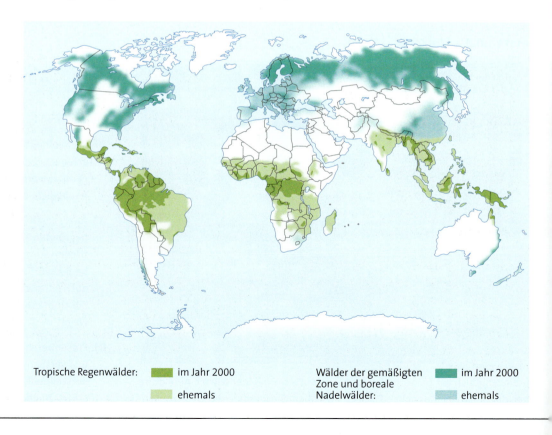

01 Wälder der Erde

STECKBRIEF

LAUBWALD

Vorkommen: Laubwälder der gemäßigten Zonen, die nemoralen Laubwälder, sind auf der Nordhalbkugel weit verbreitet. Dort gibt es im Gegensatz zur Südhalbkugel große Landmassen mit günstigem Klima.

Erscheinungsbild: Die oft recht artenarmen Wälder sind im Sommer dicht belaubt. Die Bäume verlieren im Herbst ihre Blätter.

Lebensbedingungen: Nemorale Laubwälder gibt es nur im Bereich des ozeanischen Klimas, in dem weder die Sommer extrem heiß noch die Winter extrem kalt sind.

Flora und Fauna: Auf der Nordhalbkugel sind Buchen und Eichen verbreitet, auf der Südhalbkugel die Südbuche. In den Wäldern leben vor allem zahlreiche Arten kleiner Tiere.

STECKBRIEF

NADELWALD

Vorkommen: Nadelwälder der kühlgemäßigten Zonen, die borealen Nadelwälder oder Taiga, sind in Nordeuropa, Sibirien und Nordamerika sowie in einigen Gebirgen verbreitet.

Erscheinungsbild: Die meisten Nadelbäume sind immergrün, die Wälder artenarm.

Lebensbedingungen: Die Blattflächen der Nadelbäume sind klein, die Bäume überstehen daher Trockenperioden: im Sommer, wenn es wenig regnet und heiß ist, und im Winter, wenn Wasser zu Eis gefroren und ebenfalls nicht verfügbar ist.

Flora und Fauna: Fichten und Kiefern sind besonders weit verbreitet. In lichteren Wäldern kommen Großsäuger vor, beispielsweise Elche.

STECKBRIEF

HARTLAUBWALD

Vorkommen: Hartlaubwälder wachsen am Mittelmeer und in anderen Gebieten mit einem mediterranen Klima, beispielsweise in Kalifornien und Teilen Australiens.

Erscheinungsbild: Die Blätter der immergrünen Gehölze haben eine dicke Kutikula, die vor Austrocknung schützt.

Lebensbedingungen: Hartlaubwälder gedeihen in Winterregengebieten. Sie können lange Trockenperioden im Sommer überstehen.

Flora und Fauna: Es gibt artenreiche und artenarme Hartlaubwälder. Typisch sind Lorbeer- und Eukalyptuswälder. Aus dem Gebiet stammen wichtige Haustiere wie das Schaf.

STECKBRIEF

TROPISCHER REGENWALD

Vorkommen: Tropische Regenwälder kommen nur in den inneren Tropen vor, wo es niemals Frost und kaum jahreszeitliche Unterschiede gibt. Hier herrscht ein Tageszeitenklima mit täglichem Regen.

Erscheinungsbild: Die sehr vielfältigen Wälder sind immergrün. Unterschiedlich hohe Bäume bilden verschiedene Stockwerke, es gibt zahlreiche Lianen.

Lebensbedingungen: Das Tropenklima ist ganzjährig heiß und feucht.

Flora und Fauna: Tropische Regenwälder sind sehr alte Ökosysteme. Ihr Reichtum an Tier- und Pflanzenarten ist durch Abholzung bedroht.

AUSGEWÄHLTE ÖKOSYSTEME
ÖKOSYSTEM WALD

01 Moos in einem schattigen Wald

Ökologie des Waldes

Im Schatten des Waldes entwickeln sich ausgedehnte Moospolster. Nicht nur große Bäume, sondern auch die ausgesprochen kleinen Moospflänzchen sind kennzeichnend für dieses Ökosystem. Welche Zusammenhänge bestehen zwischen ihnen und weiteren Lebewesen?

WALDBINNENKLIMA · Wenn Bäume Laub tragen, dringt nur wenig Sonnenlicht bis zum Waldboden vor. Im Inneren des Waldes wird die Luft daher weniger stark erwärmt als außerhalb. Es verdunstet weniger Wasser, sodass es im Wald relativ feucht ist. Vom offenen Land wird bei Nacht Wärme an die Atmosphäre abgegeben. Im Wald dagegen wird wärmere und feuchte Luft unter dem Blätterdach zurückgehalten. Dadurch entsteht ein ausgeglichenes und feuchtes **Waldbinnenklima**. Luftströmungen aus dem Wald stabilisieren auch das Klima in seiner Umgebung: Wenn über dem offenen Land die von der Sonne erwärmte Luft aufsteigt, wird kühlere Luft aus dem Wald nachgesaugt.

MOOS ALS WASSERSPEICHER · Das feuchte Waldbinnenklima begünstigt die Fortpflanzung vieler Moose. Sie haben nämlich einen besonderen Entwicklungszyklus. Die Spermatozoide gelangen im Wasser zu den weiblichen Fortpflanzungsorganen. Moose können sich also nur dann fortpflanzen, wenn Wasser zwischen ihren zarten Blättchen durch Adhäsion festgehalten wird.

Moose erfüllen im Wald eine besonders wichtige ökologische Funktion: Sie halten Wasser zurück, das von den Blättern tropft. Wasser steht deshalb Pflanzen und Tieren im Wald auch lange nach einem Regen noch zur Verfügung. Es gelangt nicht sofort, sondern nur allmählich in die Bäche. Daher kommt es in einem Waldgebiet seltener zu Hochwasser als in einer waldarmen Gegend. Dieses Speichern von Wasser wird als **Retention** bezeichnet. Wenn man moosreiche Wälder aufbaut und pflegt, kann man Hochwasser verhindern. Eine zu dicke Moosdecke kann jedoch die Belüftung des Bodens und der Baumwurzeln behindern.

AUFBAU DES WALDBODENS · Gräbt man im Wald ein Loch von etwa einem Meter Tiefe, erkennt man den Aufbau des Waldbodens. Unter der mehr oder weniger dicken Streu mit Laubresten stößt man auf weitere, unterschiedlich gefärbte Schichten, die **Bodenhorizonte.** Im Boden werden sowohl abgestorbene pflanzliche und tierische Substanz als auch Gestein abgebaut. Als Resultat davon bildet sich ein charakteristisches **Bodenprofil** heraus. Es besteht aus dem meist dunkleren Oberboden oder **A-Horizont**, dem oft helleren Unterboden oder **B-Horizont** und dem von Gesteinsbrocken durchsetzten **C-Horizont**.

BODENBILDUNG · Pflanzenwurzeln, die in den Boden vordringen, geben Wasserstoff-Ionen ab. Im Austausch nehmen sie Mineralionen auf. Im Boden reichern sich dadurch Wasserstoff-Ionen an. Infolgedessen sinkt der pH-Wert und der Boden wird saurer. Die Säuren des Bodens greifen das Ausgangsgestein an. Weitere Mineralionen werden freigesetzt. Diese stehen dann den Pflanzen zur Verfügung. Weil Wurzeln bei ihrem Wachstum weiter in den Boden vordringen, können Wasser und Mineralstoffe aus immer neuen Bereichen aufgenommen werden. Gelangen Wurzeln ausdauernder Pflanzen bis in die Risse und Spalten im Gestein, können sie dieses durch ihr Dickenwachstum sprengen.

Zahlreiche kleine Bodenorganismen, die insgesamt das **Edaphon** bilden, ernähren sich von den Überresten abgestorbener Pflanzen und Tiere, die sich an der Bodenoberfläche ansammeln. Ein Teil der organischen Substanz wird dabei mineralisiert, also in anorganische Stoffe überführt. Diese Mineralstoffe können erneut von Pflanzenwurzeln aufgenommen werden und so wieder in die Nahrungskette gelangen. Beim Abbau organischer Substanz entstehen weitere Säuren, unter anderem Huminsäure. Gemeinsam mit anderen organischen und anorganischen Bestandteilen bildet sie den **Humus.**

Da sowohl durch den Ionenaustausch an den Pflanzenwurzeln als auch beim Abbau organischer Substanz Säuren entstehen, nimmt ihre Menge im Boden zu. Man sagt, dass der Boden versauert. In einem sauren Boden ist die Aktivität des Edaphons eingeschränkt. Der Abbau organischer Substanz wird dann verlangsamt, sodass sich an der Bodenoberfläche nicht oder nur wenig zersetzter **Rohhumus** ansammelt. Außerdem kommt es zu einer Auswaschung von Tonmineralien aus dem Ober- in den Unterboden. Im Bodenprofil ist dies daran zu erkennen, dass der A-Horizont ausbleicht, der B-Horizont aber eine dunklere Farbe annimmt.

Die Ausgangsgesteine, auf denen sich die Böden entwickeln, haben unterschiedliche Zusammensetzungen. Wenn sie ausreichend Kalk enthalten, kann die Wirkung der Säuren abgepuffert werden, sodass die Lebensbedingungen für die Organismen des Edaphons optimal bleiben. Allerdings vermindert ein hoher Kalkgehalt des Bodens die chemische Verwitterung und die Freisetzung von Mineral-Ionen aus dem Ausgangsgestein und den Tonmineralstoffen.

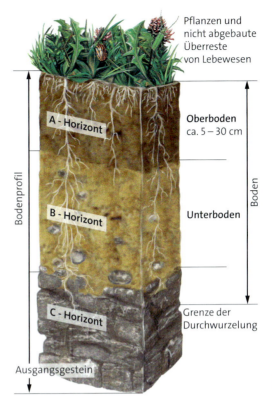

02 Profil eines Waldbodens

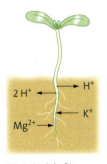

03 Beispiele für einen Austausch von Ionen an der Wurzel

1 Erläutern Sie, weshalb ein leicht saurer Boden besonders günstige Bedingungen für das Edaphon und die Pflanzen bietet!

AUSGEWÄHLTE ÖKOSYSTEME
ÖKOSYSTEM WALD

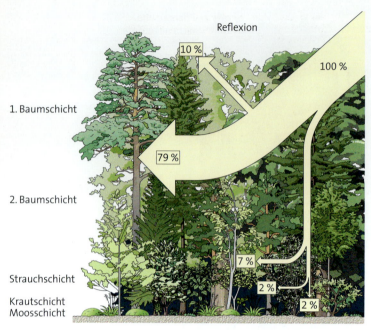

04 Die Schichten des Waldes und die Lichtmengen, die zu ihnen gelangen

Laubwaldarten		J F M A M J J A S O N D
Baumschicht	Rotbuche	
	Stieleiche	
Strauchschicht	Hasel	
Krautschicht, Frühblüher	Buschwindröschen	
	Hohler Lerchensporn	
Frühblühende Sommergrüne	Vielblütige Weißwurz	
	Einblütiges Perlgras	
spätblühende Sommergrüne	Riesenschwingel	
	Waldzwenke	
Farne	Gemeiner Wurmfarn	
Überwinternde grüne Pflanzen	Waldsauerklee	
	Waldflattergras	

diesjährige Blätter — überwinternde Blätter — Blüten
Mittelwerte aus drei Beobachtungsjahren

05 Blüten- und Blattentwicklung einiger Laubwaldpflanzen

SCHICHTENAUFBAU DES WALDES · Die Pflanzen eines Waldes kann man einzelnen Schichten oder **Stockwerken** zuordnen. In der obersten **ersten Baumschicht** dominieren beispielsweise Buchen oder Eichen. In der **zweiten Baumschicht** gibt es Jungpflanzen dieser Baumarten sowie in vielen Wäldern Hainbuchen. Darunter befindet sich die **Strauchschicht** mit Haselbüschen, Holunder und Vogelbeere. Auch in der Strauchschicht stehen Jungpflanzen von allen genannten Baumarten. Weil junge Bäume jeglichen Alters allmählich nachwachsen, kann man viele von ihnen nicht klar einer bestimmten Baumschicht zuordnen. Am Boden sind schließlich die **Kraut-** und die **Moosschicht** ausgebildet.

Allen Pflanzen im Wald stehen Wasser und Mineralstoffe zur Verfügung. Die Lichtmengen, die zu ihren Blättern gelangen, sind aber sehr verschieden. Blätter in den Baumkronen erhalten viel mehr Licht als beschattete Blätter. Lange von der Sonne beschienene Blätter geben bei der Transpiration mehr Wasser ab und können eher unter Trockenschäden leiden als Blätter, die sich im Schatten befinden. Daher sind die Blätter in den Außenbereichen der Baumkronen oft schmaler als im Innenbereich. Sie haben auch als Außenhaut eine dickere Kutikula, die sie vor Trockenschäden bewahrt.

In Laubwäldern dringt nur dann viel Licht bis zum Waldboden vor, wenn die Bäume und Sträucher noch kahl sind. Im März und April kann man in vielen Wäldern ganze Teppiche von Buschwindröschen finden, dazu Scharbockskraut und Lerchensporn. Wenn es wärmer wird, treiben diese Pflanzen dann aus dicht an der Oberfläche liegenden Wurzelstöcken oder Zwiebeln rasch Blätter und Blüten aus. Diese oberirdische Entwicklung ist begünstigt durch das Licht und wird bereits beendet, wenn sich Buchen und Eichen belauben. Man nennt diese Waldbodenpflanzen Frühblüher oder gemäß ihrer Lebensform **Frühjahrsgeophyten**.

Im Sommer wachsen im Wald nur solche Kräuter, die auch im Schatten Fotosynthese betreiben können. Zu ihnen zählen Perlgras, Sauerklee, Flattergras, Riesenschwingel und Waldzwenke.

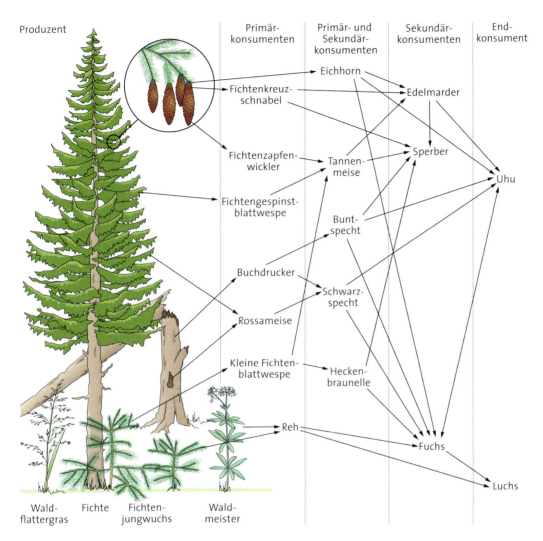

06 Nahrungsbeziehungen im Wald

NAHRUNGSBEZIEHUNGEN · In einem dichten Wald gibt es nur wenig Nahrung für große Tiere: Wildschweine ernähren sich von Eicheln, Bucheckern, Pilzen und Insektenlarven. Viele Tiere, die wir für Waldbewohner halten, beispielsweise Rehe und Hirsche, ernähren sich vor allem von Pflanzen, die außerhalb des Waldes wachsen. Im Wald finden diese Tiere Schutz. Außerdem verbeißen sie dort junge Gehölztriebe. Weil Knospen und junge Blätter im Vergleich zu älteren weniger Zellulose enthalten, können sie von den Tieren besser verdaut werden.

Im Wald sieht man viele kleine Tiere, die ausschließlich an bestimmten Pflanzenarten oder sogar nur an bestimmten Teilen dieser Pflanzen fressen. Die Fichtengespinstblattwespe beispielsweise ernährt sich ausschließlich von Fichtennadeln. Insekten gehören zur Nahrung zahlreicher Vogelarten des Waldes wie Meisen und Spechten. Größere Vögel und kleine Säugetiere fressen zwar auch Insekten, erbeuten aber ebenso kleinere Vögel oder deren Eier. Edelmarder sind typische Nesträuber. Uhu und Luchs, die auch größere Tiere oder deren Jungtiere erbeuten, sind ausgesprochen selten. Marder und Füchse können sich unter natürlichen Bedingungen gut entwickeln. Allerdings reicht dann häufig das Nahrungsangebot im Wald nicht mehr aus, sodass diese Tiere ebenso wie Wildschweine in Siedlungen auf Nahrungssuche gehen.

07 Verbissschaden

2 Erläutern Sie Konsequenzen, die sich aus dem Fehlen von Luchsen in Waldökosystemen ergeben!

AUSGEWÄHLTE ÖKOSYSTEME
ÖKOSYSTEM WALD

08 Schadbild des Buchdruckers an Fichte

09 Schwammbefall an einer Buche

LEBENSRAUM BAUM · Viele kleine Tiere, die an einem Baum leben, können ihn auch derart schädigen, dass er schließlich abstirbt. Dies ist beim Buchdrucker der Fall. Dieser kleine Käfer legt seine Eier in die Leitbahnen in der Rinde von Fichten. Die Larven ernähren sich von den Assimilaten, die im Phloem von den Blättern zu den Wurzeln transportiert werden. Sie gelangen durch Gänge, die sie allmählich anlegen, an weitere Leitbahnen mit Assimilaten. Wenn nur noch wenige Kohlenhydrate in den Wurzelraum der Fichte gelangen, wird diese geschädigt und kann schließlich absterben. Die Gänge der Buchdruckerlarven sehen wie Schriftzeichen aus. Von ihnen erhielten die Käfer ihren Namen. Spechte legen die Fraßgänge durch Klopfen mit ihren Schnäbeln frei. Die Buchdruckerlarven dienen ihnen als Nahrung. Sie werden also gefressen, bevor sie größeren Schaden anrichten. Spechte werden daher als Nützlinge bezeichnet. Verlassene Spechthöhlen können von anderen Tierarten genutzt werden, beispielsweise von bestimmten Fledermausarten, Spinnen und weiteren Wirbellosen.

Wo das Pflanzengewebe zerstört wurde, können Pilze zwischen dessen Zellen eindringen. Sie lösen Pektin in den Mittellamellen zwischen einzelnen Zellen auf und bauen daraus ihre eigenen Körper auf. Mit langen Zellfäden, sogenannten Hyphen, durchziehen sie schließlich immer weitere Bereiche des Holzgewebes. Der Kontakt der Zellen wird dabei gelöst: Holz wird auf diese Weise morsch. Erst nach längerer Entwicklung bilden die Pilze Fruchtkörper. Wenn sie zu erkennen sind, ist der Baum meistens nicht mehr zu retten: Morsche Äste brechen ab, Bäume fallen um.

Vor allem an der Bodenoberfläche und in den obersten Bodenschichten werden die einzelnen Zellen weiter zersetzt. Mikroorganismen bauen Zellulose und Lignin ab. Sie leben entweder frei im Boden oder als Symbionten in Tieren, beispielsweise in Insekten. Sie vermehren sich im Verdauungstrakt ihrer Wirtstiere, denen sie anschließend als Nahrung dienen.

3 J Erklären Sie, wie Holz morsch wird!

MATERIAL

Material A ▸ Bodenfunktion

Die Abbildung zeigt den Einfluss der Bodenreaktion auf die Bodenfunktion.

A1 Beschreiben Sie die in der Grafik dargestellten Messergebnisse!

A2 Erläutern Sie, wie sich die Prozesse in einem Boden unter dem Einfluss der Bodenversauerung verändern!

A3 Erschließen Sie, welchen Einfluss eine Kalkung auf einen Boden mit pH 4 hat!

A4 Begründen Sie, weshalb ein leicht saurer Boden für das Pflanzenwachstum am günstigsten ist!

Material B ▸ Fotosyntheseraten

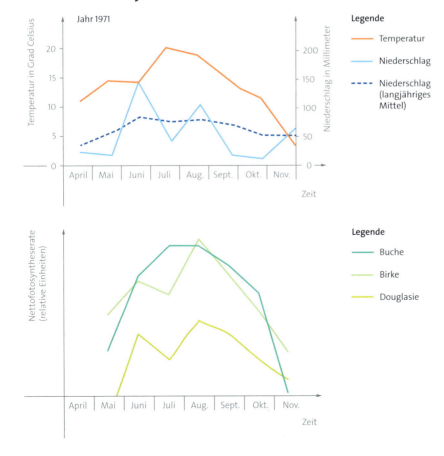

Die Nettofotosyntheseraten von Rotbuche, Hängebirke und Douglasie im Sommerhalbjahr wurden bestimmt und zu Temperaturen und Niederschlägen in Beziehung gesetzt.

B1 Beschreiben Sie die in den Diagrammen dargestellten Ergebnisse!

B2 Begründen Sie, für welche Baumart eher Temperatur und für welche eher Niederschläge wachstumsentscheidend sind!

B3 Erläutern Sie, weshalb unter den angegebenen Verhältnissen Laubbäume langfristig den Nadelbäumen überlegen sind!

IM BLICKPUNKT UMWELT

Waldschäden

DER SCHOCK „WALDSTERBEN" · In den frühen 1980-er Jahren ging eine Schreckensmeldung durch die Medien: Der Wald wird von Rauchgasen bedroht, die bei der Verbrennung von Erdöl und Kohle in Heizungs- und Industrieanlagen sowie in Autos freigesetzt werden. Die schwefel- und stickstoffhaltigen Bestandteile der Rauchgase werden in der Atmosphäre in Wasser gelöst. Es bilden sich Säuren, die mit dem Regen auf die Erdoberfläche und damit auf die Bäume gelangen. Dieser Niederschlag wird als *„saurer Regen"* bezeichnet.

Umfassende Forschungsprojekte wurden gestartet, in denen man Waldökosysteme und deren Schädigungen untersuchte. Dabei stellte man fest, dass es tatsächlich sowohl zu einer direkten Schädigung von Blättern in Form einer Verätzung kam als auch zu einer stärkeren Versauerung der Böden. In den versauerten Böden war die Aktivität des Edaphons eingeschränkt, daher wurden weniger organische Substanzen mineralisiert.

Es zeigte sich, dass das „Waldsterben" noch zahlreiche weitere Ursachen hatte. An Fichten stellte man zunächst besonders heftige Schäden fest. Viele dieser Bäume standen auf Flächen, die erst seit dem 18. Jahrhundert wieder zu Wald wurden. Solche Flächen waren oft arm an Mineralstoffen, die ihnen zuvor während lang andauernder landwirtschaftlicher Nutzung entzogen wurden. Auf den unfruchtbaren Böden wuchsen die Fichten zunächst recht gut, im Alter zeigten sie aber Mangelerscheinungen. Die alt und anfällig gewordenen Bäume wurden zudem häufiger vom Buchdrucker befallen. Viele Ursachen wirkten zusammen. Vor allem in den Hochlagen von Schwarzwald, Erzgebirge und Harz starben ganze Nadelwälder ab. Dieses Phänomen bezeichnet man als **Waldsterben.**

REAKTIONEN AUF DAS WALDSTERBEN · Sehr unterschiedliche Schäden lassen sich auch heute noch an zahlreichen Baumarten feststellen. Sie können vielfältige Ursachen haben, beispielsweise Grundwasserabsenkung, Bodenversauerung oder das Fehlen wichtiger Mineralstoffe. Nur ein Teil dieser Ursachen geht auf eine unmittelbare Schädigung durch den Menschen zurück.

Vor allem in Deutschland, wo es seit langer Zeit ein besonderes Verhältnis zwischen Bürgern und Wald gibt, war man davon überzeugt, dass massiv gegen das Waldsterben vorgegangen werden müsse. In Verbrennungsanlagen wurden Filter eingebaut und neue Heizungen entwickelt. Innerhalb von wenigen Jahren nahmen die Konzentrationen an Stickoxiden und schwefliger Säure in der erdnahen Atmosphäre erheblich ab. Davon profitierten nicht nur die Wälder, sondern auch alle anderen Lebewesen, nicht zuletzt der Mensch. Der gefürchtete Smog, ein Gemisch aus Nebel und Rauchgasen, trat dort nicht mehr auf, wo auf die Reinhaltung der Luft geachtet wurde.

Das Phänomen Waldsterben wirkte auch auf die Verschiebung politischer Schwerpunkte ein. Es war eine von mehreren Ursachen für die Neugründung von Umweltparteien, die in zahlreiche Parlamente einzogen. Umweltministerien wurden eingerichtet und Umweltschutzgesetze verschärft.

01 Titelbild des Spiegels (1981)

02 Gesunde und geschädigte Bäume:
A Fichte,
B Eiche

ERKENNEN VON WALDSCHÄDEN · Gesunde Bäume sind voll belaubt oder voll benadelt. Je stärker Fichten, Buchen oder andere Baumarten geschädigt sind, desto stärker sind ihre Kronen ausgelichtet, und man erkennt kahle Triebe. Bei Laubbäumen färben sich die Blätter bereits im Sommer und fallen vorzeitig zu Boden. Nach der Stärke der Blattverluste lassen sich vier Schadstufen unterscheiden: Bäume der Schadstufe 0 sind ungeschädigt, solche der Schadstufe 3 stark geschädigt.

In den vergangenen Jahren wurde ein Bewertungsschema für Waldschäden entwickelt. Schädigungen an Bäumen abzuschätzen ist allerdings kompliziert. Man braucht dafür viel Erfahrung. Zudem kann nicht mit absoluter Sicherheit zwischen einzelnen Schadstufen unterschieden werden, weil erstens Bäume im Wald dicht beieinanderstehen und zweitens Waldschäden mit Altersmerkmalen der Bäume verwechselt werden können.

Trotz dieser Einschränkungen ist es aber notwendig, die Wuchsbedingungen der verschiedenen Waldbäume weiter zu verbessern.

WALDZUSTANDSBERICHT · Jährlich wird von der Bundesregierung ein Waldzustandsbericht herausgegeben. Er wurde früher auch als Waldschadensbericht bezeichnet. In ihm ist der Zustand der Bäume dokumentiert. Im Jahr 2010 hatten 23 Prozent der Bäume deutliche und 39 Prozent leichte Schäden; 38 Prozent der Bäume wiesen keine Schäden auf. Vergleicht man verschiedene Waldzustandsberichte, lassen sich Trends der Verbesserung oder Verschlechterung für einzelne Baumarten erkennen. Die Berichte geben Förstern wichtige Hinweise für den derzeitigen und künftigen Umgang mit Wäldern.

1 Beurteilen Sie die Objektivität der Beobachtungen im Waldzustandsbericht!

PRAKTIKUM ▸ UNTERSUCHUNG EINES WALDÖKOSYSTEMS

Praktikum A ▸ Charakterisierung des Untersuchungsgebietes

A1 Bestimmung von Baumhöhe, Baumumfang und Baumalter

Um den Holzvorrat in einem Wald zu bestimmen, ermittelt man Anzahl, Höhe (L) und Durchmesser (D) von Bäumen in Brusthöhe. Zur Bestimmung der Baumhöhe hält man eine Stange mit ausgestreckter Hand senkrecht vor sich. Man sucht den Ort, von dem man die Stangenspitze und den Wipfel des Baumes auf einer Linie sieht. Die mit einem Bandmaß gemessene Strecke vom Standpunkt zum Baum, zu der man die Augenhöhe addiert, entspricht der Höhe des Baumes. Der Holzvorrat eines Waldes wird dann mit der Formel $V \approx D^2 \cdot L \cdot 0{,}8$ bestimmt. Das Alter eines Baumes kann man abschätzen, indem man die Jahresringe an einem Baumstumpf zählt, der etwa gleich dick ist.

a Messen Sie die Höhe ausgewählter Bäume nach der angegebenen Methode!

b Erklären Sie die Messmethode!

c Berechnen Sie den Holzvorrat Ihres Waldstückes!

d Zählen Sie bei einem etwa gleich dicken Baumstumpf die Jahresringe und schätzen Sie danach das Alter danebenstehender Bäume!

A2 Entwicklung des Waldes

Verschiedene Keimlinge

Um einen Eindruck von der Entwicklung eines Waldes zu bekommen, schätzt man die Gehölzzusammensetzungen der ersten und zweiten Baumschicht sowie der Strauch- und Krautschicht ab. Auch Keimlinge werden erfasst.

a Stellen Sie die relative Häufigkeit der Pflanzen in den einzelnen Schichten in einer Tabelle zusammen!

b Entwickeln Sie auf dieser Basis Hypothesen zur künftigen Entwicklung des Waldes!

c Diskutieren Sie die Ergebnisse mit der zuständigen Forstbehörde!

Praktikum B ▸ Untersuchung von Pflanzen am Standort

B1 Untersuchung eines Transektes

Transekt durch einen Pflanzenbestand

Von einem Ort, an dem eine bestimmte Pflanzenart massenhaft vorkommt, bis dort, wo sie selten ist, wird eine in Meterabschnitte unterteilte Schnur gespannt. Die abgesteckte Strecke nennt man *Transekt*. Gut geeignet für die Untersuchung sind Bestände von Brennnesseln am Waldrand oder Bärlauch.

a Messen Sie die Lichtmengen, die auf die Blätter treffen! Vergleichen Sie die Lichtwerte auf einer Freifläche mit denen an den Blättern der Pflanzen des Transekts! Errechnen Sie, welcher Prozentanteil der vollen Lichtmenge jeden Ort des Transekts erreicht! Wiederholen Sie die Messungen mehrmals am Tag!

b Messen Sie die Lufttemperatur und die Luftfeuchtigkeit!

c Ermitteln Sie die Häufigkeiten der Pflanzen in den verschiedenen Abschnitten des Transekts! Berücksichtigen Sie jeweils einen Bereich von maximal 50 Zentimeter rechts und links der Schnur!

d Stellen Sie Korrelationen zwischen den Häufigkeiten der Pflanzen und den Standortbedingungen her!

B2 Reaktion auf Schwankungen abiotischer Faktoren

Kleines Springkraut im Schatten
Kleines Springkraut in der vollen Sonne

Das Kleine Springkraut verliert viel Wasser, wenn seine Blätter von der vollen Sonne beschienen werden. Lässt die Lichteinstrahlung nach, füllen sich die Pflanzenzellen wieder mit Wasser.

a Messen Sie mit einem Geodreieck die Winkel zwischen Sprossen und Blättern bei unterschiedlich starker Sonneneinstrahlung!

b Vergleichen Sie Pflanzen an verschiedenen benachbarten Standorten!

c Fassen Sie die Ergebnisse zusammen!

d Stellen Sie Korrelationen zwischen Lichteinstrahlung und Blattstellung her!

PRAKTIKUM — UNTERSUCHUNG EINES WALDÖKOSYSTEMS

B3 Vegetationsaufnahme mit Zeigerwerten

Vegetationsaufnahme					
1. Waldart:	Buchenwald:				
2. Fundort:	Elm-Reitlingstal, Messtischblatt 3730, Mulde am Südwesthang des Herzberges		Schicht	Höhe	Deckung
3. Funddatum:	25. 5. 1975		Bäume	28 m	75 %
4. Höhe über NN:	220 m				
5. Hanglage und Neigung:	Mulde, von Rinnsal durchzogen		Sträucher	–	–
6. Größe der Probefläche:	100 m²		Kräuter	40 cm	100 %

Artenliste:	Zeigerwerte:			
	F	R	N	L
Bärlauch	6	7	8	2
Scharbockskraut	7	7	7	4
Großblütiges Springkraut	7	7	6	4
Winkel-Segge	8	x	x	3
Ruprechtskraut	x	x	7	4
Blutroter Ampfer	8	7	7	4
Wald-Ziest	7	7	7	4
Große Brennnessel	6	6	8	x
Kriechender Hahnenfuß	7	x	x	6
Riesen-Schwingel	7	6	6	4
Busch-Windröschen	x	x	x	x
Aronstab	7	7	8	3
Wald-Segge	5	7	5	2
Gewöhnliches Hexenkraut	6	7	7	4
Esche	x	7	7	4
Rotbuche	–	–	–	–
Wald-Sauerklee	6	4	7	1
Wald-Zwenke	5	6	6	4
Frauenfarn	7	x	6	4
Hohe Schlüsselblume	6	7	7	6
Waldmeister	5	x	5	2
Summe der Zeigerwerte:	110	92	114	65
Zahl der bewerteten Arten:	17	14	17	18
Mittlere Zeigerwerte:	~6,4	~6,6	~6,7	~3,6

An feuchten und trockenen, sauren und neutralen, mineralstoffreicheren und -ärmeren, warmen und kühleren Standorten wachsen unterschiedliche Pflanzenarten. Auf der Grundlage dieser Erkenntnisse wurden neun Stufen von *Zeigerwerten* für jede Pflanzenart festgelegt: Zum Beispiel erhielten Pflanzen heller Standorte hohe Lichtzahlen, Gewächse extrem dunkler Standorte die Lichtzahl 1. Zeigerwerte sind keine Messwerte. Sie gelten nur unter aktuellen Konkurrenzverhältnissen. Wenn sich weitere Pflanzenarten an einem Standort ausbreiten, gelten die Zeigerwerte nicht mehr. Dann verändern sich die Verbreitungsschwerpunkte aller Pflanzenarten.

In einer Vegetationsaufnahme werden zunächst in der angegebenen Weise geografische Angaben zusammengestellt. Darunter werden alle nachgewiesenen Pflanzenarten aufgeschrieben. Hinzugefügt werden die Feuchtezahl F, die Stickstoffzahl N, die Lichtzahl L und die mit dem pH-Wert des Bodens zusammenhängende Reaktionszahl R.

In der hier als Beispiel präsentierten Tabelle gibt es Pflanzen dunkler Standorte (Lichtzahl 1 beim Sauerklee) und hellerer Wuchsorte (Lichtzahl 6 vom Kriechenden Hahnenfuß und von der Hohen Schlüsselblume). Auch bei anderen Zeigerwerten gibt es Abweichungen.

a   Stellen Sie in einer Tabelle zusammen, welche Pflanzenarten in dem untersuchten Waldstück wachsen!

b   Ermitteln Sie die Zeigerwerte der gefundenen Pflanzenarten, beispielsweise über Internetseiten des Bundesamtes für Naturschutz!

c   Bilden Sie Durchschnittswerte der Zeigerwerte und charakterisieren Sie auf diese Art und Weise den von Ihnen untersuchten Standort hinsichtlich Feuchtigkeit, Mineralstoffgehalt (Stickstoffgehalt), Helligkeit und Bodenreaktion!

d   Erklären Sie, weshalb Pflanzen mit sehr unterschiedlichen Zeigerwerten dennoch nebeneinander vorkommen können!

Praktikum C ▸ Monitoring von Tieren

C1 Untersuchung der Laubstreu

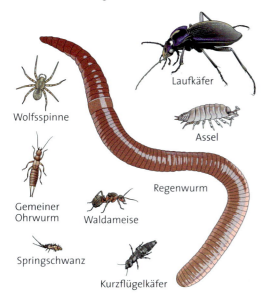

Bei der Untersuchung der Laubstreu findet man eine große Anzahl von Tieren, die an einem Waldstandort vorkommen.

a Graben Sie Plastikbecher in die Streuschicht ein und geben Sie zerkleinerte Laubstreu in die Becher! Holen Sie sie nach einem Tag wieder aus dem Boden heraus und entleeren Sie ihren Inhalt in Plastikschalen! Bestimmen Sie alle Tiere so genau wie möglich und zählen Sie sie! Setzen Sie die Tiere nach der Untersuchung am Waldboden wieder aus!

b Informieren Sie sich über die Ernährung der nachgewiesenen Tiere und entwerfen Sie ein Nahrungsnetz!

C2 Direkte und indirekte Tierbeobachtung

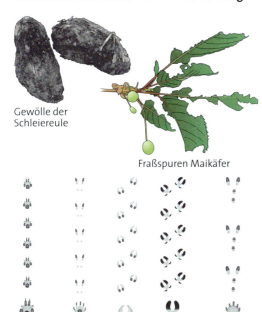

Viele Tiere lassen sich nur über indirekte Spuren nachweisen, zum Beispiel über Fraßspuren an Pflanzen oder Spuren im Schnee. Wildschweine durchwühlen den Boden auf der Suche nach Kleintieren und Pilzen. Vögel identifiziert man über ihren Gesang.

Zerlegt man Gewölle von Schleiereulen, kann man an den dort nachgewiesenen Knochen und anderen Resten feststellen, welche Tiere von den Eulen erbeutet wurden.

a Protokollieren Sie die nachgewiesenen Tiere und ordnen Sie diese nach systematischen Gruppen!

b Erläutern Sie Chancen und Grenzen des indirekten Nachweises von Tieren im Ökosystem Wald!

c Erläutern Sie, wie sich Ihre Erfassungsdaten in einem längerfristigen Monitoring von Waldtieren verwenden lassen!

Das Monitoring oder die Erfassung von Tieren im Wald ist nur bei solchen Arten einfach, die man direkt zu Gesicht bekommt.

AUSGEWÄHLTE ÖKOSYSTEME
ÖKOSYSTEM SEE

01 Badespaß

Der See im Jahresverlauf

Im Sommer lädt mancher See zum Baden ein. Das warme Wasser freut die Badegäste. Beim Schwimmen stellen sie allerdings fest, dass die Wassertemperatur im See nicht überall gleich ist. Etwas entfernt vom Ufer können sie im tieferen Wasser sogar kalte Füße bekommen, während ihr Oberkörper angenehme Temperaturen verspürt. Wie entstehen solche Temperaturunterschiede?

SCHICHTUNG UND ZIRKULATION · Die Temperaturen im See ändern sich mit der Wassertiefe und im Jahresverlauf. An manchen Tagen im Frühjahr und Herbst beträgt die Temperatur überall im Wasser vier Grad Celsius. Im Winter und Sommer hingegen weist das Wasser eine Temperaturschichtung auf. Die oben liegende Schicht, das **Epilimnion,** ist im Sommer wärmer und im Winter kälter als darunter befindliche Schichten. Die Tiefenschicht, das **Hypolimnion,** hat ganzjährig eine Temperatur von vier Grad Celsius. Im Sommer gibt es eine zusätzliche Schicht zwischen Epilimnion und Hypolimnion, das **Metalimnion.** In dieser fällt die Temperatur auf wenigen Metern erheblich ab. Daher bezeichnet man sie auch als **Sprungschicht.**
Ursachen für die beschriebenen Beobachtungen sind die schlechte Wärmeleitfähigkeit des Wassers und seine von der Temperatur abhängige Dichte: Vier Grad warmes Wasser sinkt immer nach unten und zwischen verschiedenen Wasserschichten erfolgt der Wärmeaustausch fast ausschließlich durch Strömung. Diese wird vom Wind erzeugt.

Das im Herbst und Frühjahr überall gleich warme Wasser kann der Wind jeweils in eine **Vollzirkulation** versetzen. Unter einer Eisdecke wird das Wasser dagegen nicht bewegt. Es herrscht **Winterstagnation.** Wasser unterschiedlicher Dichte kann lediglich von starken Winden umgewälzt werden. Im Sommer schwimmt leichtes, warmes Wasser oben. Dieses wird nur bis zur Sprungschicht durchmischt. Darunter steht das Wasser. Man spricht von **Sommerstagnation.** Wenn die Sprungschicht bereits in sehr geringer Wassertiefe liegt, kann man beim Baden kalte Füße bekommen.

griech. epi = auf

griech. meta = zwischen

griech. hypo = unter

griech. limnion = Tümpel

lat. stare = stehen

EINFLUSS DES LICHTS · Sonnenstrahlung erwärmt das Wasser und ist für das Pflanzenwachstum notwendig. Die Wärmewirkung der Strahlung reicht zwar nicht tief, aber das an der Oberfläche erwärmte Wasser wird durch den Wind im Epilimnion verteilt.

In tiefen und trüben Seen dringt Licht nicht bis zum Boden vor. Dadurch entstehen unterschiedliche Lebensbereiche für verschiedene Lebewesen. Sie werden in einer Wassertiefe getrennt, in der das Licht so weit abgeschwächt ist, dass Pflanzen gerade noch leben können. Weil in dieser Tiefe der Stoffaufbau durch Fotosynthese den Stoffabbau genau ausgleicht, heißt sie **Kompensationstiefe**. Mithilfe der Fotosynthese werden oberhalb der Kompensationstiefe organische Stoffe im Überschuss gebildet. Sie sind eine wesentliche Grundlage für die Ernährung aller Lebewesen im See. Dieser Bereich wird daher als Nährschicht oder **trophogene Zone** bezeichnet. Analog nennt man die untere Schicht wegen überwiegender Zersetzung organischer Stoffe Zehrschicht oder **tropholytische Zone**.

Da am Seeboden, dem **Benthal**, und im Freiwasser, dem **Pelagial**, unterschiedliche Arten leben, unterscheidet man insgesamt vier Lebensbereiche: das obere und untere Pelagial sowie das ufernahe **Litoral** und den tiefen Seeboden, das **Profundal**.

Die Lebewesen des Pelagials schwimmen oder schweben. Diejenigen, die dies hauptsächlich passiv erreichen, bezeichnet man in ihrer Gesamtheit als **Plankton**. Man unterscheidet das pflanzliche *Phytoplankton* und das tierische *Zooplankton*. Phytoplankton kommt zwar auch im Litoral vor, seine Lebensmöglichkeit wird aber durch höhere Pflanzen eingeschränkt, die das Wasser beschatten. Damit sorgt Licht indirekt für eine Trennung von Litoral und Pelagial.

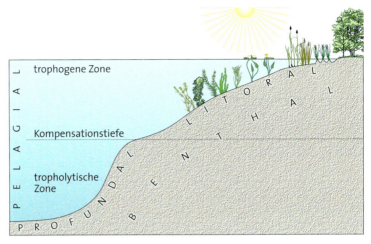

03 Durch Licht erzeugte Gliederung eines Sees

griech. plankton = das Umhergetriebene

griech. trophe = Ernährung

griech. pelagos = hohe See, Meer

lat. litus = Ufer
lat. profundus = tiefgründig

1) Erläutern Sie, weshalb im Sommer eine Sprungschicht entsteht!

2) Erläutern Sie die Lebensbedingungen für das Phytoplankton im Pelagial, wenn die Kompensationstiefe deutlich oberhalb des Metalimnions liegt!

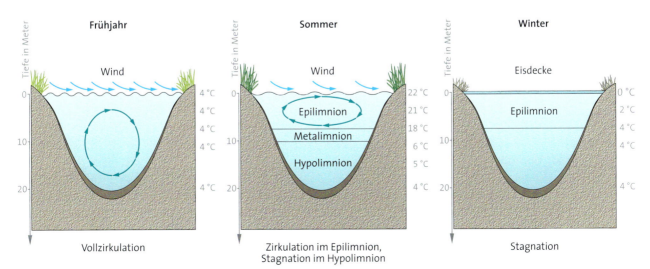

02 Durch Wind und Wassertemperatur erzeugte Gliederung eines Sees

AUSGEWÄHLTE ÖKOSYSTEME
ÖKOSYSTEM SEE

EINFLUSS DES SAUERSTOFFS · Lebensvorgänge im See bewirken, dass am Ende der Sommerstagnation eine Sauerstoffverteilung vorliegt, die deutlich unterscheidbare Lebensbereiche erzeugt. Licht und Temperaturschichtung sind dabei wesentliche Einflussfaktoren.

Während der Frühjahrszirkulation ist Sauerstoff noch gleichmäßig im See vorhanden. Nach Ausbilden des Metalimnions wird er überwiegend im Epilimnion produziert und ausschließlich hier verteilt. Dagegen wird unter der Kompensationstiefe mehr Sauerstoff verbraucht als hergestellt. In Bereichen, wo er wegen fehlender Wasserbewegung nicht transportiert wird, nimmt seine Konzentration ab. Folglich enthält das untere Hypolimnion im Sommer die geringste Sauerstoffmenge, weil es schon am längsten von der Zirkulation ausgeschlossen ist. Lebewesen, die viel Sauerstoff benötigen, können hier nicht mehr leben.

Das Sauerstoffminimum im Metalimnion ist etwas anders zu erklären: Im Pelagial lebende Bakterien und Zooplankton sammeln sich hier an, weil sie wegen der steigenden Dichte des Wassers gebremst werden, wenn sie aus dem Epilimnion nach unten sinken. Sie verbrauchen Sauerstoff.

EINFLUSS DER GEWÄSSERTIEFE · In einem See besiedeln Pflanzen das Litoral in Abhängigkeit von der Wassertiefe. Die Armleuchteralge *Chara* wächst nahe der Kompensationstiefe. Die dadurch gebildete, vom Pelagial aus gesehen erste Uferzone heißt entsprechend **Characeengürtel**. Die landwärts nächste Zone beginnt dort, wo höhere Pflanzen trotz Wasserdrucks noch leben können, also bei maximal acht Meter Tiefe. Der Grund ist, dass solche Pflanzen für den Gasaustausch zwischen den Zellen besonders große Interzellularen benötigen. Bei zu hohem Druck fallen diese zusammen und können kein Gas mehr leiten. Reine Unterwasserpflanzen dringen am tiefsten vor. Sie bilden den **Laichkrautgürtel**. Auf diesen folgt uferwärts ein **Seerosengürtel** mit Schwimmblattpflanzen. Daran schließt sich der **Schilfgürtel** an. Das Schilf ist an seinem Standort sehr konkurrenzstark, kann sich aber erst dort durchsetzen, wo das Wasser flacher als 1,5 Meter ist. Der folgende Uferbereich, der bei niedrigem Wasserstand trockenfällt, heißt **Seggengürtel**. Es kann sich ein Erlenbruchwald anschließen.

In einem flachen stehenden Gewässer, einem **Weiher** oder **Teich**, können fast überall Pflanzen wachsen. Damit ist es ein idealer Laichplatz vieler Tierarten. Besonders kleine periodische Gewässer heißen **Tümpel**. Hier überleben Arten, die an die Gefahren der Überwärmung, des Austrocknens und Einfrierens angepasst sind, wie zum Beispiel die Kreuzkröte.

04 Sauerstoffverteilung im Sommer

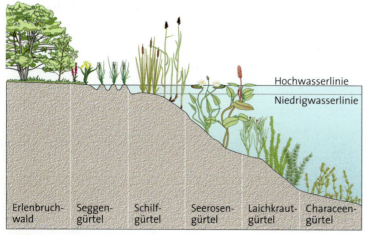

05 Gliederung des Litorals durch Pflanzen

3 Stellen Sie die sommerlichen Temperatur-, Licht- und Sauerstoffverhältnisse im Pelagial und Litoral tabellarisch gegenüber!

MATERIAL

Material A ▸ Temperatur im Jahresverlauf

Tiefe	26.3.	19.4.	2.6.	31.8.	31.10	6.12.
0 m	5,0 °C	14,8 °C	19,0 °C	18,2 °C	8,3 °C	4,2 °C
2 m	4,2 °C	11,0 °C	18,8 °C	18,0 °C	8,2 °C	4,2 °C
3 m	4,0 °C	7,4 °C	14,5 °C	18,0 °C	8,2 °C	4,2 °C
4 m	4,0 °C	5,7 °C	9,6 °C	16,5 °C	8,2 °C	4,2 °C
5 m	4,0 °C	5,3 °C	8,0 °C	13,0 °C	8,1 °C	4,2 °C
6 m	4,0 °C	5,1 °C	6,6 °C	9,2 °C	8,0 °C	4,2 °C
7 m	4,0 °C	5,0 °C	5,8 °C	7,2 °C	8,0 °C	4,2 °C
8 m	4,0 °C	5,0 °C	5,6 °C	6,7 °C	7,0 °C	4,2 °C

Die Temperatur kann in einem kleinen, flachen See am Seeboden Werte über vier Grad Celsius erreichen, weil es Phasen gibt, in denen der Wind auch etwas wärmeres Wasser bis zum Grund durchmischt. In tiefen, großen Seen befindet sich in acht Meter Tiefe das Epilimnion.

A1 Veranschaulichen Sie die Daten in einem dreidimensionalen Diagramm! Benutzen Sie ein Tabellenkalkulationsprogramm!

A2 Ermitteln Sie aus der Tabelle für jedes Datum die Tiefen, zwischen denen der größte Temperatursprung stattfindet!

A3 Erklären Sie anhand Ihrer Ergebnisse die Entwicklung der Sprungschicht im Jahresverlauf!

Material B ▸ Sauerstoffprofile in drei Seen

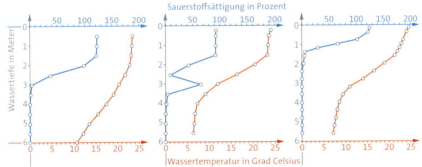

Temperatur und Sauerstoffgehalte dreier Seen am Ende der Sommerstagnation

Durch die Fotosyntheseleistung kann das Wasser kurzfristig mehr Sauerstoff enthalten, als es eigentlich gemäß seiner Temperatur lösen könnte. Daher erhält man Werte über 100 Prozent Sättigung mit Sauerstoff. Alle drei Seen liegen in Schleswig-Holstein, haben also eine klimatisch ähnliche Umgebung.

B1 Beschreiben Sie die drei Temperatur- und Sauerstoffprofile im Vergleich. Beachten Sie die unterschiedliche Seetiefe!

B2 Erläutern Sie für jeden See, in etwa welcher Seetiefe sich die Kompensationstiefe befinden muss!

B3 Entwickeln Sie Hypothesen, die den jeweiligen Verlauf der Sauerstoffkurven im Krummsee und im Behlendorfer See erklären!

Material C ▸ Schweben

Planktonorganismen wie das Schwebesternchen Asterionella haben eine größere Dichte als Wasser. Obwohl Phytoplankter nicht dauerhaft unter die Kompensationstiefe geraten dürfen, sinken Schwebesternchen in unbewegtem Wasser pro Tag etwa 58 Zentimeter ab. Bezüglich ihrer Gestalt wurde folgendes Modellexperiment durchgeführt:

Aus jeweils 2,2 Gramm Plastilin wurden eine Kugel, ein Kegel, ein Stern und ein rundes Plättchen geformt. Anschließend wurde die Sinkgeschwindigkeit in 66-prozentiger Zuckerlösung gemessen:

Kegel → 26 cm/s
Plättchen → 7 cm/s
Stern → 9 cm/s
Kugel → 27 cm/s

C1 Leiten Sie aus der Beobachtung zur Form der Plankter und der beschriebenen Versuchsdurchführung eine Frage für das Modellexperiment ab!

C2 Werten Sie die Ergebnisse aus und erörtern Sie das Problem der Übertragbarkeit auf die Realsituation!

AUSGEWÄHLTE ÖKOSYSTEME
ÖKOSYSTEM SEE

01 Algenblüte

Nahrungsbeziehungen und Stoffkreisläufe

Idyllisch gelegen ist er ja schon, aber als schön empfindet man den See trotzdem nicht. Zu viele Algen schwimmen im ufernahen Wasser. Infolge massenhafter Vermehrung ist es zu einer sogenannten Algenblüte gekommen. Wie entsteht sie, und kann man sie verhindern?

PFLANZLICHES WACHSTUM IM SEE · Algen sind Primärproduzenten, die für ihr Wachstum neben Sonnenenergie auch Mineralstoffe benötigen. Diese gelangen direkt als gelöste Stoffe über Regen oder Zuflüsse und indirekt durch organisches Material wie Falllaub oder Abwässer in einen See. Im Wasser vorhandene Cyanobakterien können Luftstickstoff in organische Moleküle einbauen. Destruenten remineralisieren die organische Substanz. Die so entstandenen Mineralstoffe stehen sowohl den höheren Pflanzen als auch dem Phytoplankton für das Wachstum zur Verfügung. Wenn insgesamt ein hoher Mineralstoffgehalt erreicht wird, kann dies zur Massenvermehrung von Algen führen, was man als **Algenblüte** bezeichnet.

ALGENBLÜTEN · Bei der Frühjahrszirkulation werden sämtliche gelösten Stoffe gleichmäßig im See verteilt. Unter diesen befinden sich auch die im Vorjahr im Hypolimnion remineralisierten Stoffe. Insbesondere gelangt Phosphat, das in den meisten Seen Minimumfaktor ist, in die trophogene Zone. Außerdem steigen Wassertemperatur und Lichteinstrahlung. Diese Bedingungen fördern Algenblüten, die weitreichende Folgen haben. So führt zum Beispiel die Zersetzung großer Algenbiomasse zu starkem Sauerstoffverbrauch im See. Dieser findet häufig schon im Epilimnion statt, sodass der Lebensraum für viele Tiere stark beeinträchtigt wird. Sichtbar wird dies, wenn Fische in dem fast sauerstofffreien Wasser sterben.

Ursache für eine Algenblüte ist also eine durch intensive Fotosynthese erzeugte Primärproduktion. Einen See, in dem die Primärproduktion niedrig ist, bezeichnet man als **oligotroph**. Bei höheren Stufen möglicher Produktivität spricht man von **mesotroph** und **eutroph**. Stark eutrophe Seen neigen zu Algenblüten.

02 Eine Nahrungskette im See

NAHRUNGSKETTEN · In jeden See gelangen ständig von außen Stoffe hinein. Dadurch verbessern sich mit der Zeit die Produktionsbedingungen für das Phytoplankton, der See wird **eutrophiert.** Folglich erhöht sich auch die Biomasse der Konsumenten, sodass man beim Angeln und Fischen höhere Erträge erwarten kann. Unter ökonomischen Gesichtspunkten wäre also ein eutropher See einem oligotrophen See vorzuziehen.

Allerdings beeinflusst Eutrophierung die Arten in einem See unterschiedlich. Zunächst verändern sich die Dichte und die Zusammensetzung des Phyto- und Zooplanktons. Hiervon profitieren meistens Weißfische wie die Rotaugen, die große Wasserflöhe dezimieren. Daraufhin steigt die Dichte des Phytoplanktons deutlich an. Wenn nun viele Algen aufgrund von Selbstzersetzung, auch **Autolyse** genannt, sterben, werden kleine Zooplankter gefördert, die von den erzeugten Produkten der Algen leben. Rotaugen, die lediglich kleine Zooplankter fressen, bleiben klein.

In einigen Voralpenseen führte dieser Vorgang dazu, dass Felchen oder Renken, die als wertvolle Speisefische gelten, immer mehr von kleinen Rotaugen aus dem Pelagial verdrängt wurden. Es wurde also eine Fischpopulation erzeugt, die nicht lukrativ zu vermarkten ist. Außerdem trübte das dichte Phytoplankton das Wasser, sodass der Pflanzenbestand des Litorals abnahm und Laichplätze verloren gingen. Um dieser Entwicklung entgegenzuwirken, wurde der Phosphateintrag in die Seen reduziert und dadurch eine weitere Eutrophierung verhindert. Da die erhofften Veränderungen jedoch nur langsam eintraten, versuchte man die Nah-

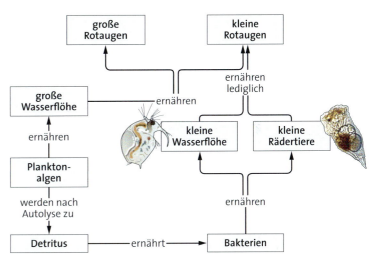
03 Ein Wirkungsgefüge im Pelagial eines Sees

rungsketten in den Seen zu beeinflussen. Dieses Vorgehen bezeichnet man als **Biomanipulation.** Dabei wurden vor allem erhebliche Mengen an kleinen Rotaugen entfernt. In kleineren und flachen Seen hatte man Erfolg: Es gab weniger Rotaugen, große Wasserflöhe konnten die planktischen Algen zu einem großen Teil fressen und das Wasser wurde wieder klarer. Die Felchen konnten sich vermehren und Pflanzen des Litorals breiteten sich wieder aus. Es ist damit in einigen Seen durch Eingriff in die Nahrungsketten gelungen, Algenblüten vorzubeugen und gleichzeitig ökonomischen Erfolg zu haben.

1. Fassen Sie zusammen, welche Bedingungen in einem See eine Algenblüte begünstigen!

2. Erläutern Sie die Wirkung von Maßnahmen, die zur Vorbeugung von Algenblüten dienen können!

AUSGEWÄHLTE ÖKOSYSTEME
ÖKOSYSTEM SEE

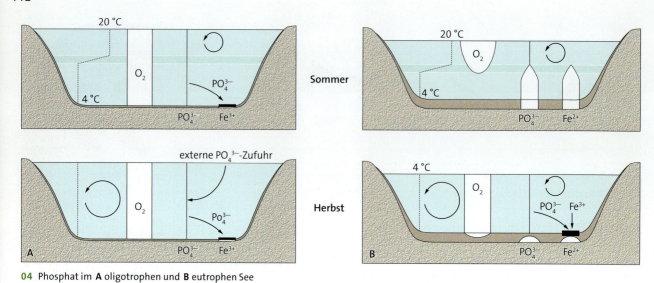

04 Phosphat im **A** oligotrophen und **B** eutrophen See

STOFFKREISLÄUFE · In einem See werden eingetragene Stoffe gesammelt. Diese nehmen dann entweder an verschiedenen Stoffumsätzen teil oder werden im Seeboden abgelagert. Die Stoffkreisläufe im See müssen also mit Einträgen und Verlusten beschrieben werden. Stoffverluste aus einem See sind meistens gering. Beim Stickstoff entstehen sie zum Beispiel durch *Denitrifikation*, bei der gasförmiger Stickstoff entweicht sowie durch Entnahme von eiweißreicher Biomasse, die als Nahrung von Tieren oder Menschen außerhalb des Sees dient. Da einige wesentliche Stoffumsätze besonders vom Sauerstoffgehalt des Wassers beeinflusst werden, sind Art und Intensität dieser Umsätze in eutrophen und oligotrophen Seen unterschiedlich.

OLIGOTROPHER SEE · Die meisten Seen in Mitteleuropa entstanden nach der letzten Eiszeit. Aufgrund des fortlaufenden Stoffeintrags sind viele Seen inzwischen eutroph geworden. Einige von ihnen sind jedoch immer noch oligotroph geblieben. Diese haben meist kleine Einzugsgebiete, kaum Uferbewuchs und ein tiefes Seebecken. Ihr Gehalt an Mineralstoffen im Wasser ist gering. Insbesondere der Phosphatgehalt steigt auch dann nicht an, wenn Phosphat von außen in den See gelangt. Ursache dafür ist, dass im Wasser vorhandene Eisen-Ionen als Fe^{3+}-Ionen vorliegen, wenn das Wasser sauerstoffhaltig ist. Diese Ionen reagieren mit Phosphat-Ionen zu sehr schlecht löslichem Eisen(III)-phosphat, das sich am Seegrund sammelt. Der See fungiert damit als sogenannte **Phosphatfalle**.

Da in einem oligotrophen See die Primärproduktion gering ist, können die Konsumenten und Destruenten nur wenig Biomasse umsetzen. Sie verbrauchen also ganzjährig wenig Sauerstoff. Daher ist auch das Tiefenwasser stets sauerstoffreich. Dies verhindert in jeder Jahreszeit, dass sich Phosphat in Lösung hält oder aus dem Sediment in Lösung geht. Also bleibt Phosphat Minimumfaktor. Ein solcher See produziert keine Algenblüte.

EUTROPHER SEE · In Zirkulationsphasen ist auch im eutrophen See überall ein hoher Sauerstoffgehalt vorhanden. Dieser bewirkt, dass Phosphat genauso wie im oligotrophen See im Seeboden fixiert wird. Im Sommer ist dagegen lediglich das Epilimnion sauerstoffreich, das Hypolimnion aber wegen intensiver Abbauprozesse sauerstoffarm. Herrschen im Hypolimnion und im Bodenschlamm anaerobe Bedingungen, so werden Fe^{3+}-Ionen zu Fe^{2+}-Ionen reduziert. Diese können Phosphat nicht mehr binden, sodass Phosphat freigesetzt wird. Das im Hypolimnion mineralisierte Phosphat bleibt ebenfalls gelöst. Starke sommerliche Winde bringen schließlich Phosphat in die Nährschicht, sodass die Primärproduktion stark gefördert wird. In einem solchen See drohen Algenblüten.

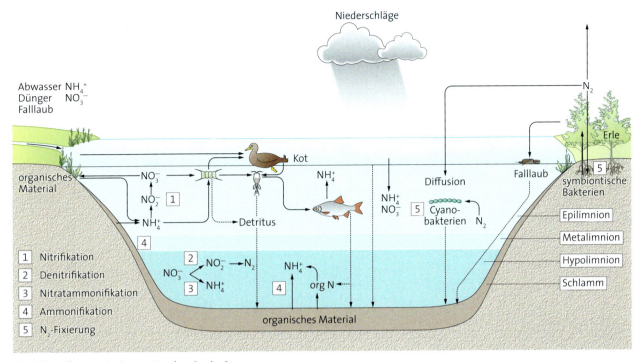

05 Stickstoffumsatz in einem eutrophen See im Sommer

Auch einige Stickstoffumsätze sind vom jeweiligen Sauerstoffgehalt des Wassers abhängig. In Anwesenheit von Sauerstoff wird Stickstoff oxidiert. Deshalb erfolgt im Sommer die Reaktion von Ammonium zu Nitrat, die *Nitrifikation*, nur im Epilimnion. Im Hypolimnion findet dann bei fehlendem Sauerstoff die Reduktion des Stickstoffs durch Bakterien statt. Diese betreiben je nach Art *Denitrifikation* bis zur Bildung von molekularem Stickstoff oder *Nitratammonifikation*, bei der Ammonium entsteht. Es gibt für jeden Sauerstoffgehalt Bakterienarten, die als Destruenten *Ammonifikation* betreiben. Viele im Wasser lebende Tiere können Ammonium ausscheiden. Dies ist bemerkenswert, weil Ammonium ein Zellgift ist, das landlebende Tiere unter Energieaufwand in organische Stoffe einbauen, weil sie es nicht direkt an die Umwelt abgeben können.

Algen und höhere Wasserpflanzen nutzen sowohl Ammonium als auch Nitrat zur Assimilation. Im Sommer ergibt sich daraus im Epilimnion ein Mangel an diesen Mineralstoffen. Der Stickstoff aus diesen Verbindungen ist jetzt in der aus Phytoplankton, Konsumenten und Destruenten gebildeten Biomasse enthalten.

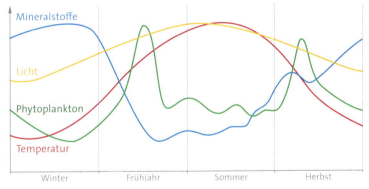

06 Phytoplankton und Mineralstoffe im Epilimnion eines eutrophen Sees

Viele Plankter sind im Sommer schließlich ins Hypolimnion abgesunken. Daher ist auch keine Remineralisierung im Epilimnion möglich.

3 Begründen Sie, dass die Phosphatfixierung im Seeboden ein Selbstreinigungsmechanismus gegenüber Stoffeintrag ist!

4 Beschreiben Sie die Stickstoffumsätze im See als einen auf das Jahr bezogenen Stoffkreislauf, der Einträge und Verluste einbezieht! Fertigen Sie dabei zur Veranschaulichung ein Begriffsdiagramm an!

MATERIAL

Material A ▸ Sauerstoff, Kohlenstoffdioxid und einige Mineralstoffe zur Zeit der Sommerstagnation in zwei Seen

Tiefe \ Parameter	See A am 24.6.					See B am 16.6.				
	O_2	CO_2	NO_3^-	NH_4^+	PO_4^{3-}	O_2	CO_2	NO_3^-	NH_4^+	PO_4^{3-}
0 m	9,30	0,50	0,16	0,00	< 0,01	9,60	1,20	0,21	0,00	< 0,01
10 m	8,50	k. A.	k. A.	0,00	< 0,01	10,30	k. A.	k. A.	0,00	< 0,01
20 m	0,60	14,00	0,21	0,20	< 0,01	10,30	2,00	0,26	0,00	< 0,01
30 m	0,00	k. A.	< 0,01	2,50	0,17	k. A.	k. A.	k. A.	k. A.	k. A.
40 m	0,00	54,80	< 0,01	4,50	0,47	k. A.	k. A.	k. A.	k. A.	k. A.
55 m						9,20	2,20	0,25	0,00	< 0,01

Alle Angaben in mg/l; k. A. = keine Angabe

A1 Ordnen Sie die Seen begründet dem oligotrophen beziehungsweise eutrophen Typ zu!

A2 Begründen Sie die Verteilung des Kohlenstoffdioxids in beiden Seen!

A3 Erklären Sie das Vorkommen und die Verteilung der Mineralstoffe in beiden Seen!

Material B ▸ Lebensraum Schilfgürtel

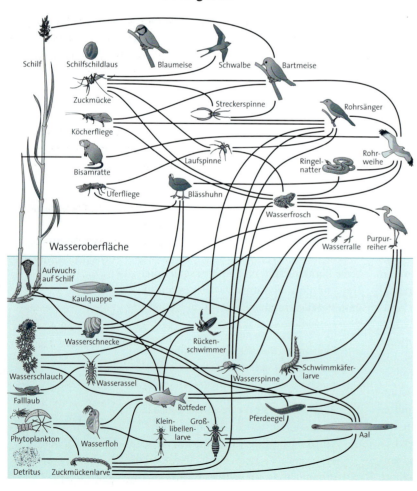

In einem See mit flachem Ufer kann das Schilf ausgedehnte Bereiche bedecken. Nur wenige Pflanzen anderer Arten wachsen zwischen dem Schilf. Der Wasserschlauch zum Beispiel schwimmt zwischen den Stängeln und umgeht die Konkurrenz mit dem Schilf um Mineralstoffe, indem er auch tierische Nahrung nutzt: Er fängt und verdaut beispielsweise Wasserflöhe. Sowohl oberhalb der Wasseroberfläche als auch darunter bilden die Schilfstängel die Grundstruktur des Lebensraums. Tiere leben in dieser Uferzone zwischen, in und auf den Schilfpflanzen.

B1 Beschreiben Sie, welche Arten unmittelbar und welche mittelbar vom Schilf abhängen!

B2 Vergleichen Sie, wie viele Beziehungen der Unterwasserbereich im Schilf zu den Lebensräumen seiner Umgebung hat!

B3 Beurteilen Sie die Aussage, dass Pelagial und Litoral im See getrennte Lebensräume sind!

Material C ▸ Sukzession

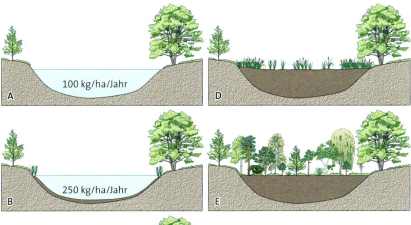

A Oligotropher See
B Eutropher See
C Weiherstadium
D Sumpfwiese
E Übergang zum Wald

Jeder neu entstandene See entwickelt sich natürlicherweise von einem oligotrophen zu einem eutrophen Gewässer. Diese Seenalterung führt zu einem Weiherstadium. Bei der anschließenden Verlandung des gesamten Sees können unterschiedliche Lebensräume entstehen.

Ein typischer Verlandungslebensraum ist ein Bruchwald. Es kann aber auch besonders bei kühlgemäßigten Klimabedingungen und hohen Niederschlägen ein Moor entstehen.

C1 Beschreiben Sie die natürliche Alterung und Verlandung eines Sees!

C2 Begründen Sie die unterschiedlichen Ablagerungsmengen in den Stadien A bis C!

C3 Erläutern Sie, dass die Einleitung von Abwässern und landwirtschaftlichen Düngern die Seenalterung beschleunigt!

Material D ▸ Bakterien im See

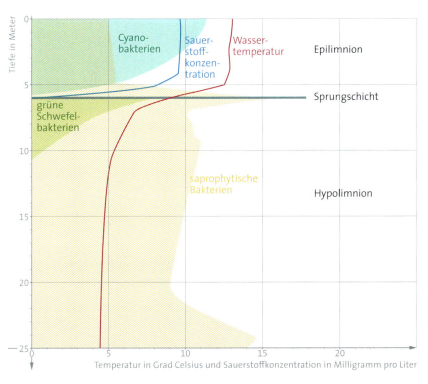

In einem eutrophen See wurde während der Sommerstagnation die Verteilung verschiedener Bakterien festgestellt:

- *Cyanobakterien*, die Fotosynthese betreiben
- *saprophytische Bakterienarten*, die organisches Material mineralisieren; sie sind also Destruenten
- *grüne Schwefelbakterien*, die Licht zur Energiegewinnung benötigen, sie entziehen dem Schwefelwasserstoff Wasserstoff-Ionen und leben streng anaerob

D1 Beschreiben Sie die Verteilung der Bakterien in Korrelation mit dem Sauerstoffgehalt im See!

D2 Begründen Sie die Verteilung der saprophytischen Bakterien und der grünen Schwefelbakterien!

PRAKTIKUM ▸ UNTERSUCHUNG EINES STEHENDEN GEWÄSSERS

Praktikum A ▸ Charakterisierung des Untersuchungsgewässers

A1 Gliederung des Gewässers

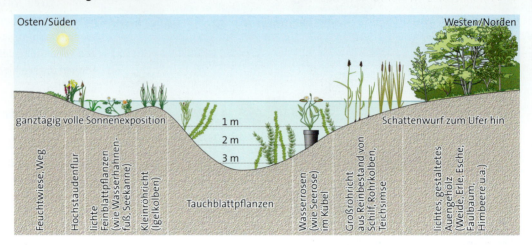

Der Entwurf dieser Teichanlage hat die Lebensraumansprüche diverser Arten berücksichtigt.

a Fertigen Sie eine entsprechende Querschnittzeichnung des von Ihnen untersuchten Gewässers an!

b Vergleichen Sie Ihr untersuchtes Gewässer mit dem abgebildeten Schema in Bezug auf Gestalt und Bewuchs!

c Entwickeln Sie aus diesem Vergleich Hypothesen zu den Ursachen der charakteristischen Ausprägung Ihres untersuchten Gewässers!

d Führen Sie nachfolgende Untersuchungen und Experimente durch und erläutern Sie deren Bedeutung für die Charakterisierung Ihres Gewässers!

A2 Wassertemperaturen im Modellaquarium

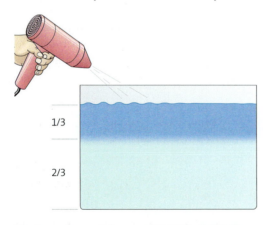

Ein Aquarium wird zu zwei Dritteln mit kaltem Leitungswasser gefüllt. Das kalte Wasser wird mit etwa 50 Grad Celsius heißem und mit Tinte angefärbtem Wasser überschichtet, indem man ein Becherglas mit heißem Wasser eintaucht und an der Oberfläche ausgießt.

a Messen Sie die Temperaturen des Wassers in unterschiedlichen Tiefen!

b Blasen Sie mit einem Föhn seitlich von oben auf die Wasseroberfläche und beobachten Sie die Trennschicht zwischen den Wasserkörpern! Beobachten Sie bei ausgeschaltetem Föhn weiter!

c Messen Sie nach Ausschalten des Föhns die Wassertemperaturen erneut!

d Deuten Sie die Versuche als Modellexperimente zur Temperaturschichtung im See!

A3 Mineralstoffe im Wasser von Modellaquarien

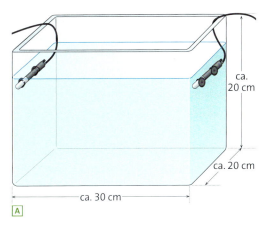

Dieser Versuch veranschaulicht die Verwendung von Mineralstoffen in einem See zur Zeit der Sommerstagnation (A) sowie in einem bis auf den Grund erwärmten flachen See (B).

Die Temperaturverhältnisse kennzeichnen dabei den jeweiligen Lebensraum. Die zu messende Leitfähigkeit zeigt den Mineralstoffgehalt an, der pH-Wert den Kohlenstoffdioxidgehalt des Wassers, der Sauerstoffgehalt die Fotosyntheseleistung der Algen und die Sichttiefe die Dichte der Algen.

Material je Aquarium:

- 2 5-Watt-Heizstäbe oder regelbare Heizstäbe
- 2 50-Watt-Halogenstrahler
- Wasser, möglichst demineralisiert
- 3 Gramm Natriumhydrogencarbonat
- 100 Milliliter einer vorbereiteten Planktonkultur
- 10 Milliliter Flüssigdünger oder 50 Gramm Langzeitdünger in Tablettenform
- Messgeräte für Temperatur, Leitfähigkeit, pH-Wert, Sauerstoffgehalt und Sichttiefe

Durchführung:

In jedes Aquarium gibt man 11 Liter demineralisiertes Wasser mit 3 Gramm darin gelöstem Natriumhydrogencarbonat. Man schaltet die Heizstäbe ein und wartet etwa 24 Stunden, bis sich die gewünschten Temperaturverhältnisse eingestellt haben.

Dann fügt man jeweils 100 Milliliter einer Planktonkultur hinzu. Diese erhält man, indem man mit einem Netz gefangenes Plankton so lange in einem Gefäß aufbewahrt, bis sich das Wasser deutlich grün färbt. Schließlich wird der Mineralstoffdünger mit einer langen Pipette oder einer langen Pinzette am Boden der Aquarien ausgebracht. Man beobachtet die Entwicklung der zu messenden Parameter. Zur Bestimmung der Sichttiefe wird ein bedrucktes Blatt Papier laminiert und eingetaucht, bis man die Schrift nicht mehr sieht.

a Messen Sie Temperaturen, Leitfähigkeiten, Sauerstoffgehalte und pH-Werte in verschiedenen Wassertiefen, bevor Dünger zugegeben wird! Formulieren Sie Hypothesen zur Veränderung dieser Werte im weiteren Verlauf des Versuchs!

b Fügen Sie Flüssigdünger hinzu und messen Sie über einen Zeitraum von zwei Wochen etwa alle drei Tage!

c Wiederholen Sie den Versuch mit den Düngetabletten und stellen Sie alle Ergebnisse grafisch dar!

d Werten Sie die Messungen mit Blick auf flache beziehungsweise tiefe Seen aus!

e Vergleichen Sie die Messwerte mit den unter Aufgabe a erstellten Hypothesen!

PRAKTIKUM ▸ UNTERSUCHUNG EINES STEHENDEN GEWÄSSERS

Praktikum B ▸ Untersuchung des Lebensraumes See

B1 Nutzung der Oberflächenspannung des Wassers

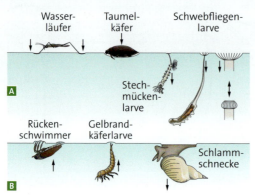

↑↓: Dichte größer oder kleiner als Wasser

a Fangen Sie in einem Teich einige der abgebildeten Lebewesen und beobachten Sie in einem Aquarium, wie die Tiere die Wasseroberfläche nutzen!

b Informieren Sie sich zusätzlich in Bestimmungsbüchern über die Tiere!

c Erläutern Sie mithilfe Ihrer Beobachtungen, der eingeholten Informationen und der Abbildung, wie das spezifische Gewicht der Lebewesen zu der jeweiligen Nutzung der Grenzschicht von Wasser und Luft passt!

B2 Nutzung verschiedener Bereiche des Wasserkörpers und Einnischung

Rückenschwimmer, Ruderwanzen und Wasserläufer sind im Schulteich problemlos zu fangen. Gelegentlich lassen sich auch einzelne Wasserskorpione, Schwimmwanzen und Stabwanzen fangen. Die notwendigen Futterorganismen, beispielsweise Wasserflöhe und Büschelmückenlarven, sind im Aquarienhandel erhältlich.

a Informieren Sie sich über Lebensraumansprüche, Ernährung und Ernährungsverhalten der abgebildeten Arten! Richten Sie ein größeres Aquarium so ein, dass die Lebensraumansprüche der abgebildeten Arten eingehalten werden!

b Besetzen Sie das Aquarium mit einigen der abgebildeten Arten. Beobachten und protokollieren Sie deren Ernährungsverhalten!

c Erläutern Sie auf Grundlage Ihrer Beobachtungen die Benennungen der Lebensformtypen „Lauerjäger", „Pirschjäger" und „Detritusfresser"!

d Erläutern Sie unter Einbezug der beobachteten Verhaltensweisen die Konkurrenzvermeidung der räuberischen Wanzen!

B3 Planktonorganismen im Stadtparkteich und ihre möglichen Nahrungsbeziehungen

| 1,2 – 1,5 | 0,7 | 0,5 | 0,3 | 0,2 | 0,1 | 0,07 | ≤ 0,05 mm |

Die Abbildung zeigt typische Planktonorganismen eines Stadtparkteiches, nach Größenklassen geordnet, nicht immer maßstabsgerecht.
Im Zooplankton sind unter den Wasserflöhen die Großwasserflöhe 1, 2, 3 und 4 effektive Filtrierer, die man nur im Herbst findet. 5 ist ein ganzjährig vorkommender Filtrierer. 6 und 7 ernähren sich als Weidegänger und sind kleine Wasserflöhe des Uferbereiches. Der Hüpferling 8 ist ein großer Filtrierer, 9 ist seine Larve. Unter den Rädertierchen lebt 10 räuberisch. 11, 12, 13, 14 und 15 sind ebenfalls Rädertierchen, aber Filtrierer. 16, 17, 18, 19 sind einzellige Wimperntierchen, 20 und 21 einzellige Sonnentierchen.
Als Phytoplanktonarten findet man die Zieralgen 22, 23, 24 und 25, die Grünalgen 26, 27, 28, 29 und 30, die Augentierchen 31 und 32, die Feueralgen 33 und 34, die Goldalgen 35 und 36, die Kieselalgen 37, 38, 39, 40, 41, 42, 43, 44 und 45 sowie die Cyanobakterien 46, 47, 48, 49, 50.

Welcher Lebewesen welche anderen Lebewesen frisst, ist häufig von den Größenverhältnissen abhängig: Große Lebewesen fressen kleinere, aber nicht zu kleine Lebewesen. Zum Beispiel fressen Weißfische große Filtrierer. Diese fressen größere Planktonalgen, aber nicht die ganz kleinen. Außerdem gibt es Nahrungsspezialisten.

a Mikroskopieren und bestimmen Sie die Lebewesen einer Wasserprobe, die mit dem Phytoplanktonnetz aus einem flachen eutrophen See oder Teich gewonnen wurde!

b Werten Sie Ihre Funde aus, indem Sie diese entsprechend den oben stehenden Angaben nach Größenklassen und Lebensformtypen sortieren!

c Begründen Sie anhand Ihrer Planktonfunde, ob Weißfische im Teich vorhanden sein könnten! Überprüfen Sie Ihre Vermutung!

IM BLICKPUNKT FORSCHUNG

Meeresbiologie

FORSCHUNGSGEGENSTAND MEER · Im Jahr 1697 wurde mit der Messung des Salzgehalts im Wasser der Kieler Förde das erste belegte meereswissenschaftliche Experiment durchgeführt. Die moderne Meeresforschung begann etwa 200 Jahre später: Eine britische Expedition erforschte zum ersten Mal systematisch die Tiefsee. Obwohl in den folgenden hundert Jahren viele Erkenntnisse zusammengetragen wurden, reichte nach Meinung der meisten Forscher das Wissen über die Meere am Ende des 20. Jahrhunderts nicht aus, um deren zukünftige Nutzung zu bewerten. Im Folgenden werden an je einem Beispiel aus der Grundlagenforschung und der angewandten Forschung aktuelle wissenschaftliche Interessen verdeutlicht.

ERFASSUNG DER VIELFALT · Ein von internationalen Expertengruppen durchgeführtes Projekt, der *First Census of Marine Life*, begann im Jahr 2000 und wurde nach einem Jahrzehnt vorläufig abgeschlossen. Ziel war es, mithilfe modernster Technik die Lebewesen in den verschiedensten, größtenteils unzugänglichen Regionen der Meere zu finden, einzusammeln und zu beobachten. Über 20 Prozent der Ozeane sind nach Abschluss der Arbeiten noch nicht untersucht, weil man beispielsweise bis in 11 000 Meter Wassertiefe und in größtenteils dunkle Lebensräume vordringen musste. Die gewonnenen Ergebnisse bestätigten den schon vorab vermuteten Artenreichtum der Meere. Eine verlässliche Schätzung der Artenanzahl ist allerdings noch nicht möglich. Man vermutet etwa eine Million Arten höherer Meereslebewesen und etwa 100 Millionen Mikrobenarten. Sämtliche Kenntnisse wurden in Datenbanken gespeichert, die nun allen Wissenschaftlern zur Verfügung stehen.

Die Vielfalt der Erkenntnisse lässt sich an folgenden Beispielen belegen. Ein als „Yeti-Krabbe" bezeichneter Krebs musste in eine neue Tierfamilie einsortiert werden. Er lebt in etwa 2 000 Meter Tiefe. In seinen Borsten beherbergt er Bakterien, über deren Beziehung zum Krebs derzeit nur spekuliert werden kann. Bei einer neu gefundenen Garnelenart stellte sich heraus, dass man sie bisher für ausgestorben gehalten hatte. Bekannte Vertreter ihrer Art lebten vor 50 Millionen Jahren. Vor Chile gefundene Schwefelbakterienmatten haben die Größe von Griechenland. Sie bilden eine zusammenhängende Biomasse von 14 Millionen Tonnen.

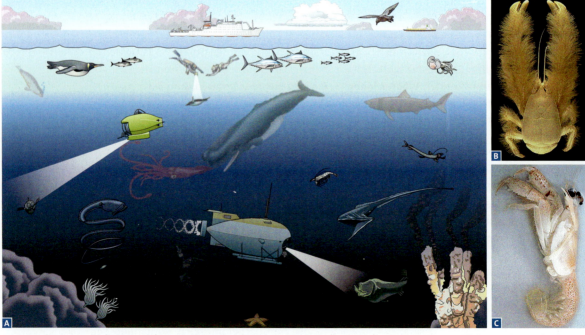

01 Lebensräume und Lebewesen im Meer: **A** Forschung im Census-Projekt; **B** „Yeti-Krabbe"; **C** wiederentdeckte Garnele

FISCHEREI UND FISCHBESTAND · Die Weltmeere sind überfischt. Um zu einer nachhaltigen Nutzung der noch vorhandenen Fischbestände zu kommen, ist es das gemeinsame langfristige Ziel von Fischern und Fischereiforschern, den vollständigen Zusammenbruch von Fischpopulationen zu verhindern. Erfahrungen haben gezeigt, dass die Überwachung von Schutzmaßnahmen am einfachsten ist, wenn man zum Erhalt einer Fischart die Befischungsintensität begrenzt. Hierzu legt man fangfreie Tage fest oder es werden Gebiete zeitweilig oder dauerhaft gesperrt. Um sicherzugehen, dass sich die gefangenen Fische schon einmal fortgepflanzt haben, werden nur Fische ab einer Größe gefangen, die sie erst nach ihrer Geschlechtsreife erreichen. Auf diese Weise wird zwar ein Zusammenbruch des Bestandes verhindert, Fischereiforscher haben aber nachgewiesen, dass man die Produktivität der Gewässer nicht annähernd ausnutzt. Sie verfolgen daher das Ziel, einen Befischungsmodus zu finden, der einerseits eine Fischpopulation in einem Ökosystem erhält, andererseits aber maximalen Ertrag verspricht. Dies sollte auch im Interesse der Fischerei sein. Als Beispielart wurde der für die Ostseefischerei wichtige Dorsch ausgewählt.

Mit dem Wissen über das Wachstum von Dorschen erstellte man mathematische Modelle, von denen eines aus dem Jahr 2002 folgende Vorgehensweise nahelegt. Man fängt die Dorsche erst, wenn sie exakt acht Jahre alt sind, dann aber binnen zwei Jahren vollständig. Dann ist der größte Biomasseertrag zu erwarten. Im Vergleich zum heutigen Verfahren muss man lediglich die Maschenweite der Netze vergrößern. Andere Schutzmaßnahmen müssen nicht mehr beachtet werden. Dafür gibt es folgende Begründung: Von 100 einjährigen Dorschen werden innerhalb eines Jahres etwa 20 auf natürliche Weise sterben. Die 80 nun zweijährigen Dorsche sind so stark gewachsen, dass sie eine größere Biomasse haben als die 100 einjährigen. In den nächsten Jahren bleibt dieses Verhältnis erhalten. Im Alter von etwa neun Jahren allerdings hat ein Dorschjahrgang seine größte Biomasse aufgebaut. Ältere Dorsche wachsen nicht mehr so schnell, dass sie die Sterbeverluste ihres Jahrgangs durch Biomassezuwachs ausgleichen können. Wenn man die Biomasse eines Jahrgangs zum Alter der Fische und zur Befischungsintensität in Beziehung setzt, erkennt man Folgendes: Eine stärkere Befischung bringt bei heutiger Fangmethode keinen höheren Ertrag,

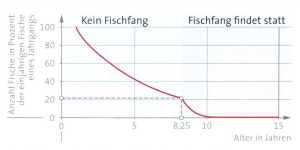

02 Änderung der Fischanzahl in einem Dorschjahrgang

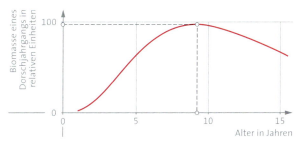

03 Änderung der Biomasse eines nicht befischten Dorschjahrgangs

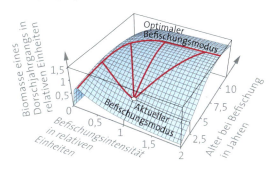

04 Biomasse eines Dorschjahrgangs in Abhängigkeit von Alter und Befischung

jedoch im vorgeschlagenen Befischungsmodus. Auch der Übergang vom heutigen Verfahren der Befischung zur vorgeschlagenen Methode scheint problemlos zu sein, weil alle eingezeichneten Wege ansteigen und damit jeweils einen steigenden Ertrag anzeigen. Da die Dorsche länger leben und sich deshalb sicherer fortpflanzen können, wird ihr Bestand besser geschützt.

1) Erläutern Sie die Bedeutung der Ergebnisse des „Census of Marine Life" für die Wissenschaft!

2) Beurteilen Sie den Befischungvorschlag aus der Sicht eines Fischereibetriebs!

AUSGEWÄHLTE ÖKOSYSTEME
ÖKOSYSTEM FLIESSGEWÄSSER

01 Fließgewässer

Fließgewässer

Von der Quelle bis zur Mündung fließt Wasser talwärts. Dabei ändert sich der Charakter des Wasserlaufs vom lebhaften Sprudeln im Gebirge bis zum trägen Fließen in der Ebene. Welche Folgen haben die sich fortlaufend ändernden Bedingungen für die Lebewesen in den Fließgewässern?

EINTEILUNG VON FLIESSGEWÄSSERN · Fließgewässer entstehen durch oberflächlich abfließendes Wasser. Im Gegensatz zu stehenden Gewässern entspringt ein Fließgewässer einer Quelle und mündet in der Regel in ein Meer. Dabei durchquert es verschiedene Lebensräume, und es kommt zu fortlaufenden Änderungen von abiotischen Faktoren. Durch unterschiedliche Wassermengen, verschiedene Untergründe und Zuläufe wandeln Fließgewässer stetig ihren Charakter.

Aber bereits die Quellen der Fließgewässer unterscheiden sich voneinander. Quellen sind Austrittsorte von Wasser, die je nach Ursprung durch Regenwasser, Grundwasser oder Gletscherwasser gespeist werden. Entspringt versickertes Regenwasser dem Boden, ist es klar, weil es beim Durchfließen des Bodens gefiltert wurde. Zudem enthält das Regenwasser viele Mineralstoffe, die es aus dem Gestein aufnimmt. Gletscherwasser hingegen ist trübe, weil es auch ungelöstes Material aus dem Gletscher mitführt.

Im weiteren Verlauf zeigen Fließgewässer je nach durchflossenem Gestein und durchquertem Lebensraum eine große Vielfalt und lassen sich schwer klassifizieren. Dennoch ergeben sich sinnvolle Einteilungen anhand der Größe, der Chemie des Wasserkörpers, des Gehalts an organischen Substanzen oder nach der möglichen Primärproduktion. Anhand der Größe des Einzugsgebiets kann man ein Fließgewässer gliedern in einen Bach, einen kleinen und großen Fluss sowie in einen Strom.

DAS FLIESSGEWÄSSER ALS KONTINUUM · Je nach Typ können Fließgewässer von unterschiedlichen Lebewesen besiedelt werden. Manche Arten besiedeln nur spezielle Regionen, andere besiedeln das ganze Fließgewässer. Lachse zum Beispiel können in allen Bereichen des Flusses leben. Sie sind Wanderfische, die in Fließgewässern aufwachsen, später ins Meer wandern und schließlich zur Fortpflanzung wieder genau an ihren Geburtsort zurückkehren.

Zur Eiablage und Paarung graben die Lachsweibchen eine Laichgrube in den oberen Regionen eines Flusses, dem **Oberlauf.** Hier herrschen aufgrund des starken Gefälles eine starke Strömung und eine gute Sauerstoffversorgung. Der Boden ist steinig und durch starke Erosion geprägt. Wasserpflanzen sowie Phytoplankton kommen kaum vor. Die Lachse schlüpfen also in kalten, sauerstoffreichen Flussabschnitten mit kiesigem Untergrund. Sie ernähren sich von Kleinstlebewesen wie zum Beispiel Steinfliegenlarven, die ihrerseits überwiegend von Detritus leben.

Nach etwa ein bis zwei Jahren verlassen die Lachse ihren Geburtsort und wandern flussabwärts. Dabei durchqueren sie einen weiteren Flussabschnitt, den oberen und unteren **Mittellauf.** Dabei nimmt das Gefälle ab, dementsprechend wird die Fließgeschwindigkeit geringer und der Sauerstoffgehalt sinkt. Im Vergleich zum Oberlauf findet weniger Erosion, aber mehr Sedimentation statt. Kies, Sand und Ton bleiben je nach Korngröße teilweise liegen. Im natürlichen Zustand mäandert der Fluss, wodurch die Gewässerstruktur besonders vielfältig wird. Entsprechend nimmt die Artenanzahl zu und die Lachse finden deutlich mehr Nahrung.

Im weiteren Verlauf ihrer Wanderung erreichen die Lachse den **Unterlauf.** In diesem Flussabschnitt ist das Land flacher, das Gefälle und damit auch die Fließgeschwindigkeit des Wassers geringer. Im Flussbett wird daher auch feines Material abgelagert und der Boden wird schlammig. Die im Wasser vorhandenen Mineralstoffe unterstützen planktische Primärproduktion. Darauf folgende Sekundärproduktion führt wieder zu höherer Sauerstoffzehrung. Im weiteren Verlauf ihrer Wanderung erreichen die Lachse schließlich über die **Mündung** das Meer, wo sie zahlreiche Nahrung finden. Nach etwa drei Jahren kehren die Lachse zum Laichplatz zurück.

Am Beispiel der Lachswanderung werden die kontinuierlichen Veränderungen im Fluss deutlich: Von der Quelle bis zur Mündung ändern sich ständig sowohl die abiotischen Faktoren wie Strömung, Sauerstoff- und Nährstoffgehalt als auch die biotischen Faktoren wie die

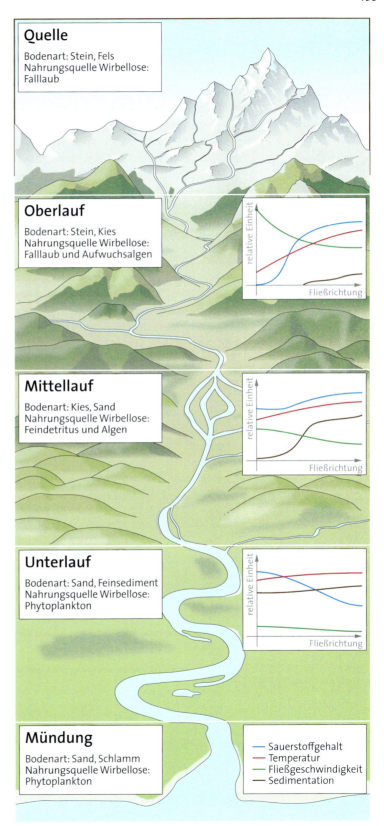

02 Gliederung eines Fließgewässers

AUSGEWÄHLTE ÖKOSYSTEME
ÖKOSYSTEM FLIESSGEWÄSSER

03 Fischarten:
A Forelle,
B Äsche,
C Barbe,
D Brachse,
E Kaulbarsch,
F Flunder

Lebensgemeinschaften. Fließgewässer bilden also ein **Kontinuum.** Lebewesen wie die Lachse nutzen in ihrem Lebenszyklus das gesamte Fließgewässer. Sie sind euryök. Andere Fischarten hingegen wie die Forelle leben nur in spezifischen Abschnitten. Solche stenöken Arten bezeichnet man als **Leitarten** für die jeweiligen Flussabschnitte. Ihr Vorkommen bestimmt in Europa die Unterteilung und Bezeichnung verschiedener Flussabschnitte in Forellen-, Äschen-, Barben-, Brachsen- und Kaulbarsch-Flunder-Region.

Auch im Querschnitt weisen Fließgewässer kontinuierliche Übergänge sowie eine typische Gliederung auf. So leben beispielsweise Brachsen im Unterlauf in schlammigen Uferregionen. Solche Zonen entstehen bevorzugt bei starken Regenfällen oder Schneeschmelzen, wenn Fließgewässer über ihre Ufer treten. Dadurch bilden sich vom wechselnden Hoch- und Niedrigwasser geprägte Niederungen entlang eines Fließgewässers, die **Auen.** Uferseitig ergibt sich eine Zonierung: Die **amphibische Zone** steht so häufig unter Wasser, dass Bäume gänzlich fehlen. Die darauffolgende **Weichholzaue** ist durch weniger als 200 Überschwemmungen pro Jahr geprägt. **Hartholzauen** sind flussfernere Wälder, die nur bei Spitzenhochwasser überflutet werden.

SELBSTREINIGUNG UND EINFLUSS DES MENSCHEN

Die Zusammensetzung vieler Biozönosen von Fließgewässern wird maßgeblich durch den Gehalt an organischen Verbindungen bedingt. Diese stammen vorwiegend aus der Umgebung, da im Oberlauf kaum Nährstoffproduktion stattfindet. Anschließend werden sie mit der Strömung flussabwärts transportiert. Dies hat eine Nährstoffanreicherung in Fließrichtung zur Folge. Im Oberlauf ist dagegen die Nahrungsgrundlage für Konsumenten geringer. Erst wenn sich mit abnehmender Strömung auch Produzenten ansiedeln, verbessern sich die Ernährungsbedingungen. Die beschriebenen Verhältnisse führen dazu, dass Nährstoffe zeitlich und räumlich entfernt umgesetzt werden. Daher spricht man bei Fließgewässern von *Stoffspiralen* und nicht von Stoffkreisläufen.

Viele Fließgewässer sind durch Abwässer beeinflusst. Werden Gifte eingetragen, sterben viele Lebewesen ab. Nach Einleitung von organischen Stoffen vermehren sich zersetzende Mikroorganismen. Beim Durchlaufen der Stoffspiralen werden Nährstoffe genutzt und Mineralstoffe unter Sauerstoffzehrung freigesetzt. Verunreinigungen des Fließgewässers können so auf natürlichem Weg abgebaut werden, was als **Selbstreinigung** bezeichnet wird. Dieser Selbstreinigung sind aber natürliche Grenzen gesetzt: Durch Eingriffe des Menschen, wie zum Beispiel Flussbegradigungen oder Randbefestigung, wird die Selbstreinigung eingeschränkt. Dadurch ändert sich die Fließgeschwindigkeit, die Temperatur oder der Sauerstoffgehalt und somit auch die Artenzusammensetzung.

Ursächlich für langfristige Störungen sind vor allem Schwermetallbelastungen und Versauerung. Manche Lebewesen sind so wenig tolerant gegenüber solchen Störungen, dass schon einmalige Abwassereinleitungen zum sofortigen Verschwinden der Arten führen können.

1 Erörtern Sie die Auswirkungen einer Kanalisierung auf Fließgewässer!

04 Stoffspirale im Fließgewässer

MATERIAL

Material A ▶ Selbstreinigung von Fließgewässern

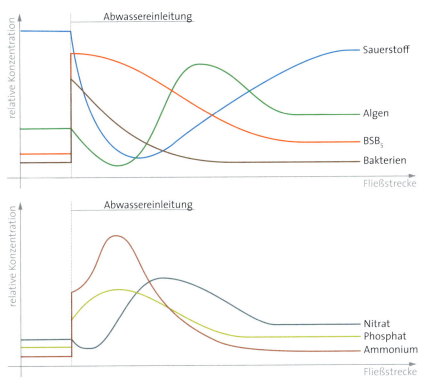

In einem Bach werden organische Abwässer eingeleitet. Der biochemische Sauerstoffbedarf, kurz BSB_5, gibt die Sauerstoffmenge an, die zum biotischen Abbau organischer Stoffe innerhalb von fünf Tagen benötigt wird.

A1 Beschreiben Sie, was man unter dem Konzept der Selbstreinigung von Fließgewässern versteht!

A2 Erklären Sie anhand der Diagramme den Verlauf der Parameter nach der Abwassereinleitung! Berücksichtigen Sie auch die Beziehung untereinander!

A3 Entwickeln Sie Strukturmaßnahmen zur Revitalisierung eines Bachs unter Bezug auf seine Fähigkeit zur Selbstreinigung!

Material B ▶ Bachmuschel

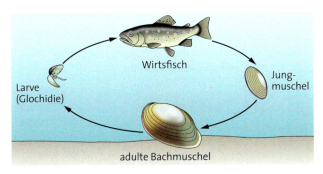

Bachmuscheln können bis zu 80 Jahre alt werden. Mit etwa drei bis vier Jahren sind sie geschlechtsreif. Die Fortpflanzungszeit ist im Frühjahr: Männchen geben Sperma ins Wasser ab, wo es von den Weibchen durch die Kiemen aufgenommen wird. Die Entwicklung der Larven dauert je nach Wassertemperatur zwischen drei bis sechs Wochen. Zwischen April und August werden die Larven ausgeschieden.

Für die weitere Entwicklung der Jungmuscheln ist eine parasitäre Phase an einem Wirtsfisch wie der Bachforelle erforderlich. Die Larven setzen sich in den Kiemen fest und werden durch den Fisch ernährt. Nach einer Metamorphose lassen sich die Jungmuscheln in den freien Wasserkörper fallen und ernähren sich dann als Filtrierer von Phytoplankton und Detritus. Eine erwachsene Muschel filtert etwa 400 Liter Wasser pro Tag.

B1 Formulieren Sie eine Hypothese, weshalb Bachmuscheln vom Aussterben bedroht sind!

B2 Erörtern Sie die ökologische Bedeutung von Süßwassermuscheln für die Selbstreinigung!

B3 Beurteilen Sie die Qualität der Bachmuschel als Bioindikator im Vergleich zu den anderen im Diagramm aufgeführten Parametern und Lebewesen!

PRAKTIKUM ▸ UNTERSUCHUNG EINES FLIESSGEWÄSSERS

Praktikum A ▸ Charakterisierung eines Fließgewässers

A1 Kartierung eines Fließgewässers

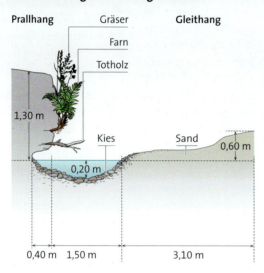

Suchen Sie Fließgewässer mit einer Breite von 0,5 bis 10 Metern auf. Sinnvoll ist die Untersuchung unterschiedlicher Gewässerabschnitte oder der Vergleich von zwei Fließgewässern.

a Erstellen Sie Skizzen nach vorgegebenem Beispiel im Maßstab 1:50 oder 1:100!

b Charakterisieren Sie Ufervegetation, Gewässerquerschnitt und Gewässerboden!

c Vergleichen Sie Ihre Ergebnisse mit dem vorgegebenen Schema!

d Vergleichen Sie ihre verschiedenen Gewässerabschnitte tabellarisch!

A2 Bestimmung ausgewählter abiotischer Faktoren

a Ermitteln Sie die Fließgeschwindigkeit, indem Sie die Zeit stoppen, in der Kreidepulver eine Strecke von zehn Metern durchfließt!

b Messen Sie Luft- und Wassertemperaturen!

c Füllen Sie eine Wasserprobe in einen Glasbehälter und ermitteln Sie nach Schütteln der Probe zunächst den Geruch und dann vor einem weißen Blatt Papier Trübung und Farbe!

d Messen Sie mithilfe eines Luxmeters die Lichtintensität über dem Gewässer!

e Setzen Sie die gemessenen Werte in Beziehung zu einer eventuell vorhandenen Unterwasservegetation!

A3 Bestimmung des BSB_5-Wertes

Mit dem BSB_5-Wert wird der biochemische Sauerstoffbedarf der im Wasser lebenden Kleinstlebewesen während einer festgelegten Zeit von fünf Tagen angegeben.

Den Sauerstoffgehalt bestimmt man entweder mithilfe von Sauerstoffelektroden oder chemisch nach den Untersuchungsvorschriften im Gewässerkoffer. Dazu füllt man eine Probenflasche vor Ort zur Hälfte mit Flusswasser, sättigt es durch Schütteln mit Sauerstoff und füllt es anschließend luftblasenfrei in zwei Flaschen. Der Sauerstoffgehalt der ersten Probe wird sofort gemessen. Die andere Flasche wird bei 20 Grad Celsius fünf Tage im Dunkeln aufbewahrt. Nach fünf Tagen wird der Sauerstoffgehalt der zweiten Probe bestimmt. Die Differenz der beiden Werte ist der BSB_5-Wert. Die Angaben erfolgen in Milligramm Sauerstoff pro Liter (mg O_2/l).

a Messen Sie den BSB_5-Wert des von Ihnen untersuchten Gewässers!

b Erläutern Sie Ihren Messwert in Bezug auf die im Gewässer vorhandenen Lebewesen!

Praktikum B ▸ Untersuchung und Beurteilung der Gewässergüte

Die Bestimmung der Gewässergüte kann mit unterschiedlichen Methoden erfolgen. Bei der Bewertung eines Gewässers werden die Gewässerstruktur (morphologischer Aspekt), die Wasserbeschaffenheit (chemischer Aspekt) und die Biozönosen (biologischer Aspekt) bestimmt. Die Strukturgüte gibt unter anderem Auskunft über die Lebensraumvielfalt im Gewässer. Die chemische Gewässergütebestimmung erfolgt auf der Grundlage gemessener Inhaltsstoffe des Wassers. Da die Benthos-Tiere im Fließgewässer in der Regel langfristig an einem Standort leben, müssen sie die dort vorhandenen Umweltbedingungen längere Zeit aushalten. Ihre Anwesenheit charakterisiert daher einen dauerhaften Zustand eines Gewässers. Die erfassten chemischen Parameter erlauben hingegen ausschließlich Aussagen über den Istzustand des Gewässers zum Zeitpunkt der Messung.

B1 Chemische Gewässeruntersuchung

a Bestimmen Sie nach der Anleitung der Testkits folgende Faktoren des Gewässers vor Ort: pH-Wert, Ammoniumgehalt, Nitratgehalt, Nitritgehalt, Phosphatgehalt, Leitfähigkeit und Carbonathärte!

b Legen Sie eine Tabelle zu Ihren Messwerten an!

c Vergleichen Sie Ihre gemessenen Werte mit den Werten in der Tabelle zur Bestimmung der Güteklasse!

B1 Biologische Gewässeruntersuchung

Bezugspunkt für die biologische Gewässergütebestimmung ist die Intensität des Abbaus organischer Substanz, die **Saprobie**. Es ist üblich, die Höhe der Saprobie in vier Stufen anzugeben. Je höher der Gehalt an organischer Substanz ist, die durch Lebewesen abgebaut werden kann, desto höher ist in der Regel die Saprobiestufe.

Bestimmte Arten sind für einzelne Saprobiestufen charakteristisch. Die Zugehörigkeit zur Saprobiestufe wird für jede Art durch eine Zahl ausgedrückt, den *Saprobiewert*. Mit den Saprobiewerten der Arten und deren Häufigkeit lässt sich ein *Saprobienindex* für das Gewässer berechnen. Ein hoher Saprobienindex korreliert mit einem hohen BSB_5-Wert, einer niedrigen Sauerstoffsättigung und einer schlechten Gewässergüte. Wenn die Saprobie zunimmt, treten solche Arten häufiger auf, die Sauerstoffmangel besser tolerieren können. Dies trifft besonders auf Arten zu, die im Feinsediment leben, denn dort gibt es in der Regel wenig Sauerstoff.

Bewertet man die Gewässergüte mithilfe eines Saprobienindex, sollte beachtet werden, dass dieser ursprünglich anhand von Tieren in Bergbächen ermittelt wurde. Da Bäche aber regional sehr unterschiedliche physikalische und chemische Eigenschaften besitzen, ist die Saprobienbestimmung in anderen Bachtypen anhand der Richtwerte aus der Saprobientabelle nur eingeschränkt möglich. Trotzdem hat sich der Saprobienindex in der Praxis bewährt.

Um den Saprobienindex zu ermitteln, wird zunächst durch Keschern, Sieben und Umdrehen der Steine ein ausgewählter Gewässerabschnitt von 10 bis 15 Meter Länge nach allen vorhandenen Tierarten abgesucht. Die Tiere werden gefangen und in getrennten Gläsern kühl und bei guter Sauerstoffversorgung aufbewahrt. Sie werden bestimmt und ihre Anzahlen geschätzt. Nach der Bestimmung werden alle Tiere wieder in den Bach zurückgesetzt. Jede gefundene Art wird einer Häufigkeitsstufe, die Abundanz (A), mit folgender Einteilung zugeordnet: 1 = vereinzelt, 2 = wenig, 3 = häufig, 4 = massenhaft. Der Saprobiewert (s) ist aus der Liste der Indikatororganismen abzulesen.

PRAKTIKUM – UNTERSUCHUNG EINES FLIESSGEWÄSSERS

Zur Berechnung wird zunächst für jeden Zeigerorganismus die Abundanz mit dem dazugehörigen Saprobienindex multipliziert. Das Ergebnis wird in der letzten Spalte im Protokollbogen notiert. Danach werden alle Abundanzen und Produkte addiert und daraus der Saprobienindex (S) berechnet:

$$S = \frac{\Sigma_{\text{alle Arten}} (A \cdot s)}{\Sigma_{\text{alle Arten}} A}$$

a Ermitteln Sie für Ihr Untersuchungsgewässer den Saprobienindex und bestimmen Sie mithilfe der Tabelle die Güteklasse!

Protokollbogen Saprobienindex
Gewässername: Kleine Schwentine
Gewässertyp: Tieflandbach
Untersuchungsort: Uferrand in Höhe Parkplatz
Protokollanten: Bio-LK
Datum: 19. 06. 2011

Indikatororganismen	Abundanz (A)	Saprobienwert (s)	Produkt (A × s)
Dreieckstrudelwurm	1	1,5	1,5
Zweiäugiger Plattwurm	2	2,6	5,2
Eintagsfliegenlarve (Gattung Ephemera)	3	2,0	6,0
Eintagsfliegenlarve (Fam. Baetidae)	2	2,1	4,2
Flussschwimmschnecke	1	1,7	1,7
Eiförmige Schlammschnecke	2	2,3	4,6
Bachflohkrebs	4	2,0	8,0
Gesamthäufigkeit:	15	Gesamtsumme:	31,2

Berechnung:
Gesamtsumme 31,2 : Gesamthäufigkeit 15 = Saprobienindex 2,08 entspricht Güteklasse II bzw. 2

Gütekl. nach WRRL	Grad der organischen Belastung	Saprobienindex	Kennzeichnung	Chemische Richtwerte (in mg/l)						bisherige Güteklasse
				O_2	NH_4^+	NO_2^-	NO_3^-	PO_4^{3-}	BSB_5	
1	unbelastet bis sehr gering belastet	1,0–< 1,5	Wasser kaum verunreinigt, klar und sauerstoffgesättigt; vollendete Oxidation, Mineralisation	8	minimal	< 0,01	< 1	< 0,01	< 1	I
2	gering belastet	1,5–< 1,8		8	0,1	< 0,01	um 1	< 0,1	1–2	I-II
	mäßig belastet	1,8–< 2,3	Wasser mäßig verunreinigt und noch sauerstoffreich; fortschreitende Oxidation; Mineralisation;	6	< 0,3	< 0,1		< 0,3	2–4	II
3	kritisch belastet	2,3–< 2,7		4	< 1	< 0,3	< 5	Verunreinigungen	4–7	II-III
4	stark verschmutzt	2,7–<3,2	Wasser stark verunreinigt und sauerstoffarm; starke Oxidationsprozesse; Faulschlammbildung	2	0,5 – 1,5	< 0,5			7–10	III
5	sehr stark verschmutzt	3,2–< 3,5		2	> 2	≥ 0,5	> 5		> 10	III-IV
	übermäßig verschmutzt	3,5–< 4,0	Wasser außerordentlich stark verunreinigt und sauerstoffarm; Fäulnisprozesse; Bildung von H_2S und CH_4; hoher Gehalt an organischen Stoffen	> 2	> 2	≥ 1	> 10	mehrere mg/l	> 10	IV

Einteilung der Güteklassen

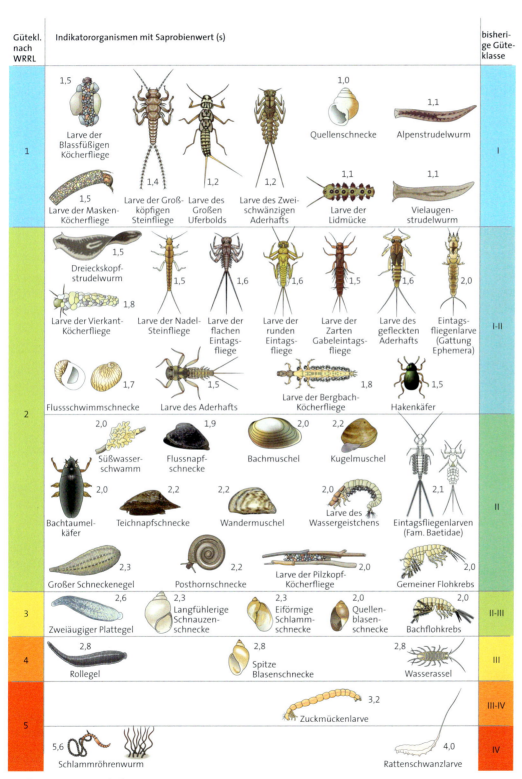

Häufige Lebewesen in Fließgewässern

PRAKTIKUM ▸ UNTERSUCHUNG EINES FLIESSGEWÄSSERS

Praktikum C ▸ Gewässerstrukturgüte

Die Bestimmung der Strukturgüte liefert einen Ansatz, mit dem Schädigungen im Gewässerbau schnell erkannt werden können.

Zur Erfassung der Strukturgüte wählt man zunächst einen etwa 100 Meter langen und 0,5 bis 10 Meter breiten Abschnitt eines kleinen Fließgewässers im Flachland aus. Nach der Tabelle werden alle zehn Einzelparameter getrennt bewertet. Dazu wird anhand der Leitfragen in der ersten Spalte jedem Parameter eine entsprechende Bewertungsstufe zugeordnet.

Zur Auswertung werden alle Einzelbewertungen der letzten Spalte addiert und der Mittelwert gebildet. Dieser wird anhand der Tabelle einer Gewässerstrukturgüte zugeordnet:

Gewässerstrukturgüte	Mittelwert
1 sehr gut	1,0 – 1,6
2 gut	1,7 – 2,4
3 mäßig	2,5 – 3,4
4 unbefriedigend	3,5 – 4,4
5 schlecht	4,5 – 5,0

Wesentliches Ziel der Strukturgütebestimmung ist es allerdings nicht, Mittelwerte zu berechnen. Vielmehr erlaubt die Methode einen Vergleich von unterschiedlichen morphologischen Strukturen der Fließgewässer anhand von definierten Kriterien.

Zudem sind die Grenzen des Ansatzes zu beachten: Einerseits hat die hier abgebildete Tabelle nur Gültigkeit für Flachlandbäche und kann für andere Gewässertypen nicht direkt übernommen werden. Die Bewertungskriterien der Strukturgüte sind also lediglich Hinweise für weitergehende Untersuchungen.

Darüber hinaus können die zu erfassenden Strukturelemente in Fließgewässern sehr unterschiedlich ausgeprägt sein. Prinzipiell sind die verwendeten Kriterien aber für alle Bäche einsetzbar.

a Ermitteln Sie differenziert und als Mittelwert die Strukturgüte Ihres Untersuchungsgewässers!

Praktikum D ▸ Zusammenfassung und Bewertung

In diesem Praktikum wurden drei vereinfachte Methoden zur Abschätzung des ökologischen Zustandes kleinerer Fließgewässer vorgestellt. Hierbei stehen unterschiedliche Aspekte im Vordergrund: die Wasserqualität (chemisch-physikalische Parameter des Baches), die Lebensgemeinschaften (Biozönosen und Saprobienindex im Bach) und die Gewässerstruktur (geologisch-morphologische Struktur eines Flachlandbaches).

Die mit den Verfahren erhobenen Daten stehen dabei nicht in Konkurrenz zueinander, sondern ergänzen sich, um eine sinnvolle Gesamtbewertung zu erreichen. Ziel ist es, festzustellen, ob es sich um ein ökologisch intaktes Gewässer handelt oder ob ein verbesserungsbedürftiger Zustand vorliegt. Die verwendeten Methoden liefern hierfür gute Hinweise. Da mit ihnen jedoch unterschiedliche Aspekte untersucht werden, können die ermittelten Werte voneinander abweichen.

a Fassen Sie Ihre Ergebnisse zur Gewässerökologie nach Untersuchungsmethode getrennt in Berichtform zusammen!

b Vergleichen Sie die aus verschiedenen Untersuchungen ermittelten Ergebnisse!

c Diskutieren Sie Ihre Ergebnisse!

d Erörtern Sie Vor- und Nachteile der Untersuchungsmethoden!

e Entwickeln Sie Vorschläge zur Strukturverbesserung Ihres Untersuchungsgewässers!

f Diskutieren Sie Ihre Ergebnisse mit Experten einer Wasserbehörde!

Gewässer:	1	2	3	4	5
Abschnitt:	natürlich / sehr gut	natürlich / gut	wenig naturnah / mäßig	naturfern / unbefriedigend	schlecht
Gewässerstruktur und Gewässerumfeld (bewertet wird ein ca. 100 m langer, repräsentativer Gewässerabschnitt)					
1. Nutzung der Aue — Wie wird die Aue im überschaubaren Umfeld des Gewässers überwiegend genutzt?	☐ naturnaher Wald (Laubbäume), Auwald	☐ extensive Nutzung oder Brache: nicht gedüngte oder wenig beweidete Wiesen	☐ kleinere Äcker, Weiden oder Gärten ☐ Nadelwald	☐ intensive Landwirtschaft, Äcker ☐ stellenweise Bebauung	☐ geschlossene Ortschaft ☐ Industriegebiet
2. Gewässerrandstreifen — Gibt es einen naturbelassenen Gewässerrandstreifen?	☐ > 20 m	☐ ca. 5 - 20 m	☐ ca. 2 - 5 m	☐ < 2 m	☐ nicht vorhanden
3. Gewässerverlauf — Wie ist der überwiegende Verlauf des Gewässers?	☐ mäandrierend, nicht begradigt	☐ stark geschwungen, wenig begradigt	☐ geschwungen, mäßig begradigt	☐ leicht gekrümmt, überwiegend begradigt	☐ gerade, vollständig begradigt
4. Uferbewuchs — In welchem Ausmaß ist die standorttypische Ufervegetation vorhanden?	☐ Auwald, durchgehender Weiden- und / oder Erlensaum von mehreren Metern Breite	☐ schmaler, aber durchgehender Weiden- oder Erlensaum ☐ Feuchtwiese, Hochstauden oder Röhrichte	☐ lückiger Weiden- oder Erlensaum mit Krautflur Krautflur aus Brennnesseln u.a. Mineralstoffzeigern	☐ Einzelbäume, evtl. Krautflur standortfremde Vegetation (z.B. Nadelbäume oder Ziersträucher) ☐ gemähtes Ufer	☐ keine Uferbäume, keine Krautflur, befestigter Uferrand
5. Uferstruktur — Wie ist das Ufer beschaffen?	☐ keine festgelegte Uferlinie, viele Einbuchtungen, Gewässer kann sich ungehindert in die Breite ausdehnen	☐ Ufer begradigt, aber nicht sichtbar befestigt. Mit einigen Einbuchtungen und Aufweitungen	☐ Ufer stellenweise befestigt < 50 %, doch sind Uferabbrüche möglich	☐ Ufer überwiegend befestigt (durch Steinschüttungen oder Holzpfähle	☐ gerade Uferlinie, Ufer steil abfallend, befestigt (Pflaster, Beton o.ä.)
6. Gewässerquerschnitt — Wie ist der Bach eingetieft?	☐ sehr flach Breite : Tiefe-Verhältnis > 10 : 1	☐ flach Breite : Tiefe-Verhältnis > 5 : 1	☐ mäßig tief Breite : Tiefe-Verhältnis > 3 : 1	☐ tief Breite : Tiefe-Verhältnis > 2 : 1	☐ sehr tief Breite : Tiefe-Verhältnis < 2 : 1
7. Strömungsbild — Wie deutlich ist ein Wechsel von unterschiedlichen Fließgeschwindigkeiten anhand der Strömung erkennbar?	☐ unterschiedliche Fließgeschwindigkeiten auf engem Raum zu erkennen		☐ unterschiedliche Fließgeschwindigkeiten auf längeren Strecken erkennbar	☐ Strömung einheitlich, aber Fließen des Wassers deutlich zu erkennen	☐ Strömung kaum erkennbar, glatte Wasseroberfläche
8. Tiefenrelevanz — Wie groß ist die Variation von tiefen und flacheren Gewässerbereichen?	☐ sehr groß bis groß		☐ mäßig	☐ gering	☐ keine
9. Gewässersohle — Wie ist die Gewässersohle beschaffen? (ggf. mit Stock sondieren)	☐ Gewässersohle abwechslungsreich (Kies/Sand/Lehm oder andere Feinsubstrate), viel Totholz		☐ Gewässersohle gleichmäßiger, unterschiedliche Strukturen in großen Abständen	☐ Gewässersohle über größere Strecken verschlammt und / oder befestigt	☐ gleichförmige Gewässersohle, vollständig verschlammt und / oder befestigt
10. Durchgängigkeit — Gibt es unnatürliche Hindernisse im Wasser, die Wanderungen von Tieren im Gewässer einschränken?	☐ keine Hindernisse ☐ natürlicher Wasserfall/Kaskade	☐ Verrohrung < 2 m ☐ künstliche Stufe aus einzelnen Steinen, kann von Fischen und Wirbellosen überwunden werden	☐ Verrohrung 2 - 5 m Stufe < 30 cm, kann von Fischen überwunden werden, ggf. Fischtreppe	☐ Verrohrung > 5 m ☐ Stufe oder andere Barriere 30 - 100 cm	☐ Verrohrung > 10 m ☐ Stufe oder andere Barriere > 1 m

Erfassung der Gewässerstrukturgüte für Flachlandbäche

AUSGEWÄHLTE ÖKOSYSTEME
ÖKOSYSTEM AUS MENSCHENHAND

01 Blick auf eine Stadt

Ökosystem Siedlung

Schnell erfassen wir die Elemente einer Stadt: das auffällige Wahrzeichen, Büro- und Wohnhäuser, Kirchen, Plätze, Bäume und Grünanlagen. Auch wenn andere Städte und Stadtteile ganz anders aussehen können, bieten sie ähnliche biologische Bedingungen. Welche ökologischen Beziehungen resultieren daraus?

MENSCH UND SIEDLUNG · Kleinere ländliche Siedlungen waren bis zum Ende des 19. Jahrhunderts hinein weitgehend unabhängig vom Umland. In Städten war und ist dies anders: Produkte des täglichen Bedarfs wie Lebensmittel und Bekleidung, Baustoffe, Möbel und Energieträger werden außerhalb erzeugt und in die Stadt transportiert. Dies erfordert eine entsprechende Infrastruktur. Gas-, Wasser- und Abwasserleitungen, Strom- und Telefonkabel durchziehen den Boden. Vielfältige Dienstleistungsangebote und die Trennung von Wohn-, Freizeit- und Arbeitsplatz erfordern den weiteren Ausbau des vorhandenen Verkehrsnetzes. In größeren Städten werden daher zusätzlich Untergrundbahnen angelegt, während der im Stadtzentrum nur begrenzt zur Verfügung stehende Raum vor allem für den Bau von Hochhäusern genutzt wird. Die städtebaulichen Maßnahmen prägen nicht nur das Erscheinungsbild der Stadt, sondern wirken sich auch auf Boden, Wasserhaushalt, Luft und Temperatur aus. Es entsteht ein **urbaner Lebensraum.**

ABIOTISCHE FAKTOREN · In Siedlungen ist der Boden zu etwa drei Vierteln mit ortsfremden Materialien wie Teer, Stein- und Verbundpflaster versiegelt. Er ist stark verdichtet und durch gezielte Entwässerung deutlich trockener als im Freiland.

Die geringere Vegetationsbedeckung führt zu einer geringeren Verdunstung in Städten als im Umland. Trotzdem regnet es häufiger. Das liegt daran, dass aufsteigende warme Luft in der Stadt die feuchte Luft aus der Umgebung ansaugt, die bei Abkühlung kondensiert und dann abregnet. Außerdem kommt es trotz der geringeren Luftfeuchtigkeit häufiger zu Nebel- oder Smogbildung, weil Feinstaub die Kondensation des Wasserdampfes erleichtert.

Der größte Teil des Regenwassers fließt oberirdisch über befestigte Flächen in die Kanalisation. Daher wird weniger Grundwasser neu gebildet. Außerdem wirkt die Kanalisation wie eine Drainage, sodass der Grundwasserspiegel niedriger liegt.

In Siedlungen ist die Sonneneinstrahlung aufgrund der Lufttrübung durch Feinstaub vermindert. Trotzdem sind die Durchschnittstemperaturen um etwa ein Grad Celsius erhöht, weil neben der geringeren Verdunstung die Wärmestrahlung an Hauswänden vielfach reflektiert und von Mauern und Dachziegeln gespeichert wird. Im Winter verursacht auch die zusätzliche Wärmeentwicklung durch Heizung eine Temperaturerhöhung.

In einer Stadt behindern die Gebäude die Luftbewegung, sodass die Windgeschwindigkeit abgesenkt ist. Allerdings kann es in den Straßenschluchten zwischen Hochhäusern oft zu Böen kommen. Auch ist der Kohlenstoffdioxid- und Schadstoffgehalt der Luft durch Verbrennungsprozesse erhöht. Die Ozonwerte sind jedoch niedriger, weil Stoffe aus den Abgasen Ozon abbauen können. Schadstoffe aus dem Feinstaub wie zum Beispiel Cadmium- oder andere Schwermetallverbindungen belasten nach ihrer Ablagerung den Oberboden.

LEBENSRÄUME · Neben versiegelten Flächen gibt es in der Stadt andere Bereiche, die naturnah wirken, aber ebenfalls vom Menschen stark verändert oder gestaltet sind. Daraus resultieren oft kleinräumige, aber vielfältige Standorte. Dazu zählen Gärten, Park- und Grünflächen, Friedhöfe, begrünte Hausfassaden und Gründächer ebenso wie Baumscheiben, Straßenränder und Brachen mit den jeweilig charakteristischen Lebensgemeinschaften. Viele dieser Biotope sind nur kurzlebig und werden vom Menschen häufig verändert. Störungen wie Trittbelastung, Umgraben und winterliches Salzstreuen kommen öfter vor. Regelmäßige Eingriffe wie Rasenmähen oder Unkrautbeseitigen führen dabei zu künstlich konstanten Bedingungen. Andererseits werden einige Lebensräume wie stillgelegte Bahnhöfe oder Brachflächen sich selbst überlassen, sodass eine natürliche Sukzession eintritt.

Demgegenüber verschwinden mit der städtebaulichen Entwicklung Lebensräume wie feuchte, nasse oder nährstoffarme Standorte, Hohlwege, Dickichte oder Senken. Insgesamt ist das Ökosystem Stadt in viele meistens kleine, aber sehr unterschiedliche Lebensräume aufgeteilt.

In der Stadt mit geschlossener Bebauung ist –

- der Boden stärker verdichtet, trockener und sauerstoffärmer
- die Versiegelung erheblich höher
- die Globalstrahlung etwa 15–20 % niedriger
- die Sonnenscheindauer etwa 10 % geringer
- die durchschnittliche Temperatur etwa 1° C höher
- die Luftfeuchtigkeit etwa 5 % geringer
- die Gesamtniederschlagsmenge etwa 20 % höher
- die Windgeschwindigkeit etwa 15 % niedriger
- die Feinstaubbelastung größer
- der Kohlenstoffdioxidgehalt der Luft höher
- der Ozongehalt der Luft geringer

– als in der offenen Landschaft

02 Abiotische Faktoren in Stadt und Umland

03 Lebensräume in der Stadt: **A** Park, **B** Straßenrand, **C** Brachfläche, **D** begrünte Hausfassade

1 Erläutern Sie die Besonderheiten urbaner Lebensräume und erklären Sie, weshalb die Standorte oft kleinräumig, aber vielfältig sind!

AUSGEWÄHLTE ÖKOSYSTEME
ÖKOSYSTEM AUS MENSCHENHAND

PFLANZEN UND TIERE IN DER STADT · Die Vielfalt der Lebensräume führt zu einer entsprechenden Unterschiedlichkeit der Flora. So kommen zum Beispiel in Pflasterritzen Pflanzen wie Breitwegerich, Einjähriges Rispengras, Silbermoos und Vogelknöterich vor, die sowohl Bodenverdichtung als auch Trittbelastung ertragen können. An Zäunen, Wegrändern und auf Baumscheiben der Straßenbäume wächst die Mäusegerste, oft in Gesellschaft von Tauber Trespe und Löwenzahn. Auf Schutt- und Brachflächen gibt es Unkrautgesellschaften mit größeren Artenanzahlen wie Klebkraut, Große Brennnessel oder Gemeine Nachtkerze.

Durch Sameneintrag mit den Materialtransporten in die Stadt oder durch bewusste Anpflanzung fremder Pflanzen, zum Beispiel in Gärten und Parkanlagen, ist das Artenspektrum erweitert. Hier leben viele Pflanzen, die sich erst nach 1492 angesiedelt haben. Oft stammen diese **Neophyten** wie Rosskastanie oder Schmalblättriges Greiskraut aus trockeneren und wärmeren Gebieten. Sie sind daher besonders gut an das Stadtklima angepasst. Robinien, deren Samen zum Keimen viel Wärme benötigen, und der früh im Jahr austreibende Riesenbärenklau können eingesessene Arten sogar verdrängen.

Diese wenigen Beispiele zeigen bereits, weshalb die Artenvielfalt in der Stadt gegenüber dem Umland um etwa 25 Prozent erhöht ist.

Für viele Tiere sind die Lebensbedingungen in der Stadt besser als im Umland, weil das Nahrungsangebot reichhaltiger ist: Füchse, Marder und Waschbären suchen in Mülltonnen nach Essensresten. In Kleingärten bieten Komposthaufen, Rabatten und Obstbäume Tieren ein vielfältiges Nahrungsspektrum. Da es infolge der höheren Temperaturen in der Stadt mehr Insekten und Spinnen gibt, finden manche Vögel leichter Nahrung. Zudem steigert die Fütterung im Winter ihre Überlebenschancen. So leben in Berlin über 150 verschiedene Vogelarten, unter ihnen die seltenen Steinschmätzer, der Pirol und der Schwarzspecht.

In Parks und Gärten gibt es Brut- und Versteckmöglichkeiten für Heckenbraunelle, Zilpzalp oder Meisen. Zusätzlich hängen Menschen Nistkästen für Höhlenbrüter und Fledermäuse auf. Dohlen und Turmfalken, die eigentlich in Felsspalten brüten, nisten in Kaminen oder Kirchtürmen und nutzen diese Plätze als Sekundärlebensraum. Solche in der Nähe der Menschen lebende Arten nennt man **Kulturfolger**. Zu ihnen gehören auch die in der Kanalisation heimischen Ratten.

Viele Tiere leben in der Stadt sicherer als in der freien Natur. Wildkaninchen zum Beispiel haben in Wohngebieten weniger Fressfeinde und besiedeln Brachflächen und Gärten. Wesentliche Gefahr geht nur vom Straßenverkehr aus. Auch im Verhalten sind Tiere an das Leben in der Stadt angepasst. So haben Tauben, Sperlinge und Amseln ihre natürliche Scheu vor Menschen weitgehend verloren. Stare ahmen die Klingelzeichen von Mobiltelefonen nach und einige Rotkehlchen werden unter der Straßenbeleuchtung nachtaktiv. Es ist fraglich, ob diese Tiere unter natürlichem Feinddruck überleben könnten. Hingegen ist es sehr wahrscheinlich, dass in Zukunft spezialisierte Stadtarten entstehen.

04 Pflanzen und Tiere in der Stadt: A Rosskastanie, B Turmfalke, C Gemeine Nachtkerze, D Waschbär

2 Erläutern Sie, weshalb die Artenvielfalt in der Stadt im Vergleich zum Umland größer und die Reviergröße der Vögel kleiner ist!

MATERIAL

Material A ▶ Mäusegerste

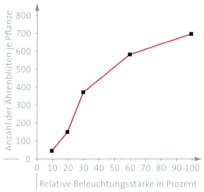
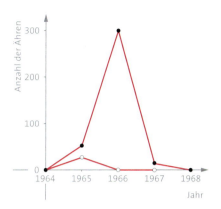

Die Mäusegerste ist ein aus dem Mittelmeerraum stammendes einjähriges oder überwinterndes Gras. Sie kommt an Standorten mit offenem Boden, auf Schutt, an Wegrändern und an Mauern vor und wird bis zu 40 Zentimeter groß. Die mit Widerhaken versehenen Borsten der Früchte, die Grannen, haften in der Kleidung oder im Fell von Tieren und dienen der Verbreitung der Samen.

Eine Versuchsfläche im Freiland wurde mit Mäusegerste gleichmäßig eingesät. Nach einem Jahr wurde die Anzahl der Blüten in Abhängigkeit unterschiedlicher Lichtverhältnisse ausgezählt und die Ergebnisse gemittelt.

In einem weiteren Versuch wurden im August 1964 auf zwei Probeflächen zehn Früchte der Mäusegerste pro Quadratmeter auf eine vegetationslose Fläche ausgesät:

Die erste Grafik zeigt die Ergebnisse der Fläche, auf der 1965 und 1966 alle Pflanzen außer der Mäusegerste beseitigt wurden. Ab 1967 wurde nichts mehr beseitigt.

Die zweite Grafik zeigt die Ergebnisse der Fläche, auf der Mäusegerste zusammen mit anderen Wiesengräsern und Klee ausgesät und keine Pflanzen beseitigt wurden.

A1 Formulieren Sie die Fragestellungen zu den durchgeführten Versuchen und erläutern Sie die Ergebnisse!

A2 Beschreiben Sie anhand des Textes und der Versuchsergebnisse die Eigenschaften der Mäusegerste!

A3 Beschreiben Sie den Lebensraum der Mäusegerste und diskutieren Sie, inwieweit sie Zeigerpflanze für den Lebensraum Stadt ist!

Material B ▶ Rosskastanienminiermotte

Im Sommer werden die Blätter weiß blühender Rosskastanien oft braun und welk. Verantwortlich dafür ist die Rosskastanienminiermotte – ein kleiner brauner Falter, der erst seit 1983 in Europa vorkommt.

Das Weibchen legt etwa 40 Eier auf Kastanienblättern ab. Nach dem Schlüpfen bohren sich die Raupen in das Blattinnere und leben dort in Hohlräumen, sogenannten Minen. Sie ernähren sich von Pflanzensaft und Blattgewebe. Nach etwa vier Wochen verpuppen sie sich und es entsteht eine neue Faltergeneration. So bilden sich jährlich bis zu vier Generationen. Die Überwinterung erfolgt im Puppenstadium im abgefallenen Laub. Die Miniermotte hat sich in kurzer Zeit in fast ganz Europa ausgebreitet.

B1 Stellen Sie Hypothesen auf, weshalb sich die Miniermotte in Europa schnell ausbreiten konnte!

B2 Machen Sie Vorschläge, mit welchen Methoden man die Miniermotte bekämpfen kann!

B3 Diskutieren Sie die Frage, ob die Miniermotte ein Kulturfolger ist!

KLAUSURTRAINER ▸ AUSGEWÄHLTE ÖKOSYSTEME

Training A ▸ Produktionsbiologie des Waldes

A1 Vergleich von Biomassen und Produktion in einem Laubwald

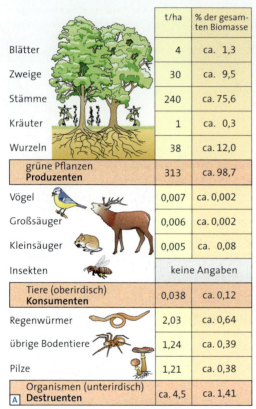

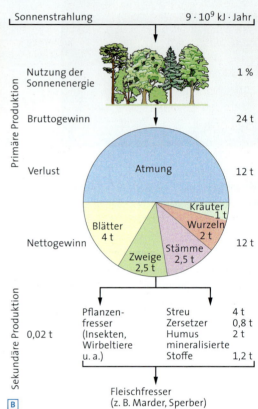

Art	Ernährungstyp	Biomasse in g/ha
Erdmaus	Pflanzenfresser	4 600
Rothirsch	Pflanzenfresser	4 500
Fuchs	Allesfresser, bevorzugt Fleisch	150
Spitzmaus	Fleischfresser	30

Die Biomassen und die Produktion wurden in demselben Wald gemessen und sind auf einen Hektar und ein Jahr bezogen. In Abbildung A und B werden Trockenmassen angegeben, in Abbildung C das Lebendgewicht. In Abbildung B wird außerdem angegeben, dass die Sonnenstrahlung im Wald nur zu einem Prozent zum Aufbau von Biomasse genutzt wird.

a Beschreiben Sie die Verteilung der Biomasse auf Produzenten, Konsumenten und Destruenten!

b Erläutern Sie die Produktionsdaten aus Abbildung B!

c Werten Sie die dargestellten Messergebnisse aus, indem Sie in den drei genannten Gruppen die Biomassen aus Abbildung A in Relation zur Produktion aus Abbildung B setzen!

d Skizzieren Sie möglichst maßstabsgerecht eine Biomasse- sowie eine Produktionspyramide für den untersuchten Wald!

e Werten Sie die Tabelle aus und ordnen Sie die Ergebnisse in die Messungen aus den Abbildungen begründet ein!

f Leiten Sie aus den Daten den Flächenbedarf eines 30 Kilogramm schweren Luchses ab, dessen Wiedereinbürgerung geplant ist!

Training B — Der Einfluss von Kahlschlägen auf das Ökosystem Fließgewässer

B1 Veränderungen im Oberlauf eines Fließgewässers bei Entfernung des Uferwaldes

Ernährungstyp	Ufer bewaldet		Uferwald abgeholzt	
	Dichte in 1 pro m²	Biomasse in mg Trockenmasse pro m²	Dichte in 1 pro m²	Biomasse in mg Trockenmasse pro m²
Zerkleinerer	72	25,1	65	13,5
Weidegänger	172	36,0	324	53,3
Substratfresser	68	20,9	92	10,2
Räuber	94	48,3	94	136,3
Gesamt	475	208,0	761	336,5

Veränderung einiger Faktoren bei Abholzung	
Faktor	Art der Veränderung
Laubeintrag	Verringerung von 289 Gramm auf 4,2 Gramm Trockenmasse pro Quadratmeter und Jahr
Bewuchs auf Steinen	Statt Bakterien und Pilzen dominieren Kieselalgen und Fadenalgen
Primärproduktion	Anstieg von 2,9 Gramm auf 86,6 Gramm Trockenmasse pro Quadratmeter und Jahr
Lichtintensität	Verdopplung
Wassertemperatur	Anstieg um etwa 2 bis 3 Grad Celsius
Sauerstoffgehalt	Rückgang

Bachflohkrebs — Mützenschnecke — Zuckmückenlarve — Rollegel

Wenn mitteleuropäische Fließgewässer von Bäumen gesäumt sind, sind sie zumindest in den Sommermonaten beschattet. Kahlschläge des Uferwaldes verändern das ganze Ökosystem. Dem Fließgewässer fehlt dann besonders der Laub- und Holzeintrag.

In das Fließgewässer eingetragenes Laub und Holz wird zunächst von Pilzen und Bakterien besiedelt. Erst danach kommen verschiedene Wirbellose hinzu. Die Zerkleinerer unter ihnen, beispielsweise Bachflohkrebse und Wasserasseln, beißen größere Teile heraus und zerkleinern sie. Weidegänger wie die Mützenschnecke schaben oder raspeln Algenaufwuchs von Substraten ab. Substratfresser, zum Beispiel Zuckmückenlarven, ernähren sich von Schlamm, Detritus und Sand, wobei sie große Mengen an Bakterien, einzelligen Algen und Tieren aufnehmen. Zu den Räubern gehören unter anderem Rollegel.

Entlang eines Fließgewässers sind die Ernährungstypen unterschiedlich verteilt: Zerkleinerer sind im Oberlauf eines Flusses häufig und werden im weiteren Verlauf weniger. Weidegänger sind im Oberlauf vorhanden und ihr Anteil nimmt bis zum oberen Unterlauf zu. Im Unterlauf dominieren dann die Substratfresser.

a Beschreiben Sie zusammenfassend die Untersuchungsergebnisse zur Veränderung bei den Ernährungstypen!

b Erläutern Sie die wesentlichen Veränderungen bei den weiteren biotischen und den abiotischen Faktoren mit möglichen Bezügen untereinander!

c Begründen Sie die Veränderungen bei den Ernährungstypen, indem Sie deren Abhängigkeit von bestimmten ökologischen Faktoren herausstellen!

GRUNDWISSEN ▸ AUSGEWÄHLTE ÖKOSYSTEME

Ökosystem Wald

Niederwald: Im Abstand von einigen Jahrzehnten immer wieder zur Brennholzgewinnung geschlagener Wald, in dem die Bäume aus Baumstümpfen regelmäßig wieder austreiben und ein buschartiges Aussehen annehmen.

Mittelwald: Ein Wald, in dem ein Teil der Bäume wie im Niederwald genutzt wird. Ein anderer Teil der Bäume bleibt zum Beispiel für die Nutzholzgewinnung stehen.

Hochwald: Ein Wald, der nur aus hochgewachsenen Bäumen besteht.

Forst: Forstlich aufgebauter, gepflegter und genutzter Wald, der unter Aufsicht eines Försters steht.

Waldbinnenklima: Ein durch Schatten und höhere Luftfeuchtigkeit sowie geringere nächtliche Wärmeabstrahlung gekennzeichnetes und damit vergleichsweise ausgeglichenes Klima in einem Wald.

Retention: Zurückhalten von Wasser, beispielsweise in einem moosreichen Wald.

Bodenhorizonte: Übereinanderliegende Schichten eines Bodens mit unterschiedlichen Eigenschaften.

Edaphon: Gesamtheit der Lebewesen in einem Boden.

Humus: Abbauprodukte im Boden, die vor allem aus abgestorbenem und unterschiedlich zersetztem pflanzlichem Material bestehen.

Stockwerke des Waldes: Schichten in der Vegetation eines Waldes. Man unterscheidet ein oder zwei Baumschichten, Strauchschicht, Krautschicht und Moosschicht.

Frühjahrsgeophyten: Krautige Pflanzen, die im Frühjahr vor der Belaubung der Bäume im Wald blühen. Sie werden auch oft als Frühblüher bezeichnet.

Waldsterben: Absterben von zahlreichen Bäumen infolge von Umweltschäden, das erstmals in den 1980-er Jahren beobachtet wurde.

Der See im Jahresverlauf

Epilimnion: Über der Sprungschicht liegender Bereich eines Wasserkörpers im See.

Hypolimnion: Unter der Sprungschicht liegender Bereich eines Wasserkörpers im See.

Metalimnion: Grenzbereich zwischen Epi- und Hypolimnion, der durch einen Temperatursprung charakterisiert sein kann und auch Sprungschicht genannt wird.

Vollzirkulation: Vollständiger Austausch von Wasser in einem See und damit verbundener Temperaturausgleich im gesamten Wasserkörper.

Stagnation: Stillstand des Wassers im See. Im Sommer betrifft dies nur das Hypolimnion, unter Eis den gesamten Wasserkörper eines Sees.

Kompensationstiefe: Bereich eines Sees, in dem der Umfang des Stoffaufbaus genauso groß ist wie der des Stoffabbaus. Oberhalb befindet sich die trophogene Zone mit Stoffaufbau, unterhalb überwiegen in der tropholytischen Zone Abbauprozesse.

Benthal: Seeboden.

Pelagial: Freiwasser eines Sees mit Uferbereich, dem Litoral, und Tiefwasserzone, dem Profundal.

Plankton: Im Wasser schwebende beziehungsweise treibende Organismen, die pflanzlich (Phytoplankton) oder tierisch (Zooplankton) sein können.

Weiher, Teich: Kleine Seen, die häufig durch Aufstauung angelegt wurden.

Tümpel: Kleines Gewässer, das lediglich temporär besteht und zeitweilig austrocknen kann.

Algenblüte: Zeitweilige Massenvermehrung von Algen, die durch einen Eintrag von Mineralstoffen ausgelöst worden sein kann.

Oligotroph: Ein mineralstoffarmes Gewässer.

Mesotroph: Gewässer mit einer mittleren Konzentration an Mineralstoffen.

Eutroph: Ein mineralstoffreiches Gewässer. Solche Gewässer können natürlicherweise bestehen. Viele eutrophe Gewässer gingen aber auch durch Überdüngung aus oligo- oder mesotrophen Gewässern hervor.

Ökosystem Fließgewässer

Quelle: Ort, an dem ein Fließgewässer entsteht.
Oberlauf: Oberer, oft schmaler Abschnitt eines Fließgewässers mit einem starken Gefälle, dessen Wasser meistens gut mit Sauerstoff versorgt ist.
Mittellauf: Bereich nachlassender Erosion in einem Fließgewässer, in dem das Gefälle geringer wird.
Unterlauf: Breiter Bereich eines Fließgewässers mit geringem Gefälle und geringer Fließgeschwindigkeit, oft reich an Schwebstoffen und arm an Sauerstoff.
Flussmündung: Übergangsbereich zwischen einem Fluss und einem Meer oder See.
Kontinuum von Lebensräumen an Fließgewässern: Abfolge von Quelle, Ober-, Mittel- und Unterlauf eines Baches oder Flusses, die kontinuierlich ineinander übergehen. Dabei verändern sich kontinuierlich die abiotischen und biotischen Faktoren. In jedem Abschnitt des Fließgewässers gibt es charakteristische Leitarten.
Aue: Periodisch überschwemmter Bereich am Rand eines Fließgewässers mit häufig unter Wasser stehender Weichholz- und seltener überfluteter Hartholzaue. Auen werden mit vielen Mineralstoffen versorgt.
Selbstreinigung eines Fließgewässers: Abbau von organischen Substanzen, die in Fließgewässer gelangen, durch dort vorhandene Organismen.
BSB_5-Wert: Biochemischer Sauerstoffbedarf der im Wasser lebenden Kleinstlebewesen während einer Zeit von fünf Tagen.
Saprobie: Intensität des Abbaus organischer Substanz in einem Gewässer.
Saprobienindex: Aus der Untersuchung von Kleinstlebewesen ermittelter Indikatorwert, mit dem der Gehalt an organischen Stoffen und damit der Verunreinigungsgrad eines Gewässers ermittelt werden kann.
Gewässerstrukturgüte: Verfahren zur Beurteilung der Gewässerqualität mithilfe des Ausbauzustandes eines Gewässers.

Ökosystem Siedlung

Urbaner Lebensraum: Durch besondere Bedingungen von Boden, Wasserhaushalt, Luft und Temperaturen geprägter Lebensraum innerhalb von Städten.
Abiotische Faktoren in Siedlungen: Durch bestimmte, vom Menschen direkt oder indirekt verursachte Bedingungen der unbelebten Umwelt wie zum Beispiel Sonneneinstrahlung, Windgeschwindigkeit oder oberirdischer Wasserablauf infolge von Versiegelung.
Pflanzen und Tiere in der Stadt: Unterschiedliche Häufigkeiten von Arten und Individuendichte von Pflanzen und Tieren in der Stadt im Vergleich zum Umland, verbunden mit zum Teil speziellen Angepasstheiten.
Neophyten: Von Menschen aus einem Gebiet in ein anderes gebrachte und dort eingebürgerte Pflanzen, vor allem seit der Entdeckung Amerikas (1492).
Kulturfolger: Pflanzen oder Tiere, die aufgrund von Landschaftsveränderungen bessere Lebensbedingungen in den von Menschen besiedelten Gebieten vorfinden und deshalb in Siedlungen leben.

Mensch und Umwelt

1 **Weltbevölkerung** **172**

2 **Nachhaltige Nutzung der Ressourcen** **178**

3 **Naturschutz** **196**

In diesem Kapitel beschäftigen Sie sich mit

▶ dem exponentiellen Wachstum der Weltbevölkerung sowie seinen Ursachen und Folgen;

▶ der enormen Zunahme des Ressourcenverbrauchs und der Energienutzung sowie dem Konzept des ökologischen Fußabdrucks;

▶ der Bedeutung und Belastung der Ressourcen Boden, Wasser und Luft sowie den Möglichkeiten ihrer nachhaltigen Nutzung;

▶ den Ursachen und Folgen von Klimaveränderungen in Vergangenheit und Zukunft sowie möglichen Klimaschutzmaßnahmen;

▶ der Bedeutung von Naturschutzmaßnahmen.

Eine der wichtigsten globalen Herausforderungen ist die nachhaltige, das heißt zukunftssichernde, Ressourcennutzung.

MENSCH UND UMWELT
WELTBEVÖLKERUNG

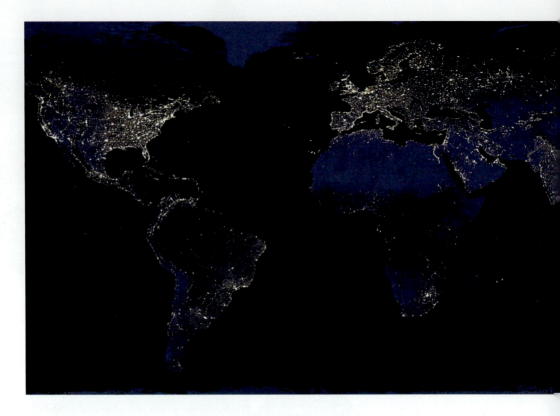

01 Die Erde bei Nacht

Bevölkerungswachstum und Nutzung der natürlichen Ressourcen

Betrachtet man die Erde aus dem Weltall bei Nacht, wird offensichtlich, wie stark der Mensch die Erde verändert hat: Durch die riesige Anzahl an einzelnen Lichtern, vor allem in den Ballungszentren der Industrie- und Schwellenländer, leuchtet die Erde bei Nacht im Ganzen. Allein diese Beleuchtung setzt gewaltige Energieumsätze voraus – von den am Tag genutzten Energieressourcen ganz zu schweigen. Was bedeuten dieser extreme Energiebedarf und Ressourcenverbrauch für die Menschheit?

GESCHICHTE DER RESSOURCENNUTZUNG · Vor etwa 10 000 Jahren lebte der Mensch in kleineren Gruppen als **Jäger und Sammler.** Hierbei erbeutete er Tiere und sammelte Pflanzenteile und Pilze. Seit der Jungsteinzeit lernte der Mensch, an immer mehr Stellen der Erde Pflanzen anzubauen und Tiere zu halten. Diese sesshafte Lebensweise mit **Ackerbau und Viehhaltung** setzte sich immer mehr durch. Dabei stieg der Bedarf an Holz als Heizmittel, Baumaterial und Rohstoff deutlich an. Zusätzlich wurde für die Gewinnung von Eisen aus Eisenerz sehr viel Holz benötigt. Nach dem Ende der Völkerwanderungszeit und der Zunahme von festen Siedlungen mit einer einhergehenden sichereren Lebensweise stieg die Bevölkerungszahl in Mitteleuropa erheblich. Dies führte zur Verknappung landwirtschaftlicher Nutzflächen und großen Rodungsaktivitäten. Es gab immer weniger Wälder und Holz wurde schließlich zu einem knappen Gut.

Mit der Industrialisierung wandelte sich die Energiequelle der Menschheit grundlegend. Bisher versorgten sich die Menschen durch Holz, also erneuerbare Ressourcen, deren Energiequelle die Sonne ist. Mit der Förderung der als unerschöpflich erscheinenden „unterirdischen Wälder" – zuerst Kohle, später Erdöl und Erdgas – begann das **Zeitalter der fossilen Energienutzung,** das bis heute anhält. Die Gewinnung von Eisen mithilfe von Steinkohle und die Erfindung der Dampfmaschine waren treibende Kräfte für die **industrielle Revolution.**

Mit dem Kohlenbergbau und den Hochöfen entstanden neue Industrie- und Siedlungszentren, die allmählich durch Eisenbahnen miteinander vernetzt wurden. Der Verbrennungsmotor und die Erdölförderung symbolisieren weitere technische Innovationen im 20. Jahrhundert. Die Verstädterung führte zur Notwendigkeit der materiellen Versorgung der Stadtbevölkerung durch das Umland mit Trinkwasser, Nahrungsmitteln bis hin zu Kleidung. Besonders die Metropolen, die viel Energie benötigen und deren Lichter bei Nacht ins Weltall strahlen, verdeutlichen die extreme Zunahme des Energiebedarfs. Die täglich genutzten Transportwege von Rohstoffen und Gütern sind weltumspannend. Im Rahmen des weltweiten Handels verändern sich Schwellenländer wie China oder Indien ökonomisch, ökologisch und gesellschaftlich rasant. Die Energienutzung, der Ressourcenverbrauch und die Umweltbelastung steigen hierbei weltweit enorm.

„GRENZEN DES WACHSTUMS" · 1972 erschien der Weltbestseller „Limits to Growth". Ein internationales Forscherteam um den Ökonomen und Systemforscher Dennis MEADOWS untersuchte mithilfe eines Modellprogramms samt Computersimulationen Entwicklungsszenarien der Erde für die nächsten 100 Jahre. Fünf weltweit wirkende Trends und deren Wechselwirkungen wurden hierbei in verschiedenen Szenarien betrachtet: das exponentielle Bevölkerungswachstum, die beschleunigte Industrialisierung, die weltweite Unterernährung, die Ausbeutung der Rohstoffreserven und die Zerstörung des Lebensraums. In allen Durchgängen kam es deutlich vor Ablauf der 100 Jahre trotz simulierter Maßnahmen zu einem katastrophalen Abfall der Weltbevölkerung und des Lebensstandards.

Die Forscher schlussfolgerten, dass bei Fortsetzung aller Trends die Wachstumsgrenzen der Erde innerhalb der nächsten 100 Jahre erreicht werden. Um die Lebensbedingungen der Menschheit zu erhalten, sprachen sie sich für die Kontrolle des Bevölkerungswachstums sowie für eine Reduzierung des Ressourcenverbrauchs und der Umweltverschmutzung aus.

STECKBRIEF

Dennis MEADOWS
(1942 geboren)

Dennis MEADOWS, geboren in Montana, studierte Ökonomie am Carleton College in Minnesota und anschließend Management in Cambridge. Schnell wurde er Direktor des berühmten Massachusetts Institute of Technology, kurz MIT. 1969 beauftragte der Club of Rome, eine Vereinigung herausragender Persönlichkeiten aller Nationen und Kulturen, die sich um die Zukunft der Menschheit sorgen, das MIT mit einer umfassenden Untersuchung: Innerhalb von drei Jahren erforschten MEADOWS und sein Team mithilfe computergestützter Simulationen das Systemverhalten der Erde als Wirtschaftsraum bis zum Jahr 2100. Die Ergebnisse veröffentlichten sie 1972 unter dem Titel „Limits to Growth". Diese Studie wurde 1992 und 2004 aktualisiert. Effizientere Computersysteme und ein verbessertes Computerprogramm mit aktuelleren Daten zur Weltwirtschaft übertrafen die damals prognostizierten katastrophalen Entwicklungstrends. Die Forscher mahnten die Weltöffentlichkeit umso intensiver.

Dennis MEADOWS entwickelt heute Spiele zur Schärfung des ökologischen Bewusstseins wie beispielsweise „Fishbanks".

Durch die Ölkrisen in den 1970-er und 1980-er Jahren mit autofreien Sonntagen war die Studie in aller Munde. Dann erholte sich die Weltwirtschaft und die Studie wurde als unnötig abgetan.

Heute sind die Thesen von MEADOWS aktueller denn je: Nach herrschender Meinung ist der Klimawandel in vollem Gange und wichtige Energieträger wie Öl können nicht mehr in beliebiger Menge gefördert werden.

EXPONENTIELLES BEVÖLKERUNGSWACHSTUM · Die Bevölkerungsanzahl wird von zwei Regelkreisen gesteuert: Die Geburtenrate, das heißt die jährliche Anzahl an Geburten auf 1 000 Einwohner, führt als **positive Rückkopplung** zu Bevölkerungswachstum. Die Sterberate, das heißt die jährliche Anzahl an Todesfällen auf 1 000 Einwohner, bewirkt als **negative Rückkopplung** einen Rückgang der Bevölkerungszahl.

MENSCH UND UMWELT
WELTBEVÖLKERUNG

02 Regelkreis zur Weltbevölkerung (aus: MEADOWS)

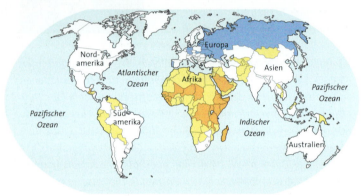

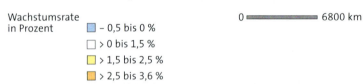

03 Weltbevölkerungswachstum 2010

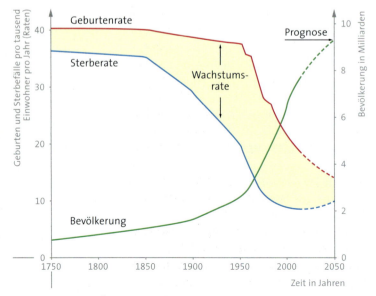

04 Demografischer Übergang der Weltbevölkerung

Die Differenz zwischen Geburten- und Sterberate ergibt die *Wachstumsrate* der Bevölkerung. Eine konstante Wachstumsrate führt zu exponentiellem Wachstum.

Die Weltbevölkerung stieg von etwa 10 Millionen Menschen vor etwa 10 000 Jahren auf 600 Millionen Menschen in der Mitte des 19. Jahrhunderts. 1965 betrug die Gesamtbevölkerung der Erde etwa 3,3 Milliarden bei einer Wachstumsrate von 2 Prozent und einer Verdopplungszeit der Bevölkerung von 36 Jahren. Das exponentielle Wachstum der Weltbevölkerung hält aufgrund erfolgreicher Bemühungen, die Sterberate zu senken, bis heute an. Seit 1965 ist die Sterberate weiter rückläufig. Gleichzeitig nimmt die Geburtenrate aber noch schneller ab. Daher sinkt die Wachstumsrate auf 1,2 Prozent. Die Bevölkerungszahl stieg bis ins Jahr 2000 auf etwas mehr als 6 Milliarden Menschen. Mit dem weltweiten Rückgang der Geburtenrate hat sich die Verdopplungszeit zwar auf 60 Jahre verlängert, aufgrund der größeren Bevölkerungszahl ergibt sich für das Jahr 2000 aber ein höherer absoluter Zuwachs als 1965. Zurzeit bewohnen mehr als 7 Milliarden Menschen die Erde. Jede Sekunde werden zwei bis drei Menschen geboren und in vielen Entwicklungsländern, besonders in Afrika und in den Metropolen Asiens, mit Ausnahme Chinas, wächst die Bevölkerung weiterhin erheblich.

MODELL DES DEMOGRAFISCHEN ÜBERGANGS · Nach Beobachtungen der UN ist in nicht industrialisierten Gesellschaften sowohl die Geburtenrate als auch die Sterberate hoch. Durch Verbesserung der Nahrungsgrundlage und der medizinischen Versorgung im Rahmen der Industrialisierung sinkt die Sterberate, die Geburtenrate bleibt aber etwa noch für zwei Generationen hoch. Dies führt zu einem raschen Bevölkerungswachstum. Mit der Übernahme der Lebensweise voll industrialisierter Gesellschaften fällt schließlich auch die Geburtenrate und das Bevölkerungswachstum verlangsamt sich. Die Sterbe- und Geburtenrate nähern sich zeitlich verzögert auf einem niedrigen Niveau an. Dieser Rückgang wird **demografischer Übergang** genannt und kann auf eine Kombination verschiedener Folgeerscheinungen der Industrialisierung zurückgeführt werden, die als

Milleniumziele der UN für Entwicklungsländer bekannt sind:

- Familienplanung mit sexueller Aufklärung und Zugang zu Verhütungsmitteln
- bessere Ausbildung von Mädchen sowie Gleichberechtigung und Berufstätigkeit der Frauen
- medizinische Grundversorgung und geringe Kindersterblichkeit
- gerechtere Einkommensverteilung, Chancengleichheit und soziale Absicherung der Familien

ÜBERNUTZUNG DER UMWELTRESSOURCEN · Parallel zur Weltbevölkerung wachsen auch die Industrie sowie der Rohstoff- und Energiebedarf und die Emission von Schadstoffen exponentiell. Zur Gewinnung pflanzlicher und tierischer Produkte wird der Boden immer intensiver bewirtschaftet. Dabei werden deutlich steigende Mengen an Düngemitteln und Pestiziden zum Wachstum und Schutz von Monokulturen eingesetzt. Die Landwirtschaft dient vor allem der Ernährung der Menschheit, aber auch der Gewinnung von Rohstoffen wie beispielsweise Baumwolle oder Biosprit. Der Energiebedarf der Landwirtschaft steigt ebenfalls.

Die Nutzung des Bodens für die Nahrungsmittelproduktion hat sich in den letzten 20 Jahren in allen Regionen der Südhalbkugel extrem ausgeweitet und intensiviert. Aufgrund des raschen Bevölkerungswachstums hat sich aber die Versorgungslage pro Kopf kaum verbessert oder sogar, wie beispielsweise in vielen Ländern Afrikas, beständig verschlechtert. Insgesamt hat eine Milliarde Menschen zu wenig Nahrung. Von der Nahrungsmittelkrise merkt man in den Industrieländern beim alltäglichen Einkauf allerdings nichts.

Die Befriedigung des enormen Fleischbedarfs in den Industrieländern führt zu einem hohen Verbrauch von pflanzlichen Futtermitteln und Trinkwasser sowie ethisch bedenklichen Massentierhaltungen. Sauberes Wasser ist ein entscheidender Rohstoff für das Leben. Aber täglich muss mehr als eine Milliarde Menschen verschmutztes Wasser trinken. Dem Wasserkreislauf wird an vielen Orten mehr Wasser entnommen, als er nachliefern kann. Sehr viel Wasser wird beispielsweise für die Produktion von Industriegütern, die Kühlung von Kraftwerken oder die Massenproduktion von Gemüse und Obst eingesetzt. Dies führt zu sinkenden Grundwasserständen, Schrumpfung vieler Seen, Austrocknung von Flüssen und Versteppung von Landstrichen. Wasser wird vielerorts verschwendet und es ist weltweit ungleich verteilt. Um Wasser drohen in naher Zukunft politische Konflikte wie um Öl oder Erdgas.

Die massive Ölförderung verschmutzt die Ozeane. Die ökologischen Folgeerscheinungen der bisher größten Ölkatastrophe bei Tiefseebohrungen nach dem Untergang einer Plattform im Golf von Mexiko im Jahr 2010 sind noch nicht absehbar.

Insgesamt verbrauchen die Einwohner der Industrieländer fast 85 Prozent der Ressourcen. Menschen in Entwicklungsländern leben dagegen am oder unter dem Existenzminimum, weil fast 85 Prozent der Menschheit nur 15 Prozent der Ressourcen zur Verfügung stehen.

Solange weltweite Wirtschaftsprozesse über Preise geregelt werden, die auf Kosten der Umwelt gering gehalten werden, und die Überzeugung an die Notwendigkeit von Wirtschaftswachstum und kurzfristigem Profit bei Entscheidungsträgern anhält, bleiben Grenzen des Wachstums überschritten. Dies wird aber erst mit Verzögerung wahrnehmbar sein. Auch die enorme Anzahl an Menschen auf der Erde wird zum Problem, denn sie alle benötigen Trinkwasser, Nahrung und Energie zum Leben. Seit Erscheinen der „Grenzen des Wachstums" im Jahr 1972 und insbesondere seit Beginn des 21. Jahrhunderts hat in Teilen der Wirtschaft, der Wissenschaften und der Gesellschaft ein Nach- und Umdenken stattgefunden, das zu umweltverträglicherem Handeln führen soll.

ÖKOLOGISCHER FUSSABDRUCK · Ausgehend von diesen Menschheitsproblemen entwickelte der Ingenieur Mathis WACKERNAGEL 1997 eine Methode zur Berechnung der Fläche, die notwendig wäre, um alle von der Weltbevölkerung genutzten Ressourcen zu liefern und deren Emissionen aufzunehmen. Diese Fläche nannte er **ökologischen Fußabdruck.** Vergleicht man

MENSCH UND UMWELT
WELTBEVÖLKERUNG

STECKBRIEF

Mathis WACKERNAGEL (1962 geboren)

Mathis WACKERNAGEL wurde in Basel in der Schweiz geboren. Nach dem Ingenieurstudium in Zürich entwickelte er im Rahmen seiner Dissertation 1997 in Vancouver, Kanada, zusammen mit William REES das Konzept des ökologischen Fußabdrucks. Seitdem ist er weltweit in Forschung und Lehre tätig, berät Regierungen und Nichtregierungsorganisationen. WACKERNAGEL versucht, die Begrenztheit ökologischer Rohstoffe greifbar zu machen und konkrete Zielvorstellungen für nachhaltige Entwicklung zu entwerfen. Er ist Präsident der Organisation „Global Footprint Network", einer internationalen Forschungsgruppe in Oakland, Kalifornien.

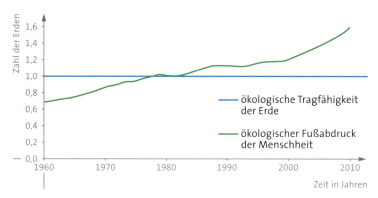

05 Ökologischer Fußabdruck

diesen mit der verfügbaren Gesamtfläche der Erde, stellt man fest, dass der ökologische Fußabdruck der Menschheit zur Zeit etwa 40 Prozent über der ökologischen Tragfähigkeit der Erde liegt und weiter steigt. Seit den 1960-er Jahren hat sich die Nutzung der Biosphäre durch den Menschen mehr als verdoppelt. Nach WACKERNAGEL befand sich die Weltbevölkerung zuletzt in den 1980-er Jahren auf einem nachhaltigen Niveau. Zurzeit verbraucht die Menschheit die Ressourcen von etwa 1,6 Erden. Das Konzept WACKERNAGELs wurde mehrfach übernommen und umgewandelt. So lässt sich der ökologische Fußabdruck einzelner Individuen, bestimmter Unternehmen oder ganzer Nationen ermitteln und vergleichen. Beispielsweise liegt der ökologische Fußabdruck eines durchschnittlichen Amerikaners bei 8,1 Hektar, der eines durchschnittlichen Äthiopiers bei 1,4 Hektar und der eines durchschnittlichen Deutschen bei 4,6 Hektar. Die Aufgabe der Weltgesellschaft liegt darin, einerseits die Armut der Menschen in Entwicklungsländern zu bekämpfen und damit deren Wohlstand zu erhöhen, andererseits den ökologischen Fußabdruck der Menschen in Industrieländern zu verkleinern, ohne deren Wohlstand zu vermindern.

NACHHALTIGE ENTWICKLUNG · Das ursprünglich aus der Forstwirtschaft stammende Prinzip der **nachhaltigen Entwicklung** lässt sich verallgemeinern: Es besteht darin, die heutigen Bedürfnisse nach wirtschaftlichem Wohlstand, intakter Umwelt und sozialer Gerechtigkeit zu befriedigen, ohne dabei das Leben zukünftiger Generationen zu beschränken. Um dies weltweit zu erreichen, ist eine Revolution zur Nachhaltigkeit unabdingbar. Politisch gefordert sind eine deutliche Erhöhung des Anteils an erneuerbaren Energien und nachwachsenden Rohstoffen sowie der Einsatz effizienterer Technologien und die Einführung weitgehend geschlossener Wertstoffkreisläufe. Dazu ist weltweite Zusammenarbeit notwendig. Jedoch gilt weiterhin das Prinzip „Global denken, lokal handeln!".

Eine Politik, die alle Freiheitsrechte zugunsten einer strengen Umweltpolitik opfert, ist nicht wünschenswert. Aber die Weltgesellschaft muss einen maßvollen Umgang mit Ressourcen der Erde auf der Basis einer weltweiten Entwicklungspartnerschaft erlernen. Daher liegt es in der Handlungskompetenz jedes einzelnen Bürgers und politischen Entscheidungsträgers auf unterschiedlichen Ebenen, die Revolution zur Nachhaltigkeit einzuleiten. Dies kann nicht Aufgabe der Ökologie als Wissenschaft sein.

1 Fassen Sie die wesentlichen Gründe für die Übernutzung der Ressourcen durch die Menschheit zusammen!

2 Beschreiben Sie die globale Verteilung der Energienutzung nach Abbildung 01 in Relation zum Bevölkerungswachstum gemäß Abbildung 03!

MATERIAL

Material A ▸ Demografische und soziale Daten zur Weltbevölkerung

	Bevölkerung Mitte 2011 in Millionen	Geburtenrate	Sterberate	Wachstumsrate in %	Geburten pro Frau	Lebenserwartung in Jahren	Jahreseink. pro EW in US-Dollar
Welt	6 987	20	8	1,2	2,5	70	10 240
Afrika	1 051	36	12	2,4	4,7	58	2 720
USA	312	13	8	0,5	2,0	78	45 640
Europa	740	11	11	0,0	1,6	76	26 390
Deutschland	82	8	10	-0,2	1,4	80	36 850
Indien	1 241	23	7	1,5	2,6	64	3 280
China	1 346	12	7	0,5	1,5	74	6 890

Die Deutsche Stiftung Weltbevölkerung, kurz DSW, gibt jährlich den DSW-Datenreport heraus. Dieser liefert aktuelle Daten zu allen wichtigen Indikatoren der Bevölkerungsentwicklung für über 180 Länder und die einzelnen Regionen der Erde.

Die Ermittlung der Daten erfolgt durch internationale Zusammenarbeit, zum Beispiel mit der statistischen Abteilung der Vereinten Nationen.

Die Tabelle zeigt ausgewählte Daten aus dem DSW-Datenreport von 2011.

A1 Geben Sie zu jedem Indikator die Extremwerte an und setzen Sie diese zueinander in Beziehung!

A2 Berechnen Sie die bei konstanter Wachstumsrate zu erwartende Einwohnerzahl in der Welt und in Afrika für die nächsten fünfzehn Jahre!
Stellen Sie Ihre Ergebnisse grafisch dar und vergleichen Sie diese!

A3 Erläutern Sie wesentliche Gründe für das weltweit anhaltende exponentielle Bevölkerungswachstum!

Material B ▸ Ökologischer Fußabdruck

	Ökologischer Fußabdruck in Hektar pro Person
Welt	2,4
Afrika	1,2
USA	8,1
Europa	4,6
Deutschland	4,9
Indien	0,9
China	2,4

(Stand: 2007/08)

Vorschläge zur Verkleinerung des ökologischen Fußabdrucks:
- Iss weniger Fleisch!
- Wechsle zu einem Ökostromanbieter!
- Tanke mehr Biosprit!
- Kaufe nur Produkte aus dem Bioladen!
- Kaufe saisonale Lebensmittel aus der Region!
- Benutze das Flugzeug, aber fordere eine Kerosinsteuer für Flugzeuge!
- Iss Fisch aus Aquakulturen!

B1 Ermitteln Sie mithilfe von Programmen aus dem Internet ihren persönlichen Fußabdruck!

B2 Vergleichen Sie ihren ökologischen Fußabdruck mit den Durchschnittswerten in der Tabelle!

B3 Diskutieren Sie, ob die angegebenen Vorschläge sinnvoll sind, um den ökologischen Fußabdruck zu verkleinern!

MENSCH UND UMWELT
NACHHALTIGE NUTZUNG DER RESSOURCEN

01 Ein Feld wird gedüngt

02 Pflug

03 Egge

04 Grubber

Boden

Ein Landwirt bringt Gülle oder Jauche aus. Dabei handelt es sich um Ausscheidungen der Tiere, die zuvor in einem Tank neben oder unter dem Stall gesammelt wurden. Welche Bedeutung hat das Ausbringen der stark riechenden Substanz?

LANDWIRTSCHAFTLICHE BODENNUTZUNG · Die äußerste Schicht der Erde, in der Überreste von Lebewesen und Gestein zersetzt werden, nennt man **Boden**. An diesem Prozess sind zahlreiche Tiere, Pflanzen und Pilze beteiligt, die das Bodenleben oder **Edaphon** bilden. Der Boden hat für die Landwirtschaft große Bedeutung. Ihr Ziel ist die Produktion von Lebensmitteln und anderen Rohstoffen für die Menschheit. Der Landwirt bereitet den Boden optimal für das Wachstum von Kulturpflanzen vor. Ihre Wurzeln und die Bodenlebewesen wie Regenwürmer und Springschwänze brauchen Sauerstoff, Wasser und Mineralstoffe. Von keinem Stoff sollte es zu wenig oder zu viel im Boden geben. Wichtig ist ihr ausgewogenes Verhältnis.

Feuchte Böden werden durch *Drainage* trockengelegt. Dabei wird Wasser abgeleitet.
Auf trockenen Flächen bringt man organische Masse in den Boden ein. Diese hält Wasser fest und es entsteht mehr Humus, ein wichtiger Kohlenstoffspeicher.
Bevor die Saat ausgebracht wird, muss der Boden gelockert und belüftet werden. Grob kann man den Boden mit dem *Pflug* bearbeiten. Dabei werden auch Wurzeln ausdauernder Gewächse zerrissen, die das Wachstum von Kulturpflanzen behindern. Nach dem Pflügen wird der Boden mit der *Egge* zerkrümelt. Besonders vorsichtig wird der Boden mit dem *Grubber* bearbeitet. Er reißt den Boden nur auf, wendet ihn aber nicht. So wird das Bodenleben geschont.

DÜNGUNG · Pflanzen entziehen dem Boden Mineralstoffe. Beim Ernten werden Mineralstoffe mit den Pflanzen vom Standort entfernt. Damit die Pflanzen auch im Folgejahr gut wachsen, gibt man dem Boden die Mineralstoffe zurück. Der Landwirt leistet dies zum Beispiel durch Ausbringen von Gülle. Gülle enthält große Mengen an Stickstoffverbindungen und Phosphaten, die Pflanzen zum Wachstum benötigen. Darin sind stark riechende Stoffe wie Ammoniak und Schwefelwasserstoff enthalten, die für den Gestank der Gülle verantwortlich sind.

Am häufigsten verwendet man heute **Mineraldünger**. Dieser enthält verschiedene Stoffe in Ionenform: Phosphat, Nitrat oder Ammonium, Kalium und Magnesium – ein Bestandteil von Chlorophyll. Dabei kommt es auf das richtige Maß der Düngerkomponenten an.
Bei der Mineralstoffaufnahme geben Pflanzenwurzeln Wasserstoff-Ionen ab. Dadurch wird der Boden saurer. Das Bodenleben wird eingeschränkt und Pflanzen nehmen weniger Mineralstoffe auf. Um Säure abzupuffern, wird der Boden gekalkt oder gemergelt. Mergel ist ein kalkhaltiges Gestein. Der Säuregrad des Bodens nimmt ab und die Mineralstoffaufnahme der Pflanzen ist nicht mehr eingeschränkt. Zu hohe Kalkgaben lassen den Boden allerdings ausmergeln, das heißt, einige Jahre lang werden viele Mineralstoffe freigesetzt. Danach sind sie nicht mehr verfügbar und die Erträge gehen zurück. Daher gibt es die bäuerliche Redensart „Reiche Väter – arme Söhne".
Neben der Mineraldüngung kann man alternative Methoden anwenden, um Mineralstoffe in den Boden zu bringen. Früher ließ man Felder in jedem dritten Jahr brach liegen. Die Böden erholten sich, und aus dem Gestein unter ihnen wurden neue Mineralstoffe freigesetzt, die das Pflanzenwachstum im folgenden Jahr begünstigten. Bakterien an den Wurzeln von Hülsenfrüchtlern wie Erbse, Klee oder Lupine fixieren Stickstoff aus der Luft und machen ihn für Pflanzen verfügbar. Diese Methoden der Düngung bezeichnet man als **Gründüngung**. Auch die Aussaat von Senf dient der Gründüngung. Dieser Tiefwurzler wächst rasch. Die vom Senf aus dem Boden aufgenommenen Mineralstoffe werden dem Boden wieder zugeführt, wenn die Pflanzen untergepflügt werden.
Mit Gülle, Mist und Kompost wird eine sogenannte **Kreislaufwirtschaft** möglich. Abfälle aus Stall oder Garten werden zu wichtigen Düngerrohstoffen. Die düngende Wirkung geht aber nicht von den organischen Stoffen, sondern von den darin enthaltenen Mineralstoffen aus, die denen in Mineraldüngern gleichen. Gülle und Kompost lassen sich allerdings schlechter dosieren als Mineraldünger.
Bei modernen Düngeverfahren wird genau ermittelt, welche Mineralstoffe auf jeder Feldparzelle fehlen. Sehr exakte Düngergaben werden dann genau dort ausgebracht, wo sie gebraucht werden. Dieses Verfahren nennt man **„Precision Farming"**.

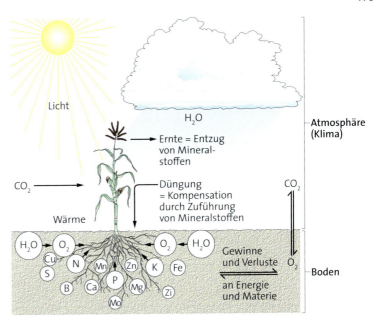

05 Aufnahme und Entzug von Mineralstoffen bei Pflanzen

06 Düngung: **A** Mineraldünger, **B** Gründüngung mit Lupinen

1 Erläutern Sie die Wirkung von Mist- und Gründüngung!

MENSCH UND UMWELT
NACHHALTIGE NUTZUNG DER RESSOURCEN

IM BLICKPUNKT UMWELT

Pflanzenschutz in der Landwirtschaft

07 Einsatz von Pestiziden

Beim Pflanzenschutz kommt es darauf an, Lebewesen zu vernichten, die das optimale Wachstum von Kulturpflanzen beeinträchtigen und deren Erträge herabsetzen.

Im Rahmen des **chemischen Pflanzenschutzes** verwendet man Wirkstoffe gegen bestimmte Lebewesen. Diese Wirkstoffe nennt man allgemein *Pestizide*. Sogenannte *Insektizide* werden gegen Insekten eingesetzt, die an Kulturpflanzen fressen. Zu solchen Insekten gehört zum Beispiel der Kohlweißling. Es gibt Insektizide, die die Häutung von Insekten behindern. Sie wirken oft nicht nur gegen die Schädlinge, sondern auch gegen Bienen und andere Insektenarten. *Herbizide* verwendet man zur Bekämpfung von Unkraut, zum Beispiel von Windenknöterich. Kulturpflanzen werden aber in der Regel nicht geschädigt. Zur Bekämpfung von Pilzen wie dem Mehltau werden *Fungizide* ausgebracht.

Viele chemische Pflanzenschutzmittel haben trotz optimaler Wirkung auch Nachteile. Sie können auch für andere Lebewesen giftig sein oder Gesundheitsschäden beim Menschen hervorrufen. Einige Pestizide sind schwer abbaubar und reichern sich in der Nahrungskette und im Boden an. Solche Substanzen sind daher verboten, beispielsweise Dichlordiphenytrichlorethan, kurz DDT. Deshalb sucht man nach alternativen Verfahren zur Durchführung von Pflanzenschutz.

Es gibt zahlreiche Verfahren des **biologischen Pflanzenschutzes.** Zum Beispiel werden männliche Borkenkäfer, die Fichtenbestände zerstören können, in Fallen gefangen. Diese Fallen enthalten die Sexuallockstoffe der Tiere, sogenannte *Pheromone*. Infolgedessen werden die weiblichen Tiere nicht begattet und es gibt keine Nachkommenschaft der Borkenkäfer. Klassische Verfahren des biologischen Pflanzenschutzes beruhen darauf, dass die Feinde bestimmter Schadorganismen an einem Standort gefördert oder eingeführt werden. Vögel, die sich in Hecken ansiedeln, fressen Insekten. Es können auch Parasiten bestimmter Schädlinge gefördert werden. Spät fruchtende Himbeersorten werden nicht vom Himbeerkäfer befallen, weil sich die Pflanze erst dann entwickelt, wenn die Eiablage der Käfer längst abgeschlossen ist. Baut man diese Sorte an, ist chemischer Pflanzenschutz überflüssig, und man erntet dennoch Himbeeren, die keine Käferlarven enthalten.

Während beim **biologischen Landbau** der Einsatz von Pestiziden generell nicht erlaubt ist, werden beim **integrierten Pflanzenschutz** mehrere Verfahren miteinander kombiniert: Normalerweise wendet man ausschließlich Verfahren des biologischen Pflanzenschutzes an. Zu Pestiziden greift man aber immer dann, wenn sich die Population eines Schädlings massenhaft entwickelt hat.

BODENBELASTUNG · Auf vielen Äckern wird heute zu viel Gülle ausgebracht. Das hängt mit den großen Viehbeständen vieler Bauernhöfe zusammen. Das Vieh wird häufig nicht mehr allein mit Pflanzen vom eigenen Hof gefüttert, sondern mit importierter Soja, zum Beispiel aus Brasilien. Diese Nahrung ist sehr eiweißreich. Beim Abbau von Eiweiß entstehen Nitrate, die in großen Mengen mit der Gülledüngung aus den Ställen auf die Felder gelangen. Nitrate ermöglichen das Wachstum von Pflanzen mit einer sehr hohen biologischen Produktion, vor allem von Mais, aber auch von Unkräutern wie dem Drüsigen Springkraut oder dem Riesenbärenklau. Große Mengen an Nitrat fließen von Äckern in Seen, Bäche, Flüsse und schließlich ins Meer ab. Ammoniak und Schwefelwasserstoff aus der Gülle schädigen Bodenorganismen. All dies sind Probleme der sogenannten **Überdüngung.** Durch den Einsatz von Pflanzenschutzchemikalien können außerdem schwer abbaubare Kohlenwasserstoffe in den Boden gelangen.

Zur Ausbringung von Gülle, zum Pflügen, für Pflanzenschutz und Ernte werden immer größere Maschinen eingesetzt. Dabei besteht die Gefahr der **Bodenverdichtung.** In verdichtete Böden gelangt weniger Sauerstoff, der von Wurzeln und Bodenorganismen benötigt wird. Ein weiteres Problem, das mit dem Maisanbau zusammenhängt, besteht darin, dass die Pflanzen den zuvor gelockerten Boden zur Zeit des Niederschlagsmaximums im Mai und Juni noch nicht abdecken. Bei Gewitterregen kann es vor allem in Hanglagen und dort, wo Fluren zu weiträumig bereinigt und Hecken beseitigt wurden, zu **Bodenerosionen** kommen. Dabei werden große Mengen an fruchtbarem Oberboden abgetragen, die anschließend Kanalisation und Straßengräben verstopfen. Durch hangparalleles Pflügen und Mulchen lässt sich die Erosionsgefahr zumindest etwas eindämmen.

2) Leiten Sie unter Beachtung der Belastungsfaktoren Ansätze für eine den Boden schonende Landwirtschaft ab!

08 Unkräuter: **A** Drüsiges Springkraut, **B** Riesenbärenklau

09 Fahrspuren im Acker

10 Bodenerosion im Maisfeld

MENSCH UND UMWELT
NACHHALTIGE NUTZUNG DER RESSOURCEN

WEITERE BODENBELASTUNGEN · Viele Böden sind durch Industrie und Bergbau belastet. In Bergbaugebieten der Eifel, im Sauerland und im Harz wurden schon vor Jahrhunderten gesundheitsschädigende Blei- und Cadmiumverbindungen mit dem Flusswasser verbreitet. Daher durfte zum Beispiel am Fluss Innerste bei Hildesheim das Vieh nicht in der Talniederung grasen. Rinder starben an einer Schwermetallvergiftung. In Kopfsalatblättern werden Cadmiumverbindungen akkumuliert. Aus diesem Grund darf man Salat aus Flussniederungen, in denen Cadmium abgelagert wurde, nicht verkaufen. Nur wenige Pflanzen, wie zum Beispiel das Galmeiveilchen und die Grasnelke, wachsen auf Böden, die einen hohen Schwermetallgehalt aufweisen. Solche Pflanzen bezeichnet man als *Schwermetallpflanzen*.

11 Galmeiveilchen

In der Umgebung von Salzbergwerken sind die Böden oft derart stark mit Salz belastet, dass dort nur *Salzpflanzen* wachsen, die man sonst von den Küsten kennt, wie beispielsweise Queller und Salzaster.

BODENSCHUTZ UND BODENSANIERUNG · Viele Industrieflächen und Abraumhalden müssen vor einer neuen Nutzung saniert werden, weil die Böden durch Öl oder Schwermetalle belastet sind. Als Maßnahme kommt oft nur ein **Bodenabtrag** mit einer anschließenden Lagerung des kontaminierten Bodens auf einer Sondermülldeponie infrage. Dies ist keine endgültige Problemlösung, denn weiterhin ruhen Schadstoffe im Boden, wenn auch auf der Deponie.
Eine Alternative zum Bodenabtrag bieten Pflanzen wie Lupinen, die Schadstoffe allmählich aus dem Boden ziehen. Diese Pflanzen müssen regelmäßig geerntet und anschließend verbrannt werden. Hinterher muss nur die Asche deponiert werden, aber nicht der gesamte Boden. Dieses Verfahren nennt man **Phytosanierung**. Nachteil der Phytosanierung ist ihre lange Dauer. Erst nach vielen Jahren sinkt der Schadstoffgehalt im Boden unter die Unbedenklichkeitsgrenze.

12 Bodenabtrag

NACHHALTIGE NUTZUNG · Es wäre viel besser, wenn man dafür sorgt, dass jede Form der Bodensanierung unnötig wird. Böden sind ein kostbares Gut und dürfen nicht mit Schadstoffen belastet werden. Es kommt darauf an, ihre Struktur zu bewahren, indem man sie nicht mit zu schweren Maschinen bewirtschaftet. Bodenerosion und Bodenverdichtung sind einzuschränken. Die dem Boden entzogenen Mineralstoffe müssen ihm zurückgegeben werden. Überdüngung ist zu verhindern, damit überschüssige Stoffe nicht an andere Ökosysteme abgegeben werden. Vor allem in Still- und Fließgewässern werden sie zur Gefahr, weil sie deren chemische und biologische Eigenschaften beeinträchtigen.

13 Phytosanierung

3 Erläutern Sie Chancen und Grenzen der Phytosanierung!

MATERIAL

Material A ▸ Entwicklung der landwirtschaftlichen Erträge

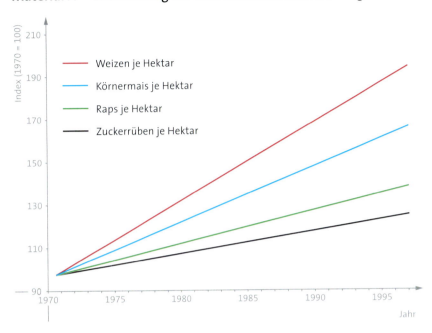

Die Abbildung zeigt den Trend der Ertragsentwicklung in Deutschland in den alten Bundesländern.

A1 Werten Sie die Grafik zur Entwicklung der Ernteerträge aus!

A2 Entwickeln Sie begründete Hypothesen dazu, wie sich die Ertragsentwicklung auf die Landwirtschaft auswirkt:
a) auf guten Böden
b) auf weniger guten Böden

A3 Diskutieren Sie mögliche Nebenwirkungen der Ertragssteigerungen auf landwirtschaftlich genutzte Böden!

Material B ▸ Kreislaufwirtschaft

Außer landwirtschaftlichen Produkten, die Bauern auf den Märkten verkaufen, fallen in der Landwirtschaft zahlreiche Abfallstoffe an. Auch sie sind wertvoll: Mit ihnen kann eine Kreislaufwirtschaft etabliert werden. Kennzeichnend für eine Kreislaufwirtschaft ist, dass möglichst alle Stoffe wieder verwertet werden, beispielsweise im Stall oder zur Bodenverbesserung.

B1 Erläutern Sie anhand des Fotos, welche Abfallstoffe auf landwirtschaftlichen Flächen wie genutzt werden können! Gehen Sie dabei auf das Grünland im Vordergrund, den Getreideacker in der Mitte und auf die Bauernhöfe mit den Ställen im Hintergrund ein!

B2 Entwickeln Sie eine grafische Darstellung für eine mögliche Kreislaufwirtschaft!

Mensch und Umwelt
Nachhaltige Nutzung der Ressourcen

01 Wasserspiele

Wasser

Kinder erfrischen sich im Sommer mit lustigen Wasserspielen. Dieses Bild ist uns vertraut, denn täglich nutzen wir Wasser zum Duschen, Baden, Kochen und Trinken. Wasser – ein Ressource im Überfluss?

WASSERVORRÄTE DER ERDE · Etwa 71 Prozent der Erdoberfläche sind von Wasser bedeckt. Der globale Wasservorrat beträgt ungefähr 1,4 Milliarden Kubikkilometer. Davon befinden sich 97 Prozent als Salzwasser in den Weltmeeren. Nur 3 Prozent, also etwa 42 Millionen Kubikkilometer, sind Süßwasser. Von dieser Süßwassermenge sind ungefähr 69 Prozent in fester Form im Polareis oder in Gletschern gebunden, weitere 30 Prozent bilden das Grundwasser. Nur 0,3 Prozent, also 126 000 Kubikkilometer, befinden sich in Flüssen oder Seen. Der Rest verteilt sich auf die Atmosphäre und Bodenfeuchtigkeit.

Die Gewässer der Erde stehen über den globalen Wasserkreislauf in Verbindung: Wasser verdunstet über den Landflächen und Meeren und steigt als Dampf in die Atmosphäre. Dieser wird durch Winde über die Erde verteilt und gelangt in kondensierter Form als Niederschlag auf die Erde. Der Großteil der Niederschläge fällt über den Meeren herab. Nur ein geringer Teil der jährlichen Niederschlagsmenge sammelt sich in Oberflächengewässern oder im Grundwasser und steht damit als Ressource zur Verfügung.

WASSER ALS RESSOURCE · Prinzipiell reicht die genannte Wassermenge aus, um den Verbrauch durch die Weltbevölkerung zu decken. Die Wasservorräte der Erde sind jedoch ungleichmäßig verteilt. So ist in Ländern der ariden Zone wie Somalia oder Kenia Wasser allein aus klimatischen Gründen schon immer ein kostbares Gut. Weiterhin ergibt sich je nach Entwicklungsstand der Länder ein unterschiedlicher Wasserverbrauch.

In Deutschland verbraucht ein Mensch pro Tag etwa 100 Liter Wasser für die Hygiene, die Zubereitung der Nahrung, den Haushalt oder zum Trinken. Hinzu kommen jedoch die Wassermengen, die für die Produktion von Nahrung und Konsumgütern benötigt werden. Bezieht man dieses **virtuelle Wasser** in die Berechnungen ein, so erhöht sich der tatsächliche Wasserverbrauch auf 4 000 bis 5 500 Liter pro Kopf und Tag.

WASSERBELASTUNG · Wasser, das man zur Zubereitung von Speisen, zur Körperhygiene und auch zum Trinken benutzt, wird als **Trinkwasser** bezeichnet. Es wird aus dem Grundwasser, aus Quellen und Oberflächengewässern gewonnen. Gewässer sind multifunktional. Sie dienen als Verkehrswege, zur Erholung oder zur Einleitung von Abwässern. Große Mengen organischer Verbindungen sowie Düngemittel gelangen so in die Gewässer, was dort zu einer erhöhten Biomasseproduktion führt. Die natürliche *Eutrophierung* der Gewässer wird verstärkt. In der Folge bildet sich Faulschlamm. Sauerstoffmangel im Wasser begünstigt Fäulnisprozesse, wobei anaerobe Bakterien giftige Gase wie Ammoniak, Schwefelwasserstoff und Methan bilden. Diese Prozesse können unter anderem zu einem Fischsterben führen.

Auch Pestizide aus der Landwirtschaft oder Schwermetallsalze, Säuren und Laugen aus der Industrie belasten das Wasser. Hinzu kommen die Erwärmung der Gewässer durch Einleitung von aufgeheiztem Kühlwasser aus Kraftwerken und die Versauerung aufgrund des Eintrags von Stickoxiden und Stäuben aus der Luft.

NACHHALTIGE NUTZUNG · Jeder Eingriff in aquatische Systeme wirkt sich auf das Überleben von Menschen, Tieren und Pflanzen aus. So führt die Entnahme übermäßig großer Mengen an Trinkwasser zu einer Absenkung des Grundwasserspiegels und damit zur Austrocknung des Bodens. Pflanzen können nicht mehr ausreichend Wasser aus dem Boden aufnehmen und sterben ab. Handelt es sich dabei um Nutzpflanzen, so hat das Absenken des Grundwassers Auswirkungen auf die Versorgung der Menschen in einer Region.

Um die Wasserressourcen der Erde nachhaltig zu nutzen, muss man Belastungen und Übernutzung verhindern. In Europa trat daher Ende des Jahres 2000 die **EU-Wasserrahmenrichtlinie** als Grundlage für eine integrierte Gewässerschutzpolitik in Kraft. Ihr Ziel ist eine koordinierte Bewirtschaftung, die den guten Zustand aller Oberflächengewässer und des Grundwassers über Ländergrenzen hinweg sicherstellt. Dieser „gute Zustand" wird anhand von chemischen, physikalischen und biologischen Parametern definiert. Da auch Gewässerstrukturen wie Ufer und Flussbett maßgeblich Einfluss auf die Gewässergüte haben, werden sie ebenfalls zur Bewertung herangezogen. So ergibt sich eine **Gewässerstrukturgüte,** die die ökologische Funktionsfähigkeit eines Fließgewässers anzeigt. Sie dient als Grundlage für die Entwicklung von Sanierungsmaßnahmen zur Verbesserung der Wasserqualität und damit des ökologischen Zustandes eines Gewässers.

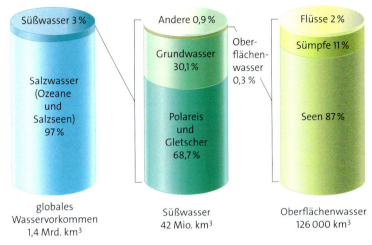

02 Wasservorräte der Erde

03 Trinkwasserverbrauch

1) Erläutern Sie den Begriff „virtuelles Wasser" an einem selbst gewählten Beispiel!

2) Erstellen Sie eine tabellarische Übersicht zu den verschiedenen Formen der Gewässerbelastung und ihren Folgen!

MENSCH UND UMWELT
NACHHALTIGE NUTZUNG DER RESSOURCEN

IM BLICKPUNKT TECHNIK

Wasserreinigung

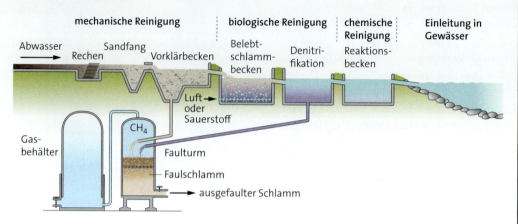

04 Dreistufige Kläranlage

MECHANISCHE REINIGUNG · Abwässer, die über die Kanalisation in Kläranlagen gelangen, passieren zunächst eine **Rechenanlage**. Hier werden grobe Verunreinigungen maschinell entnommen, anschließend entwässert, verbrannt oder auf Deponien gelagert. Das so vorgereinigte Abwasser strömt in den belüfteten **Sandfang**, wo sich infolge einer geringen Strömungsgeschwindigkeit mineralische Feststoffe am Beckengrund absetzen. Sie werden anschließend gereinigt und aus der Anlage entfernt. Organische Stoffe mit geringerer Dichte schweben durch die Belüftungsanlage an die Wasseroberfläche und können dort abgetragen werden. Das Abwasser fließt dann sehr langsam durch **Vorklärbecken,** in denen sich insbesondere feine organische Schwebstoffe als Schlamm absetzen. Dieser wird in Eindickungsanlagen gepumpt. Während einer Verweildauer von etwa zwei Tagen sedimentiert der Schlamm und wird anschließend in Faultürme transportiert. Das verbleibende Wasser hingegen wird zur weiteren Reinigung in die Anlage zurückgepumpt.

BIOLOGISCHE REINIGUNG · Die vorgereinigten Abwässer werden nun in **Belebtschlammbecken** geleitet, in denen Bakterien und Protozoen die noch vorhandenen organischen Verbindungen abbauen. Ein Teil der Becken wird mit Sauerstoff angereichert. Hier können aerobe Bakterien durch Nitrifikation das aus der Zersetzung organischer Substanz erhaltene Ammonium zu Nitrat umwandeln. Auch kohlenstoffhaltige Verbindungen werden zu Kohlenstoffdioxid oxidiert. Andere Becken werden hingegen weitgehend sauerstofffrei gehalten. Hier reduzieren anaerobe Mikroorganismen durch Denitrifikation Nitrat zu molekularem Stickstoff. Dieser entweicht in die Atmosphäre, sodass keine Stickstoffverbindungen mehr als mineralischer Dünger in Fließgewässer gelangen. Aufgrund der optimalen Lebensbedingungen vermehren sich die Mikroorganismen in den Becken sehr stark. Ein Teil des Schlamms wird daher kontinuierlich aus dem System entfernt und zu den Faultürmen geleitet, wo seine organischen Anteile anaerob weitgehend zu Methan, Kohlenstoffdioxid und Wasser abgebaut werden.

CHEMISCHE REINIGUNG · Abschließend werden vor allem die noch vorhandenen Phosphatverbindungen ausgefällt und mit dem Klärschlamm aus dem Abwasser entfernt. Ist dieser unbelastet, wird er als Dünger verwendet. Belasteter Schlamm wird verbrannt.

3 Vergleichen Sie die in der biologischen Stufe ablaufenden Prozesse mit den Selbstreinigungsprozessen in einem natürlichen Gewässer!

MATERIAL

Material A ▸ Biomonitoring

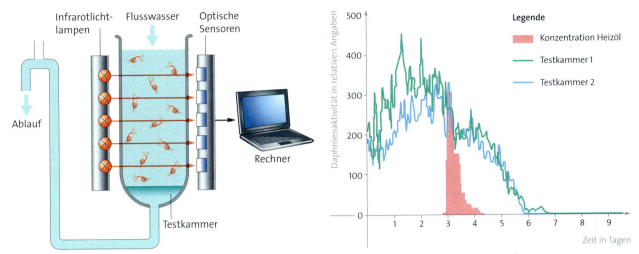

In Ergänzung zu den bekannten physikalisch-chemischen Messverfahren werden heute im Rahmen des sogenannten **Biomonitoring** auch Tests mit Lebewesen zur zeitnahen Gewässerüberwachung eingesetzt. So wird das Flusswasser von Rhein, Elbe und Donau unter anderem mithilfe von Wasserflöhen (*Daphnia magna*) geprüft. Im d*ynamischen Daphnientest* werden die Schwimmbewegungen der Daphnien über optische Sensoren beobachtet.

Die Tiere befinden sich dabei in einem Glasgefäß, durch das kontinuierlich Flusswasser beziehungsweise Kontrollwasser geleitet wird. Parallel werden die Schwimmbewegungen der Tiere über optische Sensoren beobachtet. Verringern sich die Bewegungen oder weisen sie andere signifikante Änderungen auf, so deutet dies auf einen Schadstoffeinfluss hin. Infolge eines automatischen Alarms werden weitere Untersuchungsverfahren eingeleitet.

A1 Beschreiben Sie anhand der Abbildung das zugrunde liegende Messverfahren!

A2 Werten Sie das Diagramm aus!

A3 Beurteilen Sie die Aussagekraft des dynamischen Daphnientests zur Überwachung der Wasserqualität!

A4 Recherchieren Sie weitere Biotests zur zeitnahen Gewässerüberwachung!

Material B ▸ Wassernutzung in Industrie- und Entwicklungsländern

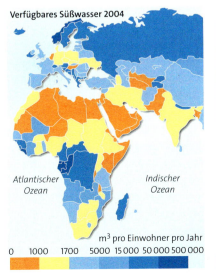

B1 Beschreiben Sie die Verteilung des Süßwasservorkommens und des Wasserverbrauchs für die Landwirtschaft in den verschiedenen Regionen!

B2 Erläutern Sie den Wasserverbrauch für die Landwirtschaft in Europa und Afrika!

B3 Setzen Sie Vorkommen und Verbrauch von Süßwasser in Beziehung und leiten sie mögliche Entwicklungschancen ab!

MENSCH UND UMWELT
NACHHALTIGE NUTZUNG DER RESSOURCEN

01 Kitesurfer und Spaziergänger

Luft

Kitesurfer kämpfen mithilfe des Windes gegen die Wellen, während Strandgänger die frische Meeresbrise genießen. Luft ist in zahlreichen Situationen erfahrbar und wird vielfältig genutzt. Doch was genau weht uns da um die Nase?

ZUSAMMENSETZUNG DER LUFT · Was in der Alltagssprache als Luft bezeichnet wird, beschreibt den bodennahen Anteil der Gashülle, welche die Erde umgibt und durch die Erdanziehungskräfte zusammengehalten wird. Diese erdnahe Schicht der **Atmosphäre** reicht bis in eine Höhe von etwa elf Kilometern und wird als **Troposphäre** bezeichnet. Sie ist eine der wesentlichen Voraussetzungen für die Entwicklung von Leben auf der Erdoberfläche in der Biosphäre.
Die vielfältige chemische Zusammensetzung der Troposphäre wird durch Pflanzen, Tiere, Mikroorganismen im Boden, Vulkanismus, Buschfeuer und Ozeane beeinflusst. *Hauptbestandteile* der Luft sind der am häufigsten vorkommende, aber für viele Lebewesen nicht nutzbare Stickstoff, der Sauerstoff und mit deutlich geringerem Anteil das Edelgas Argon. Zusammen bilden sie bereits 99,96 Prozent der Volumenanteile. *Spurengase* wie Kohlenstoffdioxid, Methan, Wasserdampf, Ozon, Stickoxide und weitere Edelgase machen nur einen entsprechend kleinen Anteil an der natürlichen Zusammensetzung der Luft aus. Dennoch wirken sie sich auf die Biosphäre in besonderem Maße aus. Die Gase haben Quellen, aus denen sie in die Atmosphäre gelangen, und Speicherorte, in denen sie über längere Zeiträume lagern können. Dabei sind sie in Stoffkreisläufe einbezogen, in denen ohne zusätzliche Einflüsse die Gesamtmengen der betreffenden Gase nahezu konstant bleiben.
Das Kohlenstoffdioxid ist über die Fotosynthese und die Atmung eng mit den Lebensvorgängen und damit auch mit dem Sauerstoffkreislauf verbunden. Der im Vergleich zu den Nachbarplaneten Venus und Mars geringe Kohlenstoffdioxidanteil der Erdatmosphäre ist eine Besonderheit. Kohlenstoff ist auf der Erde überwiegend in carbonathaltigen Sedimenten und lebendem oder fossilem organischem Material gebunden. Im Meer ist etwa fünfzigmal mehr Kohlenstoffdioxid enthalten als in der Atmosphäre. Eine Freisetzung von nur 2 Prozent dieses gelösten Anteils würde den Gehalt in der Atmosphäre damit verdoppeln.

Hauptbestandteile
Stickstoff (N_2) 78 %
Sauerstoff (O_2) 21 %
Argon (Ar) 0,9 %

Spurengase
weitere Edelgase
Kohlenstoffdioxid (CO_2)
Kohlenstoffmonooxid (CO)
Methan (CH_4)
Wasserstoff (H_2)
Ozon (O_3)
Ammoniak (NH_3)
Schwefelwasserstoff (H_2S)
Schwefeldioxid (SO_2)
Stickoxide

02 Luftbestandteile

BELASTUNG DER LUFT · Trotz Schwankungen in der Zusammensetzung der Erdatmosphäre in den vergangenen Jahrmillionen hat man den Eindruck eines ausbalancierten Zustands. In den letzten 120 Jahren allerdings konnte man durch das Wirken des Menschen zunehmende Veränderungen messen. Insbesondere die Nutzung fossiler Energieträger führt dazu, dass der Kohlenstoffdioxidgehalt der Luft zunimmt. Durch Reflexion der von der Erde abgestrahlten Wärme wirkt sich Kohlenstoffdioxid als Treibhausgas auf das Klima aus. In Wasser gelöstes Kohlenstoffdioxid, die Kohlensäure, hat seit Beginn der Industrialisierung zu einem Absinken des pH-Wertes der Ozeane um die Einheit 0,1 geführt. Eine weitere Versauerung hat gravierende Folgen für die Lebensbedingungen in den Ozeanen.

Stickstoff- und Schwefelverbindungen sowie Methan haben ebenfalls natürliche Quellen, die zunehmend durch menschliche Tätigkeiten wie Düngung, Tierhaltung, Industrie und Verkehr verstärkt werden. Methan ist ein hochwirksames Treibhausgas. Chlorfluorkohlenwasserstoffe, abgekürzt CFKW, aus industrieller Produktion tragen ebenso zum Treibhauseffekt bei. Stickstoffoxide und Schwefeldioxid reagieren mit dem Wasserdampf in der Luft zu Säuren, die durch den Regen in den Boden gelangen und dort zur Versauerung führen. Durch menschliche Tätigkeit wird die Konzentration der freigesetzten Gase regional erhöht. Weiterhin kommt es bei einer hohen Verkehrsdichte und durch Industrie und Heizungsfeuerung in den Städten zu erhöhten Feinstaubbelastungen.

NACHHALTIGE NUTZUNGSANSÄTZE · Die Belastung der Luft hängt im Wesentlichen mit der Verbrennung fossiler Energieträger zusammen. Eine Möglichkeit, diese Prozesse zu vermeiden oder zu verringern, besteht in der Nutzung alternativer Energieformen wie Wind-, Solar- und Wasserenergie.

Damit eng verbunden ist die Entwicklung geeigneter Energiespeicher. So können zum einen die Schwankungen im Stromnetz durch unterschiedliche Wind- und Sonnenintensitäten ausgeglichen werden. Zum anderen bieten Elektroautos eine leistungsfähige Alternative.

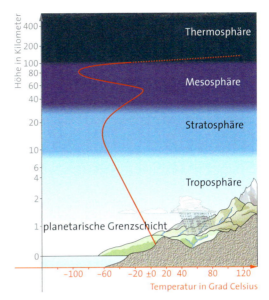

03 Aufbau der Erdatmosphäre

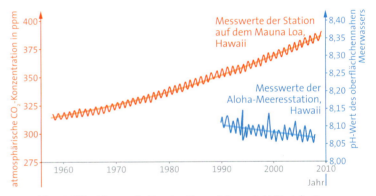

04 Kohlenstoffdioxidkonzentration der Atmosphäre und pH-Wert der Ozeane

05 Nutzung alternativer Energien: **A** Solardach, **B** Elektroauto

1) Wählen Sie drei vom Menschen beeinflusste Bestandteile der Luft aus und erklären Sie ihre Einflussnahme!

2) Beschreiben Sie Möglichkeiten, wie Sie im eigenen Umfeld die Luft schonen können!

IM BLICKPUNKT CHEMIE

Ozon

OZON IN DER STRATOSPHÄRE · Sonnenlicht wirkt in vielfältiger Weise auf die Atmosphäre ein. In einer Höhe von 20 bis 40 Kilometern, in der *Stratosphäre*, reagiert der Sauerstoff durch die kurzwellige elektromagnetische Strahlung unterhalb von 310 Nanometern zu Ozon und reichert sich dort in einer Schicht, der *Ozonschicht*, an. Da sie die UV-Strahlung absorbiert, werden die Lebewesen auf der Erde vor übermäßiger Strahlung geschützt. Mögliche Hautschäden werden dadurch verringert. Darüber hinaus reflektiert sie einen Teil der von der Erde abgestrahlten Wärmeenergie und trägt damit zu einem für die Lebewesen günstigen Klima bei.

CFKWs, die überwiegend als Treibgase in Druckgasflaschen verwendet wurden, und andere Gase anthropogener Herkunft durchdringen die Troposphäre. So werden Abbauprozesse des Ozons in Gang gesetzt, wodurch die Ozonschicht empfindlich gestört wird. Über der Antarktis ist die Ozonschicht bereits so dünn, dass man von einem *Ozonloch* spricht. Inzwischen zeigen Verbote für den Gebrauch von CFKWs erste Erfolge.

OZON IN BODENNÄHE · Die meisten Emissionen gelangen jedoch kaum über die Troposphäre hinaus und unterliegen fotochemischen Reaktionen. An diesen Reaktionen haben oft Stickstoffdioxidmoleküle, zum Beispiel aus Autoabgasen, einen wesentlichen Anteil, da sie zu Stickstoffmonooxid und instabilem Sauerstoff zerfallen können. Über die Reaktion des Sauerstoffatoms mit einem Sauerstoffmolekül entsteht Ozon. Besonders im Sommer, wenn die Sonnenstrahlung am intensivsten ist, kommt es vermehrt zu solchen fotochemischen Reaktionen.

Da Ozon beim Menschen zu Augenreizungen, Kopfschmerzen, Asthmaanfällen oder Bronchialschäden führen kann, wird bei 240 Mikrogramm pro Kubikmeter Luft Smogalarm ausgelöst. Nimmt zum späten Nachmittag die Sonnenstrahlung ab, kommt es bei Anwesenheit von Stickstoffdioxiden zur Rückreaktion. Im ländlichen Umland einer Stadt gibt es weniger Stickstoffdioxidabgase und der Abbau des dorthin verwehten Ozons erfolgt deutlich langsamer. Im Wald halten sich daher überhöhte Ozonwerte länger und verursachen Pflanzenschäden.

Zerfall von Ozon:

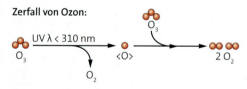

Bildung von Ozon:

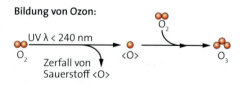

01 Zerfall und Bildung des Ozons in der Atmosphäre

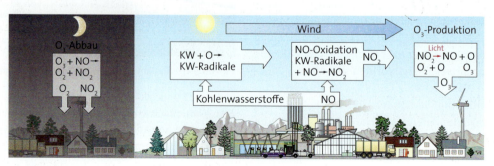

02 Fotooxidation

MATERIAL

Material A ▸ Modell Biosphere 2

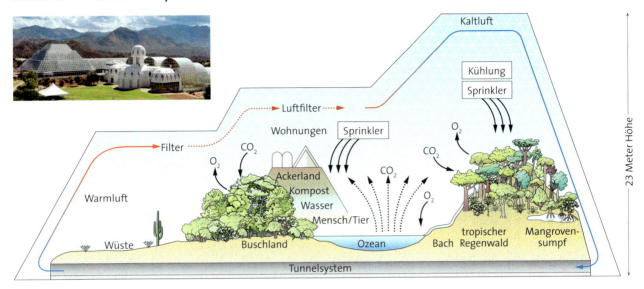

1991 erbaute ein amerikanisches Forscherteam ein Riesenglashaus, Biosphere 2, um darin Langzeitexperimente zu natürlichen Stoffkreisläufen unter autarken Bedingungen durchzuführen. Schon bald musste zur Behebung von Störungen der Gleichgewichte regulierend eingegriffen werden.

A1 Formulieren Sie Fragen, die das Experiment beantworten kann!

A2 Erläutern Sie, inwieweit die natürliche Atmosphäre im Experiment simuliert wird!

A3 Nennen Sie mögliche Ursachen für die Probleme und geben Sie Lösungsvorschläge an!

Material B ▸ Schäden durch Luftverschmutzung

B1 Nennen Sie mögliche Ursachen für die gezeigten Phänomene!

B2 Stellen Sie dar, welche persönliche Maßnahme zur Reduktion der Belastungen besonders wirksam ist!

B3 Beurteilen Sie folgende Phänomene: Staubpartikel aus Abgasen bewirken einerseits durch Streuung und Reflexion eine erhöhte Fotosyntheserate an Blättern und andererseits wird Sonnenstrahlung reflektiert!

B4 Recherchieren Sie auf der Internetseite des Umweltbundesamtes aktuelle Werte für Schwefeldioxid und Feinstaub! Beschreiben Sie Trends und vergleichen Sie diese mit anderen Spurengasen!

MENSCH UND UMWELT
NACHHALTIGE NUTZUNG DER RESSOURCEN

01 Hausboot treibt auf dem Wasser

Globale Klimaveränderungen

Ein Haus treibt auf dem Wasser. Dieses alternative Wohnkonzept kann eine Antwort auf die Erhöhung des Meeresspiegels infolge der globalen Erwärmung sein. Es zeigt einen gelassenen Umgang mit möglichen Veränderungen auf. Können wir uns also auf die drohenden Klimaveränderungen einstellen oder droht vielmehr eine Katastrophe?

ENTWICKLUNG DER ERDATMOSPHÄRE · Prognosen zur Klimaentwicklung sind aufgrund vielfältiger Einflussfaktoren und deren Wechselwirkungen extrem schwer zu stellen. Um klimatische Zusammenhänge zu verstehen, ist die Betrachtung erdgeschichtlicher Erkenntnisse nützlich. Hinweise darauf liefern Bohrkerne aus der Erdkruste.

Die Uratmosphäre bestand aus Kohlenstoffdioxid und Wasserdampf sowie in deutlich geringeren Mengen aus Stickstoff, Methan, Schwefeldioxid und weiteren Gasen. Diese werden auch heute noch bei Vulkanausbrüchen und anderen Ausgasungen des Erdmantels freigesetzt. Sauerstoff kam in der Frühgeschichte der Erde noch nicht in freier Form vor, sondern gebunden in Oxiden und Silicaten.

Die Sonnenstrahlung wurde von der Erdoberfläche als Wärmestrahlung zurückgeworfen und im unteren Teil der Atmosphäre durch Wasserdampf und Kohlenstoffdioxid festgehalten. Dies führte zu einer Erwärmung der Erdoberfläche, die als **natürlicher Treibhauseffekt** bezeichnet wird. Durch den günstigen Abstand zur Sonne konnte im Verlauf der Zeit der Wasserdampf als flüssiges Wasser kondensieren. Dadurch wurde der Atmosphäre nicht nur Wasser entzogen, sondern aufgrund der guten Löslichkeit auch Kohlenstoffdioxid, sodass hauptsächlich freier Stickstoff übrig blieb. Das Kohlenstoffdioxid reagierte im Urozean mit Calcium- und Magnesium-Ionen weiter zu schwer löslichen Carbonaten. So entstehen seit vier Milliarden Jahren Kalksteinsedimente. In ihnen sind bis heute etwa 80 Prozent des ursprünglichen Kohlenstoffdioxids der Uratmosphäre gebunden. Die abnehmende Konzentration an Kohlenstoffdioxid verminderte den Treibhauseffekt, was zu einer weiteren Abkühlung und weiteren Kondensation von Wasser führte. Diese Abkühlung war eine wichtige Voraussetzung für die Bildung organischer Stoffe und damit der Entwicklung des Lebens auf der Erde.

Die ersten Lebewesen lebten anaerob. Die große Menge an Sauerstoff in der heutigen Atmosphäre ist Folge der Fotosynthese. Diese wurde zuerst von Cyanobakterien betrieben. Der frei werdende Sauerstoff wurde unter Wasser in Sedimenten gebunden, sodass bis vor 2 Milliarden Jahren der in die Atmosphäre entweichende Anteil an Sauerstoff nur etwa ein Prozent des heutigen Wertes betrug. Allmählich reicherte sich der Sauerstoff auch in den Ozeanen weiter an. Im weiteren Verlauf der Evolution entwickelten sich Eukaryoten, die keine Fotosynthese betreiben, sondern Sauerstoff aus dem Wasser für energieliefernde Stoffwechselprozesse aufnahmen und im Gegenzug Kohlenstoffdioxid freisetzten.

Die Wechselwirkungen von Fotosynthese und Atmung und damit der Auf- und Abbau von Biomasse liefen schließlich wesentlich schneller ab als die Umwandlung in Sedimente. Vor etwa 600 Millionen Jahren war so viel Sauerstoff in der Atmosphäre, dass durch Fotooxidation Ozon entstehen konnte, das den größten Teil der lebensfeindlichen UV-Strahlung zurückhielt. So wurde Leben auch außerhalb des Wassers möglich. In der Folgezeit entwickelten sich die Lebewesen kontinuierlich und zügig. Vor 400 Millionen Jahren gab es die ersten Landpflanzen, die zusätzlich Sauerstoff produzierten. Seit 350 Millionen Jahren entspricht der Sauerstoffgehalt der Atmosphäre dem heutigen Wert von etwa 21 Prozent. Diese Entwicklung und die Evolution der Lebewesen sind also eng aneinandergekoppelt.

DER WÄRMEHAUSHALT DER ERDE · Von der auf die Atmosphäre treffenden Strahlungsenergie der Sonne werden bereits 26 Prozent von der Atmosphäre und etwa 4 Prozent von der Erdoberfläche unmittelbar wieder ins All reflektiert. 20 Prozent werden jedoch von der Atmosphäre und 50 Prozent von der Erdoberfläche absorbiert. Einen Teil davon reflektiert die Erde als Wärmestrahlung im Infrarotbereich. Kohlenstoffdioxid, Wasserdampf, Ozon, aber auch Methan absorbieren diese Wärmestrahlung. Es kommt zu Mehrfachreflexionen zwischen der Erdoberfläche und diesen Gasen wie zwischen Boden und Glasdach in einem Treibhaus. Daher werden diese Gase als **Treibhausgase** bezeichnet.

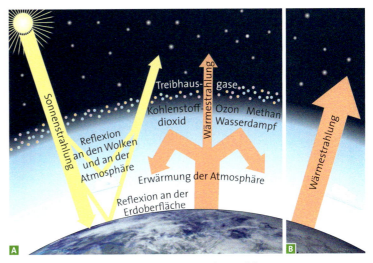

02 Treibhauseffekt: **A** mit Treibhausgasen, **B** ohne Treibhausgase

Alle Gase, deren Moleküle aus zwei verschiedenen oder mindestens drei Atomen zusammengesetzt sind, absorbieren die Infrarotstrahlung und wirken somit als Treibhausgas. Den Beitrag der verschiedenen Gase zum Treibhauseffekt kann man aufgrund der unterschiedlichen Absorptionsbereiche nicht einfach aus ihrem Anteil an der Atmosphäre her bewerten. Hochrechnungen zeigen, dass Wasserdampf mit 22 Grad Celsius, Kohlenstoffdioxid mit 5 Grad Celsius zum natürlichen Treibhauseffekt beitragen. Demnach wäre die Temperatur auf der Erde ohne Treibhauseffekt 33 Grad Celsius niedriger und damit eher lebensfeindlich.

KLIMAVARIABILITÄT · Blieben die Randbedingungen wie Einstrahlungsintensität der Sonne, die Rückstrahlung von der Erdoberfläche und die Konzentration der treibhausaktiven Klimagase konstant, würde sich ein ebenso gleichmäßiges Klima mit nur seltenen Wetterextremen einstellen. Dies ist jedoch nicht der Fall. Durch eine schräge Achsenlage der Erde zur Sonne, die schwankende Sonnenaktivität, Vulkaneruptionen, die Eintrübung der Atmosphäre, Konzentrationsschwankungen der Treibhausgase und abweichende Meeresströmungen wird das Erdklima beeinflusst. Seit etwa 2 Millionen Jahren wechseln sich Warm- und Eiszeiten ab. Vor etwa 120 000 Jahren war die mittlere Temperatur um 4,5 Grad Celsius höher und Elefanten streiften durch Europa.

MENSCH UND UMWELT
NACHHALTIGE NUTZUNG DER RESSOURCEN

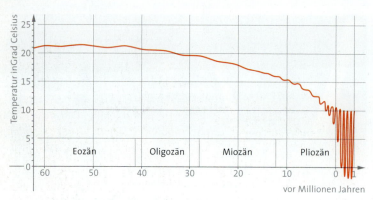

03 Temperaturverlauf seit dem Tertiär

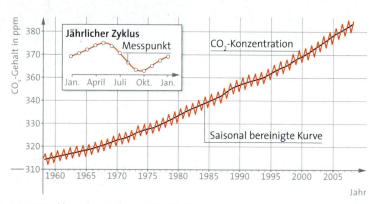

04 Entwicklung des Kohlenstoffdioxidgehalts am Mauna Loa, Hawaii

05 Zukunftsszenario

KLIMAVERÄNDERUNGEN UND PROGNOSEN · In den letzten hundert Jahren ist unser Klima um etwa ein Grad Celsius wärmer geworden. Diese Entwicklung wird je nach Berechnungsgrundlage auch für die nächsten 150 Jahre prognostiziert. Ursache dafür sind Gase, die durch das menschliche Wirken zusätzlich freigesetzt werden, zum Beispiel Kohlenstoffdioxid, Methan aus der intensiven Landwirtschaft, bodennahes Ozon und CFKW. Prognosen sind aufgrund der komplexen Zusammenhänge schwierig zu erstellen, wie das Beispiel Kohlenstoffdioxid zeigt. Zum einen wird es beispielsweise in den Ozeanen gebunden. Zum anderen ist die Wärmeabsorption durch das vorhandene Kohlenstoffdioxid weitgehend gesättigt, sodass zusätzliches Kohlenstoffdioxid zu keiner entsprechenden Absorptionssteigerung führt. Eine angenommene Verdopplung der Kohlenstoffdioxidemission führt damit nicht zu einer Verdopplung des Wärmeanteils und damit zu einer geringeren Temperaturerhöhung als 5 Grad Celsius.

Dagegen absorbieren Methan und CFKW in Strahlungsbereichen, die bislang von der Erde weitgehend ins All reflektiert wurden. Ihre Anreicherung bewirkt eine deutliche Erwärmung. Bereits eine globale Erwärmung von 1 bis 2 Grad Celsius hat weitreichende Folgen: Eis schmilzt, Flüsse treten über die Ufer, extreme Wetterereignisse häufen sich und Dürrezonen weiten sich aus. Damit wird die landwirtschaftliche Nutzfläche immer kleiner. Diesen anthropogenen Anteil an der globalen Erwärmung kann man mithilfe von Klimamodellen ermitteln. Die dabei erstellten Szenarien kommen je nach berücksichtigten Faktoren zu unterschiedlichen Ergebnissen, zeigen meistens aber übereinstimmende Tendenzen auf.

KLIMASCHUTZ · Schutzmaßnahmen für das Klima sind unmittelbar mit Maßnahmen zur Luftreinhaltung und zum nachhaltigen Energieumsatz verbunden. Die Nutzung von Sonnen- und Windenergie spielt dabei ebenso eine Schlüsselrolle wie die Entwicklung von Speicher- und Verwertungstechniken für Kohlenstoffdioxid und Methan. So könnten zum Beispiel in Zukunft Windräder und riesige chemische Kohlenstoffdioxidfänger unsere Fernstraßen säumen.

1. Beschreiben Sie die Rolle klimarelevanter Gase für die Entwicklung des Lebens auf der Erde!
2. Erklären Sie die in Abbildung 03 dargestellten Zusammenhänge!
3. Erläutern Sie, in welcher Weise sich der Wärmehaushalt der Erde vom Menschen beeinflussen lässt!

MATERIAL

Material A ▸ Stadien der Erdatmosphäre

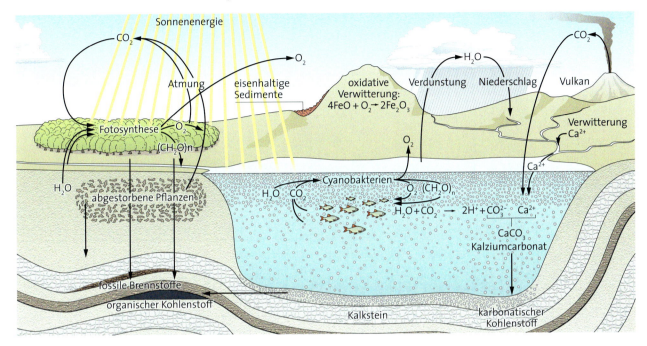

Die Abbildung zeigt Prozesse, die sich im Laufe der Erdgeschichte ohne Einfluss des Menschen entwickelten und in Wechselwirkung zueinander traten.

A1 Erläutern Sie die Auswirkung der dargestellten Prozesse auf die Erdatmosphäre!

A2 Vergleichen Sie die Abbildung mit den heutigen Einflussfaktoren auf die Erdatmosphäre!

Material B ▸ Einfluss von Rindern auf das Klima

In einem geschlossenen Versuchsstall wird durch Messungen eine komplette Stoffwechselbilanz des Rindes erstellt. Es soll die umstrittene Frage geklärt werden: Verändern Rinder das Klima? Bei ihrem Stoffwechsel als Wiederkäuer setzen sie Methan frei. Weitläufiges Grasland, das große Kohlenstoffdioxidmengen speichert, wird zu ihrer Fütterung erhalten. Es gibt Hinweise, dass die Beweidung auch zu einer höheren Speicherkapazität des Bodens für Lachgas, kurz N_2O, führt. Zudem beeinflusst die Ernährung die Bilanz. Getreidehaltiges Kraftfutter kann zum Beispiel die Methanfreisetzung reduzieren.

B1 Nennen Sie Gründe, weshalb das Rind als „Klimakiller" betitelt wird! Recherchieren Sie dazu beispielsweise auf der Internetseite der Welternährungsorganisation FAO!

B2 Erstellen Sie eine Stoffwechselbilanz klimarelevanter Stoffe des Rindes und beurteilen Sie die Klimawirksamkeit!

B3 Entwickeln Sie Vorschläge zur Verbesserung der Klimabilanz in der Viehhaltung!

MENSCH UND UMWELT
NATURSCHUTZ

01 Naturschutzgebiet Feuchtwiese mit breitblättrigem Knabenkraut und Trollblumen

FFH
= Flora-Fauna-Habitat

NABU
= Naturschutzbund Deutschland e. V., gegründet 1899 in Stuttgart

Naturschutz – eine soziale Bewegung

Gelb leuchtende Trollblumen und dunkelrote Knabenkräuter bestimmen den Frühjahrsaspekt auf manchen Feuchtwiesen. Diese sind allerdings häufig nur noch dank ehrenamtlicher Pflege erhalten. Schönheit und Seltenheit sind ein Motiv für Naturschutz. Was aber ist Naturschutz und welche Ziele verfolgt er?

GESCHICHTE DES NATURSCHUTZES · Zunächst ging Naturschutz von einzelnen Personen aus. Der Musiker Ernst RUDORFF, der als einer der ersten Naturschützer gilt, kaufte im Jahr 1892 eine Eichenallee, um sie vor der Flurbereinigung zu retten. Vereine wie der Bund für Vogelschutz, der heutige NABU, lieferten wichtige Impulse zur Konstituierung des Naturschutzes als soziale Bewegung. Naturschutz beruhte also zunächst allein auf bürgerschaftlichem Engagement. Die erste amtliche Naturschutzstelle wurde 1906 in Preußen eingerichtet. Die weitere industrielle Entwicklung sollte allerdings nicht behindert werden. Naturschutz erhielt daher kaum finanzielle und personelle Ressourcen sowie keine juristischen Mittel. Das erste Naturschutzgesetz wurde 1935 erlassen. Im Nachkriegsdeutschland galt es bis 1976 in den einzelnen Bundesländern weiter. In dieser Zeit war Naturschutzarbeit weiterhin wesentlich von ehrenamtlichem Einsatz abhängig. Mit der Neufassung des Bundesnaturschutzgesetzes von 1976 wurde der amtliche Naturschutz umfassend in politische Planungsprozesse eingegliedert. Eine Richtlinie der Europäischen Union aus dem Jahr 1992 zur Erhaltung der natürlichen Lebensräume sowie der wild lebenden Tiere und Pflanzen, die sogenannte **FFH-Richtlinie,** setzte neue Impulse für den Naturschutz. Sie ist heute eine zentrale Rechtsgrundlage. Dennoch bleiben ehrenamtlich tätige Naturschützer von großer Bedeutung: Sie leisten wesentliche Beiträge bei der Pflege von Schutzgebieten und der wissenschaftlichen Begleitung von Schutzmaßnahmen.

WESEN UND ZIELE DES NATURSCHUTZES · Wie das Naturschutzgesetz von 2010 zeigt, beruht Naturschutz besonders auf gesellschaftlichen Werten wie Verantwortung für zukünftige Generationen. Zudem sind wissenschaftliche Erkenntnisse notwendig, um beispielsweise die biologische Vielfalt erhalten zu können. Persönliches Engagement im Naturschutz dokumentiert die innere Haltung, dass man Vielfalt, Eigenart oder Schönheit der Landschaft schützenswert findet.
Ziel des modernen Naturschutzes ist es, genetische Ressourcen zu erhalten. Dies erreicht er, indem er Arten, Biotope und Landschaften schützt.

BIOTOP- UND ARTENSCHUTZ · Wenn Lebewesen geschützt werden sollen, ist es häufig effektiv, ganze Lebensräume unter Schutz zu stellen. Biotopschutz setzt ökologisches Fachwissen voraus, mit dessen Hilfe ein Lebensraum bewertet wird: Viele Biotope lassen sich gut über das Vorkommen bestimmter Arten charakterisieren. Diese dienen damit als Leitarten bei der Biotopbeschreibung. Der Feuersalamander zum Beispiel lebt in Laubwaldbereichen der Mittelgebirge, in denen Quellbäche für das Aufwachsen seiner Larven vorhanden sind. Um an einem geeigneten Standort einen Wald zu einem Lebensraum für den Feuersalamander zu entwickeln, wird dieser als Zielart genutzt: Sein Vorkommen zeigt die entsprechende Qualität des Biotops an. Der amtliche Naturschutz ist gesetzlich verpflichtet, Lebensraumbewertungen vorzunehmen. Für die Erfassung besonders schützenswerter Biotope erstellt er öffentlich zugängliche Datenbanken. Viele ehrenamtliche Naturschützer beteiligen sich an der Datenerfassung, beobachten die Landschaft und engagieren sich politisch für den Erhalt bestimmter Arten und Lebensräume.

KULTURLANDSCHAFTSSCHUTZ · In Deutschland sind sämtliche Landschaften – auch die scheinbar unberührten Heiden oder Wälder – Kulturlandschaften. Wenn man sie sich selbst überlässt, verändern sie sich deutlich. Aber auch Nutzungsänderungen haben Folgen für die Landschaft. Ältere Nutzungsformen hatten genau wie die neuen das Ziel, möglichst viel Ertrag aus der Landschaft zu holen. Durch Übernutzung entstanden zum Beispiel Heiden. Anderen Orts war nur weniger intensive Nutzung möglich. Es resultierte eine vielfältige Landschaft mit Lebensmöglichkeiten für viele Arten. Um einige von ihnen zu erhalten, muss man alte Nutzungsformen weiter betreiben. Eine Feuchtwiese zum Beispiel darf erst spät im Jahr gemäht werden, damit seltene Pflanzen- und Tierarten erhalten bleiben. Das gemähte Gras enthält dann aber wenig Eiweiß und taugt nicht mehr als Futter für Hochleistungsrinder. Einem Landwirt, der dadurch Ertragseinbußen hat, wird ein Ausgleich gezahlt, wenn er sich vertraglich dazu verpflichtet, die Wiese spät zu mähen und das wirtschaftlich kaum nutzbare Mähgut zu entfernen. Bei solchen und ähnlichen Arbeiten engagieren sich viele ehrenamtliche Naturschützer.

INTERNATIONALER NATURSCHUTZ · Der weltweite Vergleich der Verbreitung von Arten und Landschaften ergab, dass man heute jedes Land in einer spezifischen Verantwortung sieht. Damit werden nicht nur die bei uns seltenen Arten und Lebensräume geschützt, sondern auch einige besonders typische wie Buchenwälder und der Rotmilan. Einige Arten sollen unabhängig von Biotopen geschützt werden. Das hat Auswirkungen für jeden Bürger: Fledermäuse zum Beispiel könnten im Sommer unter Dachziegeln Unterschlupf finden. Baumaßnahmen müssen in dieser Zeit unterbleiben.
Als Beispiele nachhaltigen Zusammenlebens von Mensch und Natur betreut die UNESCO weltweit Modellregionen, sogenannte Biosphärenreservate.

> **§ 1 Ziele des Naturschutzes und der Landschaftspflege**
> (1) Natur und Landschaft sind auf Grund ihres eigenen Wertes und als Grundlage für Leben und Gesundheit des Menschen auch in Verantwortung für die künftigen Generationen im besiedelten und unbesiedelten Bereich nach Maßgabe der nachfolgenden Absätze so zu schützen, dass
> 1. die biologische Vielfalt,
> 2. die Leistungs- und Funktionsfähigkeit des Naturhaushalts einschließlich der Regenerationsfähigkeit und nachhaltigen Nutzungsfähigkeit der Naturgüter sowie
> 3. die Vielfalt, Eigenart und Schönheit sowie der Erholungswert von Natur und Landschaft auf Dauer gesichert sind;
> [...]

02 Bundesnaturschutzgesetz 2010 § 1 Absatz 1

03 Lebensraum Laubwald mit Bach

UNESCO = United Nations Educational, Scientific and Cultural Organization

1 Erläutern Sie Chancen und Grenzen bürgerschaftlichen Engagements im Naturschutz früher und heute!

KLAUSURTRAINER ▸ MENSCH UND UMWELT

Training A ▸ Bevölkerung und Rohstoffe

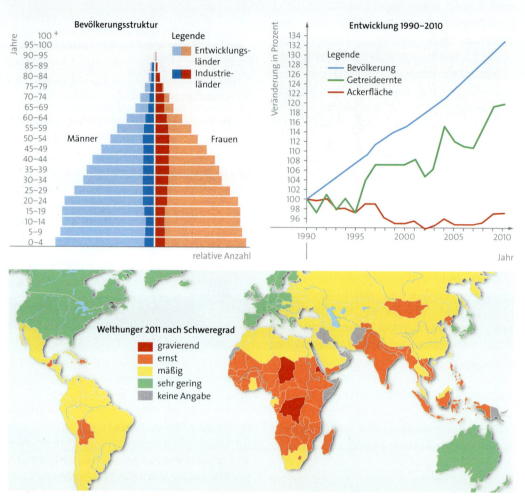

Der weltweite Getreide- und Sojaverbrauch steigt von Jahr zu Jahr. Hierbei herrscht starke Konkurrenz zwischen Teller, Trog und Tank. Sehr viel Biomasse dient als Tierfutter, um den wachsenden Fleischbedarf zu decken. Zugleich wächst der Bedarf an nachwachsenden Rohstoffen rasant, besonders an Agrartreibstoffen. Die in Europa zur Verfügung stehenden Landflächen reichen aber für die Eigenproduktion von Nahrung und Energiestoffen bei Weitem nicht aus. Die große Nachfrage führt zu „Land Grabbing", dem Erwerb riesiger Landflächen in Südamerika, Afrika und Indonesien zum Biomasseanbau für reiche Länder und Konzerne. Hierbei werden ganze Landschaften wie zum Beispiel Regenwälder vernichtet. Zudem führt der Klimawandel immer häufiger zu Überschwemmungen, Dürren oder Stürmen, die Ernteausfälle verursachen.

a Vergleichen Sie die Bevölkerungsstruktur von Entwicklungsländern und Industrieländern!

b Erklären Sie, wie sich die Altersstruktur einer Bevölkerung auf ihre Wachstumsrate auswirkt!

c Beschreiben Sie die Entwicklung von Bevölkerung, Getreideernte und Ackerfläche auf der Erde und begründen Sie den jeweiligen Kurvenverlauf!

d Erläutern Sie Ursachen für die Zunahme der hungernden Bevölkerung auf der Welt!

Training B ▸ Klimaforschung

B1 Ein Klimaforschungsprojekt

Vor etwa 11 000 Jahren waren Vulkane in der Eifel zum letzten Mal aktiv. Durch Eruptionen entstanden Vertiefungen in der Landschaft, die sich ohne Zu- und Abfluss mit Wasser füllten. Die Sauerstoffarmut am Grund dieser Maare führt zu einer besonders guten Konservierung von Pollen, aber auch von Überresten an Lebewesen in Form von Fossilien. Alles, was dort hineingetragen wird, bleibt darin liegen und trägt zu einer Sedimentbildung von etwa einem Millimeter pro Jahr bei.

Die meisten Maare verlandeten vor langer Zeit. Geowissenschaftler der Universität Mainz gründeten zur Untersuchung das Projekt **E**ifel **L**aminated **S**ediment **A**rchive, kurz ELSA. Zwischen 1999 und 2004 wurden an 22 Standorten Bohrungen bis in 150 Meter Tiefe vorgenommen. Die gewonnenen Bohrkerne dokumentieren den Zeitraum der letzten 400 000 Jahre.

a Nennen Sie verschiedene Bestandteile der Ablagerungen, die in den Bohrkernen gefunden werden können!

b Erläutern Sie, welche Forschungsfragen sich mithilfe der Bohrkerne untersuchen lassen!

B2 Bohrkerne als Klimaarchive

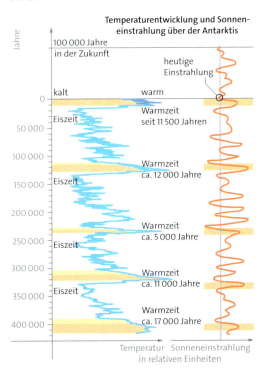

Anhand der Bohrkerne aus den Maaren der Eifel stellte man fest, dass es in den vergangenen 100 000 Jahren etwa alle 10 000 Jahre zu Eruptionen kam. Der letzte Ausbruch fand vor mehr als 10 000 Jahren am Ulmener Maar statt. Außerdem gab es mehrere Kaltzeiten, die mit etwa 50 000 Jahren deutlich länger andauerten als Warmzeiten mit etwa 11 000 Jahren. Die jetzige Warmzeit hält bereits seit 11 500 Jahren an. Hierbei ist die Ausrichtung der Erde zur Sonne ein Einflussfaktor. Sie ändert sich zyklisch über lange Zeiträume hinweg, sodass sich daraus die Einstrahlungsintensität der Sonne berechnen lässt.

a Vergleichen Sie die Erkenntnisse aus den Bohrkernen der Eifelmaare mit denen aus der Antarktis! Beziehen Sie die errechnete Einstrahlungsintensität der Sonne mit ein!

b Entwickeln Sie ein klimatisches Zukunftsszenario!

GRUNDWISSEN ▶ MENSCH UND UMWELT

Weltbevölkerung

Modell des demografischen Übergangs: Modell, nach dem sich durch Folgeerscheinungen der Industrialisierung in Entwicklungsländern zunächst die Sterberate und später die Geburtenrate auf ein niedriges Niveau einstellen. Verbesserte Lebensbedingungen führen zur Abnahme der Sterberate. Der höhere Bildungsgrad und die Wirtschaftsentwicklung fördern die Abnahme der Geburtenrate.

UN-Millenniumziele: Entwicklungsziele, die zu Beginn des dritten Jahrtausends auf einem Gipfeltreffen der UN festgelegt wurden. Insgesamt wurden acht Ziele formuliert, die bis 2015 erreicht werden sollen, zum Beispiel die Halbierung der Anzahl hungernder Menschen.

Ökologischer Fußabdruck der Menschheit: Fläche in Hektar, die notwendig ist, um die von der Weltbevölkerung genutzten Ressourcen bereitzustellen und deren Emissionen aufzunehmen.

Ökologische Tragfähigkeit der Erde: Fläche in Hektar, die auf der Erde für nachhaltiges Wirtschaften maximal zur Verfügung steht (Biokapazität der Erde).

Nachhaltige Entwicklung: Entwicklung, die den Bedürfnissen der heutigen Generation entspricht, ohne dabei die Möglichkeit zukünftiger Generationen zu beeinträchtigen, ihren eigenen Bedürfnissen gerecht zu werden. Sie umfasst ökologische, ökonomische und soziale Dimensionen.

Nachhaltige Nutzung der Ressourcen

Düngung: Einbringen von Mineralstoffen in den Boden, die ihm während der Vegetationsphase entzogen wurden.

Gründüngung: Düngungsmethode, bei der Pflanzen nach der Vegetationsperiode untergepflügt werden.

Kreislaufwirtschaft: Düngungsmethode, bei der Gülle, Mist oder Kompost auf dem Boden ausgebracht wird.

Mineraldüngung: Düngungsmethode, bei der dem Boden verschiedene Mineralstoffe in Ionenform in einem bestimmten Mischungsverhältnis zugeführt werden.

Überdüngung: Überversorgung mit einem oder mehreren Mineralstoffen.

Precision Farming: Modernes Verfahren der Mineraldüngung nach exakter Bedarfsermittlung und entsprechender Dosierung der Mineralstoffe.

Pflanzenschutz: Gesamtheit aller Maßnahmen, die verhindern sollen, dass das Wachstum von Nutzpflanzen beeinträchtigt wird und deren Erträge herabgesetzt werden.

Chemischer Pflanzenschutz: Einsatz spezieller Wirkstoffe, die Pestizide. Dazu gehören Herbizide, Fungizide und Insektizide.

Biologischer Pflanzenschutz: Einsatz von Fressfeinden oder Parasiten bestimmter Schädlinge oder von Fallen, die Schadorganismen mit Sexuallockstoffen dezimieren.

Integrierter Pflanzenschutz: Kombination mehrerer Verfahren des Pflanzenschutzes. Nur bei massenhafter Populationsentwicklung eines Schädlings greift man zu Pestiziden.

Bodenerosion: Abtrag großer Mengen an Mutterboden durch Gewitterregen oder starke Winde. Die Bodenerosion wird häufig durch unsachgemäße Bewirtschaftung des Menschen verursacht. Flurbereinigung, Abholzung und Überweidung führen zum Verlust der schützenden Vegetation, sodass die fruchtbaren oberen Bodenschichten abgetragen werden.

Virtuelles Wasser: veranschlagte Gesamtwassermenge, die zur Herstellung eines Produkts benötigt wird.

Gewässerstrukturgüte: auf Strukturmerkmalen beruhendes Maß zur Bewertung der Naturnähe eines Fließgewässers.

Biomonitoring: Verfahren der Schadstoffüberwachung von Biotopen durch Beobachtung der Vitalität und des Verhaltens bestimmter Lebewesen.

Ozonloch: Bereich in der Troposphäre, in dem die Ozonkonzentration stark verringert ist, besonders über den Polen. Die Ozonschicht schützt das Leben auf der Erde vor übermäßiger UV-Einstrahlung. Durch Menschen produzierte CFKW-Gase verursachen diesen Ozonabbau. Ein internationales Verbot der CFKW-Produktion hemmte diese Entwicklung.

Ozonbelastung: bodennahes Ozon, das durch fotochemische Reaktionen entsteht. Aus Stickstoffdioxiden werden Sauerstoffatome freigesetzt, die durch Reaktion mit Sauerstoffmolekülen Ozon bilden. Im Sommer erreicht die Ozonkonzentration häufig ein gesundheitsgefährdendes Ausmaß.

Quellen und Senken: Teile oder Bereiche des Ökosystems Erde, aus denen Stoff- und Energieströme gespeist werden oder in denen sie enden. Quellen führen zur Zunahme von Stoffen, indem sie diese Stoffe freisetzen. Senken führen zu deren längerfristiger Abnahme, indem sie die Stoffe aufnehmen.

Treibhauseffekt: Erwärmung der bodennahen Atmosphäre durch langwellige Infrarotstrahlung, die hier nach Reflexion an bestimmten Molekülen absorbiert wird.

Natürlicher Treibhauseffekt: Erwärmung der bodennahen Atmosphäre ohne Eingriff des Menschen. Sie kommt dadurch zustande, dass kurzwelliges, energiereiches UV-Licht der Sonne die Troposphäre der Erde durchdringt, von der Erdoberfläche größtenteils absorbiert und als Wärmestrahlung reflektiert wird. Diese langwellige Infrarotstrahlung wird von den Treibhausgasen, die aus zwei verschiedenen oder mindestens aus drei Atomen bestehen, also Wasserdampf, Kohlenstoffdioxid, Methan und anderen Spurengasen, reflektiert und im Zusammenspiel mit der Erdoberfläche absorbiert. Diese Effekte führen zu einer lebensfreundlichen mittleren globalen Temperatur von etwa 15 Grad Celsius und machen damit die Erde für die meisten Lebewesen erst bewohnbar.

Anthropogener Treibhauseffekt: Die Freisetzung verschiedener Treibhausgase durch die Menschheit führte in den letzten 100 Jahren zu einem deutlich messbaren Anstieg der globalen Durchschnittstemperaturen. Dieser anthropogene Treibhauseffekt wird vor allem durch die Verbrennung fossiler Energiestoffverbindungen verursacht. In den letzten 100 Jahren wurde ein deutlicher Anstieg der globalen Durchschnittstemperatur gemessen.

Klimaveränderungen: Veränderung der Gesamtheit aller Wetterphänomene. Hierfür sind beispielsweise die schwankende Strahlungsaktivität der Sonne, Vulkaneruptionen, Gebirgsbildungen und Veränderungen der Meeresströmungen ursächlich. Beobachtungen wie ständig neue Monatshöchsttemperaturen, die deutliche Gletscherschmelze und die Schmelze der Polarkappen, der Anstieg des Meeresspiegels und die Häufung extremer Wetterereignisse sind Indizien für einen aktuellen Klimawandel.

Klimaschutz: Maßnahmen, die die anthropogen bedingte Erderwärmung begrenzen und Folgeerscheinungen der globalen Erderwärmung abmildern sollen.

Naturschutz

FFH-Richtlinie: Flora-Fauna-Habitat-Richtlinie der EU aus dem Jahr 1992 zur Erhaltung natürlicher Lebensräume sowie wild lebender Tiere und Pflanzen.

Biotopschutz: Schutz ganzer Lebensräume mit dem Ziel, die darin vorkommenden Lebewesen zu schützen.

Artenschutz: Schutz von Populationen und Individuen bestimmter Arten, der häufig mit Biotopschutz zusammenfällt.

Kulturlandschaftsschutz: Schutz bestimmter Kulturlandschaften durch Weiterführung alter Nutzungsformen der jeweiligen Landschaft.

REGISTER

A

abiotische Umweltfaktoren 9, 12 ff., 42 f., 162 f.
- Boden 9
- Klima 9
- Licht 22 ff.
- Siedlung 169
- Temperatur 12 ff.
- Wasser 9, 26 ff.
- Wirkungsgefüge 36 ff.

Absorption 82 f., 114, 193
Absorptionsspektrum 83, 114
Absterbephase 47
Abundanz 157 f.
Abwasser 143, 186
Adenosindiphosphat (ADP) 86, 97
Adenosintriphosphat (ATP) 86, 97
Algen 32, 82, 89, 140 f., 149, 154
- Grünalgen 149
- Kieselalgen 92, 149

Algenblüte 140 f., 168
Alkaloide 55
ALLENsche Regel 15
Allesfresser 62
Alterspyramide 49
Ammonifikation 102, 115, 143
Amöben 30
Amphibien 13, 27, 30
Angepasstheit 6, 13 ff., 18 ff., 26 ff.
- anatomische 26, 28
- jahreszeitliche 13 f., 20
- morphologische 6, 16, 23
- physiologische 16, 18, 23, 27 f.
- verhaltensgesteuerte 27 f.

Anopheles 74
Aquarium 147
Aronstab 69
Artenkenntnis 8, 15, 58
Artenschutz 197, 201
Aspektfolge 106, 115
Assimilation 91, 96, 99, 143
Atmosphäre 22, 179, 184, 188 f., 193, 195
- Aufbau 189
- Klimaentwicklung 192 f.
- Ozon 190

ATP 86, 97
ATP-Synthase 86

Aue 154, 169
Augentiere 149
Austernfischer 59, 92 f.
Austrocknungstoleranz 32
Autökologie 8
Autolyse 141
Autoradiografie 89
autotroph 9, 32, 92, 114

B

Bach 36, 153
Bachflohkrebs 167
Bachmuschel 155
Bakterien 72, 89, 141, 143, 186
- Cyanobakterien 143, 145, 149
- saprophytische 145
- Schwefelbakterien 145

Basiskonzepte 6 f.
- Information und Kommunikation 7
- Steuerung und Regelung 7
- Stoff- und Energieumwandlung 6
- Struktur und Funktion 7
- Variabilität und Angepasstheit 6, 28

BATES 67
BATESsche Mimikry 67, 79
Bäume 122, 128
- Altersbestimmung 132

Baumschicht 126
Befischung 151
Belebtschlammbecken 186
Benthal 137, 168
BERGMANN 15
BERGMANNsche Regel 15
Bestandsregulation 52
Beuteerwerb 64
Beutefangmethoden 64
Beuteltiere 60
Beutepopulation 62 f.
Beutespektrum 63
Bevölkerung 198
- Altersstruktur 49

Bevölkerungsrückgang 173
Bevölkerungswachstum 49, 172 f., 176
- exponentielles 173
- nachhaltige Entwicklung 176

Beziehungen 46 ff., 78 f., 109
- Geschlechterbeziehung 50
- interspezifische 78

- intraspezifische 50, 78
- Lebewesen 46 ff.
- Nahrungsbeziehungen 9, 92
- Ökosystem 109
- Räuber-Beute-Beziehung 62, 79
- spezifische 50
- symbiontische 70
- Umwelt 58
- zwischenartliche 62

Bioakkumulation 95
Biodiversität 115
Bioindikator 38, 43
biologischer Landbau 180
biologisches Prinzip siehe Basiskonzepte 6 f.
Biomanipulation 141
Biomasse 9, 93, 185
Biomassenpyramide 113
Biomonitoring 187, 200
Biosphäre 9
Biosphärenreservat 197
biotische Umweltfaktoren 9, 46 ff., 78
Biotop 9, 51, 163
- Extrembiotop 38

Biotopschutz 197, 201
Biozönose 9
Black Smoker 38
Blatt 23, 34, 42 f.
- Laubblatt 85
- Lichtblatt 23
- Schattenblatt 23, 42 f.

Blattpigmente 83 f., 114
Boden 9, 59 f., 128 ff., 178 ff., 200
- Abtrag 182
- Belastung 181 f.
- Bodenerosion 181 f., 200
- Bodenhorizonte 125, 168
- Bodenleben 178 f.
- Bodenschutz 182
- Feuchte 56, 59
- Funktion 129
- Nachhaltigkeit 182
- Nutzung, landwirtschaftliche 178
- Profil 125
- Sanierung 182
- saurer 125, 179
- Schichten 128
- Schwermetalle 182
- Verdichtung 181 f.
- Versauerung 130, 185, 189

Bodentiere 135

Bodenwühler 60
Breitwegerich 107
Brutpflege 50
BSB₅-Wert (biochemischer Sauerstoffbedarf) 155 f.
Buchdrucker 127 f., 130
Buche 119, 123, 126
Buchenwald 118

C

Calvin-Zyklus 87, 89, 99, 114
CAM-Pflanzen 41 f.
Carboxylierung 87, 114
CARLOWITZ 120
Carnivore 62
Carotin 85
Carotinoide 83
Cellulose 70, 91
Census-Projekt 150
Characeengürtel 138
Chlorfluorkohlenwasserstoff (CFKW) 189 f., 194
Chlorophyll 82 f., 85, 88, 179
Chloroplasten 85 f., 114
Chromatografie 84, 114
circadiane Rhythmik 24, 43
Clusterbildung 29
C₃-Pflanzen 19, 41 f., 99
C₄-Pflanzen 19, 41 f., 99
- Energieausbeute 99

Cyanobakterien 143, 145, 149

D

Daphnientest, dynamischer 187
DARWIN 68
Dauerehe 50, 78
demografischer Übergang (Modell) 174, 200
Denitrifikation 142 f.
Destruent 93, 114, 154, 166
Detritus 141
Dichteanomalie 29
Diffusion 143
Dipol 29
Dissimilation 96, 99
DODSON 64
Dorsch 151
Drainage 178
DSW-Datenreport 177
Düngemittel 175
Dünger 37, 143
Düngung 178 f., 200
- Gründüngung 200
- Mineraldüngung 200
- Überdüngung 181, 200

Dünnschichtchromato-
  grafie 84
Durchwurzelung 125
Dynamik 104 ff., 115

E

Edaphon 125, 168, 178
Eiche 119, 123, 126, 131
Einnischung 60, 64
Einzeller 30
Ektoparasit 73
Ektosymbiose 72
Elektronen 82, 86
Elektronentransport-
  kette 114
ELLENBERG 56
ELSA-Projekt 199
EMERSON 86, 88
Emerson-Effekt 88
endergonisch 97
Endkonsument 93, 127
Endodermis 33
Endoparasit 73
Endosymbiontentheorie 72
Endosymbiose 70, 79
Endwirt 79
Energie 9, 13, 18, 22, 82, 86,
  93, 96 ff., 176
- alternative 189
- Bedarf 173
- Einbahnstraße 98
- Entwertung 98
- Nutzung 172 f.
- Umsatz 14
- Umwandlung 6, 9, 96
Energieträger, fossile 189
ENGELMANN 83
Entwicklungsländer 176,
  187, 198
Epidermis 34
Epilimnion 136 ff., 143, 145,
  168
Erde 200
- Biosphäre 9
- Erdatmosphäre 192
- Klima 22
- ökologische Tragfä-
  higkeit 200
- Vegetationszonen 20
- Wärmehaushalt 193
Erosion 181 f.
ERRINGTON 63
Erwärmung, globale 194
Escherichia coli 47, 49
Eukalyptus 123
euryök 36, 43

eurytherm 13, 42
eutroph 140 ff., 169
Eutrophierung 141, 185
exergonisch 97
Exkretion 26, 31
Extinktion 83
Extrembiotop 38

F

Falllaub 143
Familie 51
Farne 126
Faulschlamm 185 f.
Faulturm 186
Federn 16
Feindabwehr 64
Feinstaub 189
Feuchtlufttiere 27
Feuchtpflanzen 34
Feuchtwiese 196 f.
Feuersalamander 113
Fichte 119, 123, 127 f., 131
Filtrierer 92, 149
Finne 74
Fische 13, 30, 58, 75, 154
Fischerei 151
Fischsterben 185
Flechte 32, 71
Fleischbedarf 175
Fleischfresser 62, 94, 166
Fließgewässer 36, 152 ff., 169
- Gliederung 152 f.
- Ökosystem 167, 169
- Sauerstoffbedarf 156
- Selbstreinigung 154 f.
- Stoffspirale 154
- Zonierung 154
Flora-Fauna-Habitat-
  Richtlinie (FFH) 196, 201
Flunder 58
Fluss 153 f., 169
- Abschnittsleitarten 154
- Mündung 153, 169
- Selbstreinigung 169
Flüssigkeits-
  chromatografie 84
Forst 168
Forstwirtschaft 118 f.
Fortpflanzungs-
  gemeinschaft 46
Fortpflanzungsstrategie 48,
  52, 78
Fotolyse 86, 114
Fotooxidation 190, 193
Fotoperiodismus 24 f., 43

Fotophosphorylierung 87,
  114
Fotosynthese 9, 18 f., 22 f.,
  82 f., 85 ff., 114, 129
- Bedeutung 90
- Fotosyntheserate 18, 129
- Leistung 23
- lichtabhängige 86
- lichtunabhängige 87
- Pigmente 85
- Produkte 91
- Wirkungsspektrum 83
- Zellatmung 90
Fotosysteme 85, 114
Fototropismus 43
Fruchtwechsel 110, 115
Frühblüher 18 f., 126
Frühjahrsgeophyten 126,
  168
Frühjahrszirkulation 138,
  140
Fundamentalnische 58, 79
Fungizid 180
Funktion 7

G

Gametozyt 74
Gasaustausch 34
Gaschromatografie 84
Gase, klimarelevante 194
GAUSE 55
Geburtenrate 46, 78, 173 f.
Gegenstromprinzip 16, 42
Gewässer 146, 157, 185, 200
- Belastung 185
- Gewässerstrukturgüte
  157, 160, 185, 200
- Gliederung 146
- Strukturgüte-
  bestimmung 160
- Überwachung 187
- Untersuchung,
  biologische 157
Gezeitentümpel 39
gleichwarm 13
Glukose 19, 96
Glycerin 19
Gradation 63
Graduation 63
Granne 165
Granum 85
Grenzen des
  Wachstums 175
Grünalgen 149
Gründüngung 179, 200
Grundwasser 184 f.

Gülle 178, 181
Guttation 34

H

Habitat 48, 196, 201
- Flora-Fauna-Habitat-
  Richtlinie 196, 201
- Nutzung, konsistente 48
- Nutzung,
  opportunistische 48
Halophyten 35
Hartlaubwald 122 f.
Hecht 109, 141
Heide 197
Herbivore 62
Herbizid 180
heterotroph 9, 92, 96, 114
HILL 86
Hochwald 119, 168
Hohenheimer Grund-
  wasserversuch 56
Höhenzonierung 20
Holz 118 ff., 128, 172
Holzproduktion 121
Holzvorrat, Berechnung 132
homoiotherm 13 f., 42
Homoiothermie 14
Hormonausschüttung 24, 52
Humus 125, 166, 168, 178
Hungerländer 198
Hydathoden 34
Hydrophyten 34, 43
Hygrophyten 34, 43
hyperosmotisch 30
Hyphen 128
Hypolimnion 136 ff., 143, 145,
  168
hypoosmotisch 30

I

Indikatororganismen 157
Industrialisierung 172 f.
Industrieländer 176, 187, 198
industrielle Revolution 172
Information 7
Infrarotstrahlung 193
innere Uhr 24
Insektenfresser 13 f., 60
Insektizid 180
interspezifische
  Beziehung 78
Interzellulare 34
intraspezifische
  Beziehung 50, 78

REGISTER

K
Kahlschlag 112, 167
Kältestarre 13, 42
Kältetod 13
Kaltzeit 199
Kapillarnetz 16
Kartoffelkäfer 110
Kiefer 6f., 23, 56, 119, 123
Kieselalge 92, 149
Kläranlage 186
Kleinkrebs 92
Klima 22, 179, 189, 192ff., 201
- Forschung 199
- globale Veränderungen 192, 194
- Modelle/Prognosen 194
- Variabilität 193
- Veränderungen 201
- Waldbinnenklima 124
- Wandel 173
- Zonen 9, 20
Klimakiller 195
Klimaschutz 194, 201
Klimaxvegetation 104, 115
Knöllchenbakterien 102
Koevolution 68, 72, 79
Koexistenz 59
Kohlenhydrate 90
Kohlenstoffdioxid 18f., 103, 188f., 194
Kohlenstoffkreislauf, globaler 101
Köhlerei 119
Kommensalismus 73, 79
Kommunikation 7
Kompensationstiefe 137f., 168
Konkurrenz 9, 51f., 54ff., 59f., 78
- Ausschluss 55, 78
- Herabsetzung 64
- innerartliche 51
- interspezifische 54, 78
- intraspezifische 51, 54
- totale 55
- Verhalten 55
- Vermeidung 54f., 60, 64, 78
Konsument 92ff., 114, 127, 154, 166
Kontinuum 152ff., 169
Kontrastbetonung 60, 79
Kopplung, energetische 97
Korallen 75
Krautschicht 119, 126

Kreislaufwirtschaft 179, 183, 200
K-Strategie 48, 78, 105
Kulturfolger 164, 169
Kulturlandschaftsschutz 197, 201
Kulturpflanzen 178
Kurzschwanzspitzmaus 113
Kurztagpflanzen 25
Kutikula 33f.

L
Lachswanderung 152ff.
lag-/Phase, log-Phase 47
Laichkrautgürtel 138
Land-Grabbing 198
Landschaftsschutz 197
Landtiere 26f.
Landwirtschaft 175, 178ff.
- Bodennutzung 178
- Erträge 183
- Kreislaufwirtschaft 183
- Pflanzenschutz 180
- Stabilität 110
Langtagpflanzen 25, 58
Lärche 119
Lärchenwickler 76f.
Laubbäume 33, 119
Laubstreu 135
Laubwald 23, 122f., 126, 131
- Biomasse 166
- nemoraler 122f.
- Produktionsbiologie 166
- Schadstufen 131
Lebensformtypen 60, 79
Lebensraum 8, 38, 150f., 162f.
- Baum 128
- Gezeitentümpel 38
- Grünland 8
- Kontinuum 169
- Meer 150f.
- See 148
- Stadt und Umland 163
- Trockenwüste 40
- urbaner 162f., 169
- Wald 8
- Wasser 46
Lebensweise, parasitoide 74
- sesshafte 172
Leguminosen 103
Leitarten 154
Leitbündel 33
Liane 123
Licht 9, 22ff., 82f., 133

Lichtblatt 23, 43
Lichtenergie 9
Lichtintensität 23
Lichtpflanzen 23
LIEBIG 37
Lignin 71
Litoral 137f.
Lizenz 60
Lorbeer 123
LOTKA 63
Lotka-Volterra-Regeln 63, 79
Luchs 63, 127
Luft 188f.
- Belastung 189
- Luftfeuchtigkeit 37
- Nachhaltigkeit 189
- Reinhaltung 194
- Verschmutzung 191
- Zusammensetzung 188
Lupine 182

M
Maar 199
Malaria 74
Massentierhaltung 175
Mäusegerste 165
Maximumfaktor 12, 42
MEADOWS 173f.
Meeresbiologie 150f.
Meerestiere 30
Mehrdimensionalität 59
Melatonin 24
Mensch und Siedlung 162f.
Mensch und Umwelt 172ff., 200f.
Mergel 179
Mesophyten 33, 43
mesotroph 140, 168
Metalimnion 136ff., 143, 168
Metamorphose 27
Methan 189, 193f.
Mimese 67, 79
Mimikry 67, 79
- aggressive 67
- BATESsche 79
- PECKHAMsche 79
Mineraldüngung 179, 200
Mineralstoffe 166, 178f.
Miniermotte 165
Minimumfaktor 12, 37, 42f., 140
Minimumgesetz 37, 43
Minimumtonne 37
Mischwald 23, 119
Mistdüngung 178f.
Mittellauf 153, 169

Mittelwald 119, 168
Monokultur 110, 115, 119, 175
Moos 124
Moosfarne 32
Moosschicht 119, 126
Mosaikzyklus 106, 115
Mündung 153
Mykorrhiza 71

N
nachhaltige Entwicklung 200
Nachhaltigkeit, Prinzip 120
nachtaktiv 27f.
Nadelbäume 6, 119
Nadelwald, borealer 122f.
$NADP^+/NADPH^+ H^+$ 86f.
Nagetiere 13f., 60
Nährschicht 137
Nahrungsangebot 15
Nahrungsbeziehungen 92, 113, 127, 140, 149
- See 140
- Teich 149
- Wald 127
Nahrungsgeneralist 63
Nahrungskette 92f., 114, 141
Nahrungsnetz 92f., 114
Nahrungsnische 59
Nahrungsspezialist 63
Naturschutz 109, 196, 201
- internationaler 197
Neophyten 164
Nettofotosyntheserate 18f., 42, 105
Neuntöter 50, 110
Niederwald 111, 119, 168
Nische 58ff., 78f.
- Einnischung 60, 64
- fundamentale 58, 79
- Nahrungsnische 59
- Nischendimension 59, 61
- ökologische 58ff., 78
- realisierte 58, 79
Nitrat 179, 181, 186
Nitratammonifikation 143
Nitrifikation 115, 143, 186
Nützling 128
Nutzungskonflikte 120

O
Oberflächenspannung 29, 148
Oberflächenwasser 185
Oberlauf 153, 167, 169
Ökologie 8

- Autökologie *8*
- Definition *8*
- Synökologie *8*
ökologische Nische *58 ff., 78*
ökologische Planstellen *60, 79*
ökologische Potenz *56, 78*
ökologische Pyramide *93 f., 114*
ökologische Tragfähigkeit der Erde *176, 200*
ökologischer Fußabdruck *175 ff., 200*
ökologischer Umweltfaktor *42*
Ökosystem *96, 98, 109, 112 f., 118*
- Aufbau und Merkmale *114 f.*
- Beziehungen *109*
- Biotop *9*
- Biozönose *9*
- Dynamik *104 ff., 115*
- Energiefluss *98*
- Energieumwandlungen *9, 96*
- Fließgewässer *152 ff., 169*
- Gleichgewicht *109*
- Luft *188*
- Meer *9*
- Nahrungsbeziehungen *113, 127, 140*
- Nutzungskonflikte *120*
- See *9, 94, 136 ff.*
- Siedlung *162 ff., 169*
- Stabilität *104 ff., 115*
- Stoffwechselphysiologie *82 ff.*
- Stroffkreisläufe *100 ff.*
- Trophieebenen *92 ff.*
- Ungleichgewicht *109, 115*
- Veränderungen *112*
- Wald *9, 105 f., 118 ff., 168*
- Wasser *184*
- Wattenmeer *92 ff.*
oligotroph *140, 142, 168*
Omnivore *62*
Optimum, physiologisches *12, 42, 56*
Optimumsbereich *19*
Osmokonformer *30, 43*
Osmoregulation *30, 43*
Osmoregulierer *30*
Oxidationswasser *26, 28, 31*
Ozean, pH-Wert *189*
Ozon *190, 193 f.*

Ozonbelastung *201*
Ozonloch *190, 201*
Ozonschicht *190*

P

Palisadengewebe *34*
Pantoffeltierchen *30, 55*
Parasiten *73, 79*
- Ektoparasit *73*
- Endoparasit *73*
- des Menschen *73*
- permanente *73, 79*
- temporäre *73, 79*
Parasitismus *73, 79*
Parasitoide *79*
PECKHAMsche Mimikry *67, 79*
Pelagial *137, 168*
- Wirkungsgefüge *141*
Penicillin *55*
Pestizid *175, 180, 185*
Pflanzen *180*
- autotrophe *9*
- Blatttemperatur *18*
- CAM-Pflanzen *41 f.*
- C-Pflanzen *19, 41*
- Düngung *178 f.*
- Ertrag *37*
- Feuchtpflanzen *34*
- Fotoperiodismus *25*
- Gasaustausch *34*
- Gründüngung *179*
- Konkurrenz *51*
- Kurztagpflanzen *25*
- Landpflanzen *19*
- Langtagpflanzen *25, 58*
- Laubwaldpflanzen *126*
- Lichtpflanzen *23*
- Mineraldüngung *179*
- Pflanzenschutz *200*
- Pionierpflanzen *48, 71, 105, 115*
- Schattenpflanzen *23*
- Schwermetallpflanzen *182*
- See *138, 140*
- Stoffwechsel *32*
- Temperatur *18*
- Transpiration *33 f.*
- Trockenpflanzen *34*
- Überdüngung *181*
- Wachstum *37, 140*
- Wasserhaushalt *33, 35*
- Wasserpflanzen *34*
- Wassertransport *33*
- wechselfeuchte *32*

- Wüstenpflanzen *40*
- Zeigerwerte *134*
Pflanzenfresser *62, 94, 166*
Pflanzenschutz *180, 200*
- biologischer *200*
- chemischer *200*
- integrierter *200*
phänologische Karte *20*
Pheromone *180*
Phosphat *86, 179, 186*
- Falle *142*
Phosphateintrag *141 f.*
physiologische Angepasstheit *16, 18, 23, 27 f.*
physiologisches Optimum *12, 42, 56*
Phytochrom *25*
Phytoplankton *103, 137, 143, 149*
Phytosanierung *182*
Pilze *55, 70 f., 128, 180*
Pinguin *15, 46*
Pionierpflanzen *48, 71, 105, 115*
Plankton *94, 137, 139, 141, 149, 168*
Planstellen, ökologische *79*
poikiloosmotisch *30*
poikilotherm *13 f., 16, 42*
Pollenanalyse *121*
Population *46 ff., 51 f., 62 f., 78*
- Beutepopulation *62 f.*
- Größe *46 ff., 78*
- Periodik *63*
- Räuberpopulation *62 f.*
- Regulation *52*
Populationsdichte *46, 48, 51, 62 f., 78*
Potenz, ökologische *56, 78*
Precision Farming *179, 200*
Primärkonsument *127*
Primärproduktion *97, 166 f.*
Primärwald *122*
Produktionsbiologie *166 f.*
Produzent *92 ff., 114, 154, 166*
Profundal *137*
Protonen *86*
Pyramide, ökologische *93 f., 114*
Pyruvat *99*

Q

Quelle *152 f., 169, 201*
Quellmittel *32*

R

Rädertiere *141, 149*
Rangordnung *51*
Räuber *167*
Räuber-Beute-Beziehung *62, 79*
Räuberpopulation *62 f.*
Reaktionsgeschwindigkeits-Temperatur-Regel (RGT-Regel) *12, 42*
realisierte Nische *79*
Redoxsystem *86, 97*
Reduktion *87*
REES *176*
Regeln *12, 15, 42, 63, 79*
- ALLENsche *15*
- BERGMANNsche *15*
- Lotka-Volterra-Regeln *63, 79*
- RGT-Regel *12, 42*
- tiergeografische *15, 42*
Regelung *7*
Regeneration *87*
Regenwald, tropischer *122 f.*
Regulation *108, 115*
Regulationsmechanismus *13*
Reproduktion *94*
Reptilien *13, 30*
Reservestärke *91, 114*
Ressourcen *47, 51, 78, 172, 175 f., 178 ff., 184*
- erneuerbare *172*
- genetische *196*
- Nachhaltigkeit *200*
- Übernutzung *176*
- Umweltressourcen *175*
- Verbrauch *173, 175*
- Wasser *184*
Ressourcennutzung *172*
- nachhaltige *178 ff.*
Rete mirabile *16*
Retention *124, 168*
Revier *51 f., 78*
Reviergröße *94*
RGT-Regel *12, 42*
Rhizodermis *33*
Riesenbärenklau *164, 181*
Rohstoffe *198*
- nachwachsende *122, 176*
Rosskastanie *165*
Rosskastanienminiermotte *165*
Rotauge *141*
Rotbuche *23, 33, 56, 82, 111, 126*

r-Strategie *48, 78, 105*
Rückkopplung, negative *62, 79*
Rückresorption *43*

S

Saccharose *19, 91*
Saisondimorphismus *24, 43*
Saisonehe *50, 78*
Salzpflanzen *182*
Salzwasser *184*
Saprobie *157, 169*
Saprobienindex *158*
Sättigungsphase, stationäre *47*
Sauerstoff *9, 36, 83, 87, 90, 138, 188, 190*
• Konzentration *145*
• Mangel *185*
Sauerstoffbedarf, biochemischer (BSB_5) *155 f.*
Säugetiere *13 f., 28, 30, 60*
• Energieumsatz *14*
saurer Regen *130*
Schattenblatt *23, 42*
Schattenpflanzen *23*
Scheinwarntracht *67*
Schilfgürtel *138, 144*
Schlagflur *106*
Schlamm *143*
Schließzellen *33*
Schmarotzertum *73*
Schneeschuhhase *63*
Schwammgewebe *34*
Schwefelbakterien *145*
Schwellenländer *173*
Schwermetallpflanzen *182*
Schwimmblattpflanzen *138*
Sedimentation *153*
See *9, 94, 136 ff.*
• Bakterien *145*
• eutropher *140*
• Gliederung *137*
• Jahresverlauf *168 f.*
• Licht *137*
• Mineralstoffe *144*
• Nahrungskette *141*
• Pflanzenwachstum *140*
• Sauerstoffkonzentration *145*
• Sauerstoffprofil *138 f.*
• Schichtung *136*
• Stickstoffumsatz *143*
• Stoffkreislauf *142*
• Temperaturverlauf *139*
• Zirkulation *136 f.*

Seerosengürtel *138*
Seggengürtel *138*
Sekundärkonsument *127*
Sekundärproduktion *166*
Selektion, gerichtete *68*
Selektionsdruck *68*
Senke *201*
Siedlung *162 ff., 169*
Sippe *51*
SITTLER *63*
Smog *130, 162, 190 f.*
Soja *198*
Sommerstagnation *136, 139, 144 f.*
Sommerzirkulation *138*
Sonnenblume *22*
Sonnenstrahlung *98, 193*
Sonnentiere *149*
Spaltöffnungen *33*
Spätblüher *126*
Spektralfotometer *83*
Spezialisierung *64*
Springkraut *181*
Sprungschicht *136, 145*
Spurengase *188*
Stabilität *104 ff., 108, 110, 115*
Stadt, Artenvielfalt *164*
• Pflanzen/Tiere *164, 169*
Stagnation *137, 168*
• Winter/Sommer *136*
Stärke *91*
• Assimilationsstärke *91*
• Reservestärke *91*
Stellenäquivalenz *60, 79*
stenök *36, 43*
stenotherm *13, 42*
Sterberate *46, 78, 173 f.*
Steuerung *7*
Stickstoff *179, 188*
Stickstoffkreislauf *102*
Stieleiche *126*
Stockausschlag *119*
Stockwerkbau *119, 126*
Stoffkreislauf *100 ff., 115*
• Kohlenstoff *101*
• See *142*
• Stickstoff *102*
Stoffspirale *154*
Stoffumwandlung *6*
Stoffwechsel *12, 18, 30, 90, 96 f.*
Stoffwechselphysiologie *82 ff., 114*
Stomata *32, 34*
Strahlung *22*
• elektromagnetische *22*

• fotosynthetisch aktive *22*
• Infrarotstrahlung *193*
• Solarstrahlung *22*
• Sonnenstrahlung *193*
• UV-Strahlung *190, 193*
• Wärmestrahlung *193*
Stratosphäre *190*
Strauchschicht *119, 126*
Stress *52*
Streu *166*
Stroffkreisläufe *100 ff.*
Strom *153*
Stroma *85 f.*
Strömung *36*
Struktur *7*
Substratfresser *167*
Sukkulenz *34*
Sukzession *104 f., 107, 115, 145*
• natürliche *163*
Sukzessionsstadien *105*
Süßwasser *184 f., 187*
Süßwassertiere *30*
Symbionten *70*
• Stickstoff fixierende *102*
• Stoffwechsel *75*
Symbiose *70 ff., 79*
• Ektosymbiose *72*
• Endosymbiose *79*
• fakultative *72, 79*
• obligate *70 f., 79*
Synökologie *8*

T

Tageslänge, kritische *24*
Taiga *123*
Tarntracht *66, 79*
Tarnung *66 f., 79*
Täuschung *67*
Teich *138, 146, 168*
• Nahrungsbeziehungen *149*
Temperatur *12 ff., 37*
• Abhängigkeit *18 f.*
• Optimum *19*
• Regulation *13 f.*
• Schwankungen *13*
• Temperaturschichtung *136*
• Umgebungstemperatur *13, 15 f., 19*
• Umweltfaktor *12 f.*
Temperaturorgel *12*
Territorialität *51, 78*
Thylakoide *86*
Thylakoidmembran *85, 114*

tiergeographische Regeln *15, 42*
Tierspuren *135*
Tierstaat *50 f.*
Tierverband *50, 78*
• anonymer *51*
• individualisierter *51*
Toleranzbereich *12 f., 42*
Tragfähigkeit, ökologische *176*
Transekt *133*
Transpiration *19, 33, 35, 42*
Treibhauseffekt *192 f., 201*
• anthropogener *201*
• natürlicher *201*
Treibhausgase *189, 193*
Trinkwasser *185*
• sauberes *175*
Trockenpflanzen *34*
Trophieebenen *92 ff., 114*
Trophiestufen *93 f., 114*
trophogen *140*
trophogene Zone *137*
tropholytische Zone *137*
Troposphäre *188, 190*
TSWETT *84*
Tümpel *138, 168*

U

Überdüngung *181 f., 200*
Überleben-Abendessen-Prinzip *62*
Ufervegetation, Zonierung *154*
Umgebungstemperatur *13, 15 f., 19*
Umtriebszeit *119*
Umweltbelastung *173*
Umweltfaktoren *12 ff., 22 ff., 36 ff., 42 f.*
• abiotische *9, 22, 36, 42 f., 52, 133, 162 f.*
• Bioindikatoren *38*
• biotische *9, 78*
• dichteabhängige *52, 78*
• dichteunabhängige *52, 78*
• Intensität *12*
• klimatische *47, 52*
• Licht *22 ff., 42*
• limitierende *37*
• ökologische *42*
• Regulationsmechanismus *13*
• Sauerstoffgehalt *36*
• Strömung *36*
• Temperatur *12 ff., 18, 42*

- Temperaturregulation *13*
- Toleranz *12 f.*
- Wasser *9, 26, 28, 32 f., 36, 43*
- Wirkungsgefüge *36, 38, 43*
- Wirkungsgesetz *36*

Umweltindikator *21*
Umweltkapazität (K) *46 ff., 78*
Umweltressourcen *175*
Umweltverschmutzung *173*
Ungleichgewicht *109, 115*
Unkräuter *181*
UN-Millenniumziele *200*
Unterlauf *153, 167, 169*
Uratmosphäre *192*
Urin *27*
Urwald *122*
UV-Strahlung *190, 193*

V

Vakuolen *30*
Variabilität *6, 72*
Vegetation *20*
- Klimaxvegetation *104*

Vegetationsaufnahme *134*
Verbissschaden *127*
Verdunstung *19, 26 ff.*
Verdunstungsschutz *27, 43*
Verlandung *145*
Versteppung *175*
virtuelles Wasser *200*
Vögel *13 f., 30*
Vogeluhr *24*
Vollzirkulation *168*
VOLTERRA *63*

W

Wachstum *18, 46 f., 78, 94*
- Berechnung *47*
- Bevölkerungswachstum *49*
- exponentielles *47, 49, 78*
- Grenzen *173, 175*
- logistisches *47, 78*
- Wachstumsrate *174*

WACKERNAGEL *175 f.*
Wald *9, 105 ff., 118 ff., 131 f.*
- Aufbau *126*
- Bedeutung *122 f.*
- Binnenklima *124, 168*
- Entwicklung *132*
- Flächenanteil *121*
- Geschichte *118*
- Hartlaubwald *122 f.*
- Laubwald *122 f., 126*
- Mosaikzyklus *106*
- Nadelwald *122 f.*
- Nutzung *120*
- Nutzungskonflikte *120*
- Ökologie *124*
- Primärwald *122*
- Produktionsbiologie *166*
- Regenwald *122 f.*
- Schadstufen *131*
- Schichten *126*
- Stockwerke *168*
- Sukzession *107*
- Urwald *122*
- Waldboden *124 f.*
- Waldschäden *130 f., 191*
- Waldsterben *130, 168*
- Waldzustandsbericht *131*

Wärmekapazität *29*
Wärmeleitfähigkeit *29*
Wärmeregulation *16*
Wärmestarre *13, 42*
Wärmestrahlung *193*
Wärmeverlust *15 f.*
Wärmevorrat *16*
Warmzeit *199*
Warntracht *67, 79*
Warnung *79*
Wasser *9, 26 ff., 31 ff., 184 ff.*
- Angepasstheit *34*
- Bedarf *28*
- Belastung *185*
- Dichteanomalie *29*
- Eigenschaften *29*
- Fotolyse *86, 114*
- Haushalt *26 f., 31*
- Kreislauf, globaler *184*
- Lösungsmittel *29, 32*
- Nachhaltigkeit *185*
- Nutzung *187*
- Oberflächenspannung *29, 148*
- Reinigung *186*
- Speicher *124*
- Temperatur *36*
- Transportmittel *29, 32*
- Verbrauch *184, 187*
- Verlust *26*
- virtuelles *184, 200*
- Vorkommen, globales *185*
- Vorräte *184*

Wasserfloh *92, 141, 149, 187*
Wasserläufer *29, 148*
Wasserpflanzen *34*
Wasserrahmenrichtlinien *185*
Wasserstoffbrückenbindung *29*
Wattenmeer *92, 94*
Wattvögel *58 f.*
wechselfeucht *32*
wechselwarm *13 f.*
Weichholzaue *154*
Weidegänger *149, 167*
Weiher *138, 168*
Weißstorch *50*
Weltbevölkerung *49, 172 ff., 200*
- Daten *177*
- Regelkreis *174*
- Wachstum *174*

Wertstoffkreislauf *176*
Wimperntiere *149*
Windflüchter *6*
Winterruhe *14*
Winterschlaf *14*
Winterstagnation *136*
Winterstarre *14*
Wirbellose *13, 26, 30*
Wirbeltiere *26, 51*
Wirkungsgefüge *36 ff.*
Wirkungsgesetz der Umweltfaktoren *36*
Wirtsspezifität *74, 79*
Wirtswechsel *70, 74*
Wundernetz *16*
Wurzel *33*
Wurzelknöllchen *71*
Wüstenpflanzen *40*
Wüstentiere *28*

X

Xanthophyll *83, 85*
Xerophyten *34, 43*
Xylem *33*

Z

Zebra *26, 69*
Zehrschicht *137*
Zeigerarten *38*
Zeigerwerte *134*
Zellatmung *18 f., 90, 94, 96*
Zellen *96*
Zellstoffwechsel *96*
Zerkleinerer *167*
Zersetzer *166*
Zirkulation, See *136 ff.*
Zone, trophogene *137*
- tropholytische *137*

Zooplankton *137, 149*
Zuckmückenlarve *167*
Zugvögel *50*

Zuwachsrate *46, 78*
Zwergspitzmaus *113*
Zwischenwirt *79*

BILDQUELLENVERZEICHNIS

Titel: iStockphoto / Ameng Wu **3 li.:** iStockphoto / Sergey Chushkin **3 mi.:** mauritius images / Minden Pictures **3 re.:** iStockphoto / Eric Isslée **4 li.:** iStockphoto / Cathy Keifer **4 re.:** mauritius images / imagebroker / Marko König **5:** Fotolia / Dusan Kostic **6.1:** mauritius images / Alamy **6.2:** Panthermedia / Thomas Mallien **6.3:** mauritius images / Garden World Images **7.4 A:** WILDLIFE / N.Benvie **7.4 B:** H. Theuerkauf, Gotha **7.5:** Agentur Focus / SPL / Gschmeissner **7.6:** panthermedia / Sieghart Mair **8.1:** OKAPIA / Bender **11 ob.:** iStockphoto / Sergey Chushkin **11 unt.:** mauritius images / Minden Pictures **12.1:** WILDLIFE / Muller **16.10:** Alfred-Wegener-Institut / Julian Gutt **17 Mat.C:** Wikipedia / Entomart **18.1:** Thomas Stephan **19.4:** mauritius images / Alamy **21 Versuch A:** U. Weber, Süßen **21 Mat.B:** OKAPIA / Holt Studios / Cattlin **22.1:** mauritius images / age **26.1:** Corbis / Harvey **27.3 A:** Digitalstock **27.3 B:** die bildstelle / MCPHOTO **27.4 A:** Wikipedia / Richard Bartz **27.4 B:** Wikipedia / Richard Bartz **27.5:** Wikipedia / Hannes Grobe **28.6:** mauritius images / Milse **28.7 A:** OKAPIA / NAS / McHugh **29.10:** Fotolia.com / focus finder **31 Mat.B:** OKAPIA / imagebroker / Malcolm Schuyl / FLPA **32.1 A:** Karlheinz Knoch, Botanikfotos **32.1 B:** Karlheinz Knoch, Botanikfotos **34.3 A:** Digitalstock / Görmer **34.4 A:** Digitalstock / Heidasch **34.5 A:** Fotolia / Anne Feneau **35 Mat. A:** Biopix / JC Schou **35 Mat. B:** iStockphoto / Tomas Bercic **36.1:** Marko König **37.1 ob. re.:** Public Domain **38.7:** IFREMER / Allen, Chris **45:** iStockphoto / Eric Isslée **45:** mauritius images / imagebroker / Hans Lang **46.1:** OKAPIA / Pölking **47.3:** OKAPIA / Gaugler **48.4:** Reinhard-Tierfoto **48.5:** Juniors Bildarchiv **50.1:** blickwinkel / McPHOTO **51.2 A:** Wikipedia / Joachim Löckener **51.2 B:** Wikipedia / Anaxibia **51.3 A:** Wikipedia / sannse **51.3 B:** Wikipedia / Sepp **51.4:** blickwinkel / Held **51.5:** mauritius images / imagebroker / FLPA / Newman **51.6:** mauritius images / Möbus **52.7:** Getty Images / Tim Laman **53 Mat. B:** Norbert Schütte **54.1:** OKAPIA / BIOS / Denis-Huot **55.4 A:** mauritius images / Phototake **55.4 B:** OKAPIA / Birke **55.4 C:** OKAPIA / Birke **57 Mat. A ob.li.:** WILDLIFE / Cordier **57 Mat. A ob.re.:** iStockphoto / Prill Mediendesign & Fotografie **57 Mat.A un. li.:** Fotolia / Michael Biche **57 Mat. A unt. re.:** iStockphoto / Steven Cooper **57 Mat. B ob.:** Wikipedia / Andreas Trepte, www.photo-natur.de **57 Mat. B unt.:** Juniors Bildarchiv **58.1:** OKAPIA / BIOS / Guihard **61 Mat. B-A:** mauritius images / United Archives **61 Mat. B-B:** Wikipedia / public domain **1 Mat. B-C:** Martin Heigan **62.1:** Corbis / Joe McDonald **63.3:** Corbis / Joe McDonald **63.5:** mauritius images / Alamy **63.6:** OKAPIA / imagebroker / Alfred Schauhuber **64.7:** mauritius images / Photoshot **64.8:** Arco Images / NPL **65 Mat. A:** OKAPIA / SAVE / Meul **66.1:** Arco Images / NPL **66.2:** panthermedia.net / Herbert Reimann **66.3:** OKAPIA / imagebroker / Frank W Lane / FLPA **66.4:** mauritius images / Alamy **67.6 A:** Digitalstock **67.6 B:** Digitalstock **67.7:** mauritius images / imagebroker / Geophoto / Chervyakova **68.8:** mauritius images / Bridge **69 Mat. A:** OKAPIA / imagebroker / Michael Dietrich **70.1:** Arco Images / NPL **71.2:** OKAPIA / Holt Studios / Nigel Cattlin **71.3 A:** TopicMedia / ib **71.4 A:** Wikipedia / BMC Bioinformatics **72.5 A:** mauritius images / Minden Pictures **72.5 B:** OKAPIA / SAVE / Art Wolfe **73.7:** imago / blickwinkel **73.8:** mauritius images / Alamy **75 Mat. A:** mauritius images / AGE **76 A1 li.:** B. Wermelinger, Forschungsanstalt WSL **76 A1 mi.:** Csaba Szaboky, Bugwood.org **76 A1 re.:** Daniel Adam, Bugwood.org **81.1:** iStockphoto.com / Cathy Keifer **82.1:** mauritius images / Pixtal **84.6:** Didaktik der Chemie, Universität Bayreuth **85.7 A:** Wikipedia / public domain **85.8 A:** OKAPIA / NAS / Biophoto Associates **88.1:** CONATEX-DIDACTIC Lehrmittel GmbH **90.1:** F. Karly, München **92.1-Watt:** PIXELIO / Virra **92.1-Algen:** Hecker, F., Panten-Hammer / Sauer **92.-Muscheln:** Fotolia / ExQuisine **92.-Austern fischer:** iStockphoto / Merlin Farwell **92.-Seeadler:** WILDLIFE / M.Varesvuo **96.1:** Fotolia / Antonio Gravante **100.1:** picture-Alliance / dpa Foto: Oliver Berg **103 Mat. A:** mauritius images / Alamy **103 Mat. B:** mauritius images / Alamy **103 Mat. C:** Luc Beaufort, CEREGE, Universität Aix-Marseille / CNRS **104.1:** picture-alliance / ZB **107 Mat. A:** panthermedia.net / Martina Berg **107 Mat. B:** Bildagentur Geduldig **108.1:** mauritius images / Alamy **110.3:** OKAPIA / Holt Studios / Nigel Cattlin **110.4:** OKAPIA / Falck **110.5:** Wikipedia / Wolfram Riech **110.6:** Fotolia.com / TwilightArtPictures **111 Mat. B:** OKAPIA / Hans Reinhard **113 B1:** mauritius images / Alamy **117:** mauritius images / imagebroker / Marko König **118.1:** mauritius images / age **119.2:** OKAPIA / Pott **120 Steckbr.:** Cornelsen Verlag **120.4 A:** mauritius images / Norbert Fischer **120.4 B:** mauritius images / Alamy **120.4 C:** iStockphoto / Ruslan Dashinsky **123 ob. li.:** mauritius images / imagebroker **123 ob. re.:** mauritius images **123 unt. li.:** mauritius images / imagebroker **123 unt. re.:** imago / ARCO IMAGES **124.1:** OKAPIA / Per-Olov Eriksson **127.7:** OKAPIA / Manfred Danegger **128.8:** picture alliance / ZB **128.9:** OKAPIA / imagebroker / Alexander von Düren **130.1:** SPIEGEL-Verlag Rudolf Augstein GmbH & Co. KG **131.2 A 1-4:** Forschungsanstalt für Waldökologie und Forstwirtschaft Rheinland-Pfalz **131.2 B 1-4:** Forschungsanstalt für Waldökologie und Forstwirtschaft Rheinland-Pfalz **133 B1:** Prof. Dr. Hansjörg Küster **133 B2 li.:** Prof. Dr. Hansjörg Küster **133 B2 re.:** Prof. Dr. Hansjörg Küster **136. 1:** mauritius images / Juice Images **140.1:** imago / Hans Blossey **150.1 B:** IFREMER / A.Fifis **150.1 C:** Bertrand Richer de Forges **152.1:** mauritius images / Ludwig Mallaun **162.1:** OKAPIA / imagebroker / Cornelius Paas **163.3 A:** Fotolia / BildPix **163.3 B:** panthermedia / Tobias Arhelger **163.3 C:** Digitalstock / Vock **163.3 D:** Fotolia / Kara **164.4 A:** mauritius images / imagebroker / Siepmann **164.4 B:** imago / Arco Images **164.4 C:** OKAPIA / Hans Reinhard **164.4 D:** OKAPIA / Ingo Bartussek **165 Mat. A:** mauritius images / imagebroker / Christian Handl **165 Mat. B li.:** OKAPIA / FLPA / Holt Studios / Richard Becker **165 Mat. B re.:** mauritius images / Alamy **167 ob. li.:** mauritius images / imagebroker / Guy **167 ob. re.:** imago / blickwinkel **167 unt. li.:** imago / blickwinkel **167 unt. re.:** OKAPIA / Andreas Hartl **170:** Fotolia.com / koszivu **172.1:** NASA **173:** picture-Alliance / dpa **176:** Global Footprint Network / Carter Brooks, www.footprintnetwork.org **178.1:** OKAPIA / BIOS / Claudius Thiriet **178.2:** Cornelsen Verlag **178.3:** Fotolia.com / Dusan Kostic **178.4:** Alois Pöttinger Maschinenfabrik / Pressebild **179.6 A:** Cornelsen Verlag **179.6 B:** OKAPIA / FLPA / Holt St. / Nigel Cattlin **180.7:** mauritius images / cultúra **181.8 A:** mauritius images / Alamy **181.8 B:** mauritius images / imagebroker / Dieter Hopf **181.9:** Fotolia / Fotolyse **181.10:** OKAPIA / Berthold Singler **182.11:** picture-alliance / dpa / kina **182.12:** panthermedia / fox3x **182.13:** iStockphoto / Paul Lang **183 Mat. B:** picture-alliance / ZB **184.1:** mauritius images / age **188.1 :** picture-alliance / Bildagentur Huber **189.5-A:** Fotolia / Smileus **189.5-B:** picture alliance / Geisler-Fotopress **191 Mat. A:** mauritius images / Alamy **191 Mat. B-A:** picture-alliance / ZB **191 Mat. B-B:** Fotolia / Vibe Images **191 Mat. B-C:** Fotolia / Olli-Foolish **192.1:** mauritius images / imagebroker / Rose **195 Mat. B:** mauritius images / imagebroker / Richter **196.1:** imago / imagebroker **197.3:** WILDLIFE / S.E.Arndt **199 B1:** picture-alliance / dpa